Cézanne – Zola

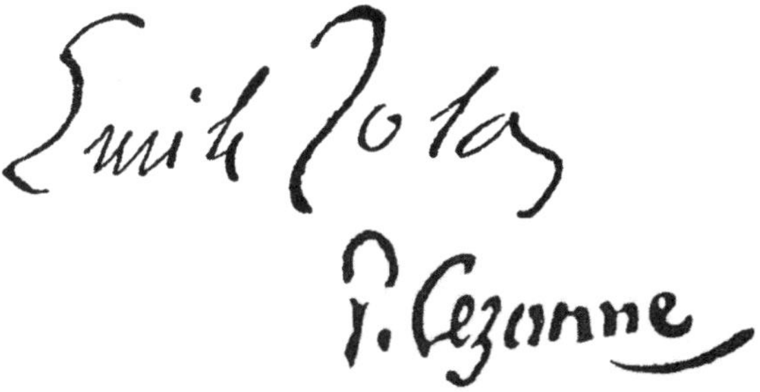

Porträt einer Männerfreundschaft

Herausgegeben von Dino Heicker

Aus dem Französischen von Auguste Foerster,
Dino Heicker und Alexandre Pateau

parthas berlin

Impressum

1. Auflage 2015

Parthas Verlag Berlin
Gabriela Wachter
Planufer 92d, 10967 Berlin
www.parthasverlag.de

Lektorat: Juliane Köhler
Gestaltung und Satz: Gabriela Wachter
Covergestaltung: Gabriela Wachter
Gesamtherstellung: ggp media, Pössneck

Coverabbildung: Paul Cezanne, *Montaigne Sainte-Victoire, von der Umgebung bei Gardanne aus gesehen*, 1886-90, National Galery of Art, Washington

ISBN 978-3-86964-054-9

Inhalt

Briefwechsel 1858–1887 7
Editorische Notiz 302
Nachwort 304
Anmerkungen 324
Auswahlbibliografie 348
Personenregister 351

Emile Zola, Fotografisches Selbstportrait, um 1900.

1.
Paul Cézanne an Emile Zola

Aix, den 9. April 1858

Guten Tag, lieber Zola,

Endlich ergreife ich die Feder
Und meiner Gewohnheit gemäß
Verkünde ich zu allererst
Als hiesige Neuigkeit,
Dass ein heftiger Sturm
Mit seiner ganzen Kraft
Einen Wasserguss auf die Stadt niedergehen ließ,
der die heiteren Ufer
Des Arc[1] fruchtbar macht.
Ebenso dass das Gebirge
Und unsere grüne Landschaft
Sich auf den Frühling konzentrieren,
Dass die knospende Platane
Mit Blättern sich schmückt,
Der grüne Weißdorn mit weißen Gebinden.[2]

Ich komme gerade von Baille[3], heute Abend gehe ich zu seinem Landsitz (es ist der große Baille, von dem ich spreche), daher schreibe ich dir:

Das Wetter ist nebelig,
Düster und regnerisch.
Und die fahle Sonne
Am Himmel lässt unsere Augen
Nicht mehr brennen
Mit ihrem Glanz von Rubinen und Opalen.

Seitdem du Aix verlassen hast, mein Lieber, betrübt mich ein düsterer Kummer; ich lüge wahrlich nicht. Ich erkenne mich selbst nicht mehr, ich bin antriebslos, dumm und träge. Sag mal, Baille hat mir gesagt, dass er in zwei Wochen das Vergnügen haben wird, ein Blatt Papier in die Hände Eurer allerhöchsten Hoheit gelangen zu lassen, auf dem er seinen beziehungsweise ihren beziehungsweise aller Kummer und Schmerzen, fern von dir zu sein, zum Ausdruck bringen wird. – Wirklich, ich würde dich gerne sehen, und ich denke, dass ich dich in den Ferien sehen werde, ich und Baille (wohlgemerkt), und dass wir die Pläne ausführen und verwirklichen werden, die wir ausgeheckt haben, doch einstweilen seufze ich über deine Abwesenheit.

Adieu, mein lieber Emile:
Auf dem beweglichen Strom
Sause ich nicht mehr so fröhlich
Wie einst in früheren Zeiten,

Als unsere flinken Arme
Wie Reptilien zusammen
Auf den zahmen Fluten
schwammen.

Adieu, ihr schönen Tage
Des schmackhaften Weines!
Geglückten Fanges
Ungeheurer Fische,
Als zu meinem Pech
Meine missgünstige Angel
An dem kühlen Fluss
Nichts Gewaltiges erwischte.

Erinnerst du dich an die Pinie, die, ans Ufer des Arc gepflanzt, ihr struppiges Haupt über den Abgrund schob, der sich zu ihren Füßen ausbreitete? Diese Pinie, die unsere Körper mit ihrem Laub vor der Sonnenglut schützte, ah, mögen die Götter sie vor der unseligen Gefährdung durch das Beil des Holzfällers bewahren!

Wir nehmen an, dass du in den Ferien nach Aix kommen wirst, und dann, zum Teufel, lebe das Vergnügen! Wir haben vor, gewaltige und ebenso ausufernde Jagdausflüge wie unsre Fischzüge zu machen.

Bald, mein Lieber, werden wir wieder mit der Fischjagd beginnen, wenn das Wetter so bleibt; heute ist es fabelhaft, denn heute am 13. nehme ich mir meinen Brief wieder vor.

Indem Phöbus seine strahlende Bahn durchmisst,
Taucht er ganz Aix in seine Lichtfluten.

Unveröffentlichtes Gedicht

Es war einmal tief in einem Wald,
Als ich ihre klare Stimme
Ein bezauberndes Liedchen
Singen und dreimal wiederholen hörte,
Zur Melodie der Mirliton[4] etc.

Ich erblickte eine Jungfrau,
Die eine schöne Mirliton hatte.
Als ich ihre Schönheit bewunderte,
Spürte ich ein süßes Sehnen
Nach einer Mirliton etc.

Ihre Reize sind wundervoll
Und ihre Haltung majestätisch,

Auf ihren holden Lippen
Schwebt ein graziöses Lächeln,
Liebenswerte Mirliton etc.

Zum Versuch entschlossen
Nähere ich mich dreist:
Und ich richte diese zärtlichen Worte
An jenes bezaubernde Wesen:
Liebenswerte Mirliton etc.

Kamst du nicht,
Unaussprechliche Schönheit,
Aus der Wolken Gefilde,
Um mich glücklich zu machen?
Hübsche Mirliton etc.

Diese Göttinnenfigur,
Diese Augen, diese Stirn, ach alles,
Die Feinheit deiner Reize,
Alles an dir wirkt göttlich,
Hübsche Mirliton etc.

Dein Gang, ebenso leicht
Wie der Flug eines Schmetterlings,
Übertrifft mühelos, meine Liebe,
Das Wehen des Nordwinds,
Hübsche Mirliton etc.

Die Kaiserkrone
Kleidete deine Stirn nicht schlecht,
Deine Wade, vermute ich,
muss recht rund geformt sein.
Hübsche Mirliton etc.

Dank dieser Schmeicheleien
Fällt sie in Ohnmacht.
Während sie bewusstlos ist,
Erkunde ich ihre Mirliton.
Oh, anschmiegsame Mirliton etc.

Als sie unter meinen heftigen Bemühungen
Dann wieder zum Leben erwacht,
Ist sie sprachlos,
Mich auf ihrem Körper zu spüren.
Oh, anschmiegsame Mirliton etc.

Sie errötet und seufzt,
Öffnet ihre schmachtenden Augen,
Die mir zu sagen scheinen:
»Ich finde Gefallen an diesen Spielchen.«
Brave Mirliton etc.

Auf der Freuden Höhepunkt,
Weit davon entfernt, »genug« zu sagen,
Spürt sie, dass ich erneut beginne,
Und sagt: »Stoß zu!«
Brave Mirliton etc.

Ich zog meinen Saftspender
Nach zehn oder zwölf Stößen heraus –
Ihr Hintern wackelt im Verlangen nach mehr.
»Warum hörst du auf?«,
Fragt diese Mirliton etc.

Paul Cezanne

Aix, den 14. April
Salve, carissime Zola.

P.S. – Sag mir, wenn du mir schreibst, ob das Wetter dort oben schön ist. Auf sehr bald. In Zukunft werde ich nicht mehr so faul sein.

Nota 1. – Bernabo, Léon mit dem Spazierstock und Alexandre sind, hat man mir gesagt, im Collége, im Gymnasium (ich weiß nicht, was für eine Art von Gerät das ist) Sainte Barbe in Paris. Was die beiden anderen erwähnten Personen angeht, so werde ich mich kundig machen und dir die Adresse in einem folgenden Brief mitteilen. (Dieser hier ist von Stuss durchsetzt.) Wenn du die Bernabos siehst, richte ihnen schöne Grüße aus.

Nota 2. – Ich habe deinen Brief erhalten, in dem sich die zärtlichen Liedchen fanden, die wir die Ehre hatten, mit dem Bass Boyer[5] und dem Spieltenor Baille zu singen.

2.
Paul Cézanne und Gustave Boyer an Emile Zola

Aix, den 3. Mai 1858

Teurer Freund, den Paris von mir fernhält,
Errate das Geheimnis eines mysteriösen Bilderrätsels.
Ist es gut? Ich weiß es nicht; aber ich weiß bei meiner Treu,
Dass ich es mit der Absicht verfasst habe, es gut,
Nicht jedoch schlecht zu machen. Wenn du die Bedeutung
Dieses Bilderrätsels erraten kannst, das ich dir per Post zukommen lasse,
Zum Donnerwetter, dann sollte ich wohl den Anspruch erheben können,
Dass es gut, ja sehr gut ist, und ich möchte
Diesbezüglich keinerlei Widerspruch vernehmen.
Da ich sein Schöpfer bin, ist das ein hinreichender Grund.[6]

Zeichnung auf dem Briefkopf des Schreibens von Paul Cézanne an Emile Zola vom 3. Mai 1858.

Geht es dir gut? Ich bin sehr beschäftigt, zum Donnerwetter, sehr beschäftigt. Das wird das Ausbleiben des Gedichts erklären, das du von mir einforderst. Ich bin, das kannst du mir glauben, ganz mächtig zerknirscht, dass ich nicht mit einer der deinen vergleichbaren Verve, Wärme, Begeisterung antworten kann. Mir gefällt des Direktors wilde Fratze! (Die in deinem Brief, meine ich, das darf nicht verwechselt werden.) Sag mal, wenn du mein famoses Bilderrästel errätst, schreib mir doch netterweise, was ich sagen wollte. Mach mir auch eines, si tempus habes.

Ich habe Baille deinen Brief zurückgegeben. Ich habe auch den von Marguery[7] zurückgegeben. – Marguery ist noch immer so langweilig.

Jetzt hat sich das Wetter plötzlich abgekühlt. Baden adieu.

Adieu, du schönes Baden,
An den heiteren Stränden
Des ungestümen Stromes,
Der eine Welle rollen ließ
Über den Kies, und von der
Ich mir im Traum nichts sehnlicher wünschte.

Ein rotes und morastiges Wasser,
Reißt jetzt
Auf erdigem Schlamm
Entwurzelte Pflanzen
Und abgefallene Äste
In seiner Strömung mit.

Der Hagel stürzt hernieder!
Dann schmilzt er.
Bald schon vermischt er sich
Mit diesen schwärzlichen Fluten.
Heftige Regengüsse,
Welche die Erde abbekommt,
Bilden große Bäche.

Das sind sinnlose Reime.

Mein Lieber, du weißt, oder du weißt esauch nicht,
Dass ich einer plötzlichen Liebe Flamme verspürt habe.
Du weißt, wessen Reiz ich liebe,
Es ist der einer liebenswerten Frau.
Braun ist ihr Teint, anmutig ihr Wuchs,
Ziemlich zierlich ist ihr Fuß, die Haut ihrer zarten Hand
Weiß und makellos.[8] In meiner Erregung
Vermute ich fast, wenn ich diese göttliche Figur betrachte,
Dass der Alabaster ihrer Brüste elastisch ist

Und von der Liebe wohlgeformt. Der Wind, der ihr
Kleid aus farbenprächtiger Gaze lüpft,
Lässt erahnen einer runden Wade zauberhafte
Kontur ...

Ich befinde mich in diesem Augenblick Boyer gegenüber, bei mir in der zweiten Etage. Ich schreibe in seiner Gegenwart und trage ihm auf, diesem Brief einige Worte seiner Hand beizusteuern:

[Von der Hand Boyers:]

Möge deine Gesundheit vollkommen sein,
Sei in der Liebe stets glücklich,
Nichts ist so schön, wie verliebt zu sein,
Das ist alles, was ich dir wünsche.

Ich unterrichte dich davon, dass, wenn du deinerseits Cézanne sehen wirst, du auf der Tapete seines Zimmers eine große Sammlung von Maximen aus Horaz, V. Hugo etc. vorfinden wirst.

Boyer, Gustave

Mein Lieber, ich lerne für das Abitur. Ach, wäre ich nur Abiturient, wärest du Abiturient, wäre Baille Abiturient, wären wir Abiturienten! Baille zumindest wird es sein, aber ich: durchgefallen, untergegangen, eingebrochen, erstarrt, ausgebremst, zerschmettert, das werde ich sein.[9]
Mein Lieber, heute ist der 5. Mai und es regnet heftig. Die Schleusen des Himmels haben sich einen Spalt breit geöffnet.

Der Blitz hat die Wolke durchzuckt
Und der grrrollende Donnerrr rrrollt durch den weiten Raum.

Durch die Straßen fließt das Wasser zwei Fuß hoch. Gott, von den Verbrechen der menschlichen Rasse erzürnt, hat zweifellos beschlossen, mit dieser neuen Sintflut ihre zahlreichen Sünden zu tilgen. Seit zwei [Tagen] hält dieses schauerliche Wetter an: mein Thermometer zeigt 5 Grad über Null, und mein Barometer zeigt starken Regen, Sturm, Orkan für heute und die ganze restliche Mondphase an. Alle Einwohner der Stadt sind in eine tiefe Niedergeschlagenheit versunken. Man kann allen Gesichtern die Betroffenheit ablesen. Jeder hat ein verkniffenes Gesicht, einen verstörten Blick, eine erschreckte Miene und presst die Arme an den Körper, als ob er Angst habe, in einem Gedränge angerempelt zu werden. Jeder sagt im Gehen Gebete auf; an jeder Ecke einer jeden Straße sieht man trotz des prasselnden Regens Scharen von zarten Jungfrauen, die nicht mehr an ihre Krinolinen denken und sich heiser schreien, indem sie ihre Stoßgebete gen Himmel schicken. Die Stadt ist erfüllt von ihrem Stimmengewirr. Ich bin schon ganz benommen davon. Ich vernehme nichts als ora pro nobis aus allen Richtungen. Ich selbst habe dem unverschämten Geleiere und den quälenden Hallelujas einige fromme Vaterunser oder selbst einige mea culpa, mea culpa, ter, quater, quinter mea culpa folgen lassen, weil ich meinte, mit einer seligen Bekehrung beim allererhabendsten Trio, das oben herrscht, all unsere vergangenen Gottlosigkeiten vergessen zu machen.
Aber ich muss feststellen, dass eine ganz und gar aufrichtige Wandlung den Zorn der Götter besänftigt hat. Die Wolken reißen auf. Der strahlende Regenbogen glänzt am Himmelszelt. Adieu, adieu

P. Cézanne

3.
Paul Cézanne an Emile Zola

Aix, den 29. [...] 1858

Mein Lieber,

dein Brief hat mir nicht allein Freude bereitet, als ich ihn erhielt, habe ich darüber hinaus[10] noch Wonne empfunden. Mich beherrscht eine gewisse innere Traurigkeit und, weiß Gott, ich träume nur von jener Frau, von der ich dir erzählt habe. Ich weiß nicht, wer sie ist; ich sehe sie manchmal auf der Straße vorbeigehen, wenn ich mich in das stupide Collège begebe. Zum Donnerwetter, ich bin schon so weit, Seufzer auszustoßen, freilich Seufzer, die sich nach außen hin nicht zu erkennen geben, es sind geistige oder psychische Seufzer, ich weiß nicht recht.

Dieses Stück Poesie, das du mir schickst, hat mich sehr aufgeheitert; ich habe es sehr gemocht, dich der Pinie, welche die Ufer von Palette[11] beschattet, entsinnen zu sehen. Wie gerne ich dich – verfluchtes Geschick, das uns trennt – wie gerne ich dich kommen sähe. Wenn ich mich nicht beherrschte, schleuderte ich einige fromme Sprüche wie »Gott verdammt«, »Heilige Scheiße«, »Hurendreck« etc. in Richtung Himmel; doch wozu sich aufregen, es brächte mich ja doch kein Stückchen weiter, daher finde ich mich damit ab. – Ja, wie du in einem anderen, nicht weniger poetischen Stück sagst (auch wenn ich dein Stück über das Schwimmen schöner finde), bist du glücklich, ja, du [bist] glücklich, doch ich Unglücklicher verdorre hier in Schweigen, meine Liebe (denn es ist Liebe, was ich empfinde) kann sich außen nicht bemerkbar machen. – Ein bestimmter Weltschmerz folgt mir überallhin nach, und ich vergesse meinen[12] Gram nur zeitweise, nämlich dann, wenn ich etwas getrunken habe. Auch habe ich den Wein immer schon gemocht, und jetzt mag ich ihn noch mehr. Ich habe mich betrunken, und ich werde mich noch weiter betrinken, es sei denn, dass ich durch ein unverhofftes Glück – nun, wenn ich Erfolg hätte, verdammt noch mal! Aber nein, ich verzweifele, ich verzweifele und werde noch stumpfsinnig.

Mein Lieber, ich führe dir ein Bild vor Augen, darstellend:

Cicero,
Catilina niederstreckend,
nachdem er die Verschwörung
dieses ehrvergessenen Bürgers aufgedeckt hat.[13]

Bewundere, lieber Freund, die Kraft der Sprache,
Mit der Cicero diesen Schurken verblüfft,
Bewundere Cicero, dessen flammensprühende Augen
Mit ihren Blicken giftigen Hass schleudern,
Die Statius, diesen Ränkeschmied, niederschmettern
Und seine ruchlosen Komplizen mit Bestürzung erfüllen.
Betrachte, lieber Freund, sieh Catilina genau,
Der zu Boden stürzt und ruft: »Ah! Ah!«
Sieh den bluttriefenden Dolch, von dem dieser Brandstifter
An seiner Flanke die blutige Träne trägt.
Sieh all die Zuschauer, zu Tränen gerührt, erschrocken,
Dass sie kurz davor standen, geopfert zu werden!
Siehst du jene Standarte, deren römisches Purpur
Früher das afrikanische Karthago überwältigte?
Bin ich auch der Schöpfer dieses überwältigenden Bildes,
so zittere ich doch angesichts eines solch schönen Anblicks.
Jedes Wort, das dem Redefluss Ciceros entquillt
(Ich habe Angst, ich zittere), bringt mein Blut in Wallung,
Und ich ahne bereits, [bin] völlig davon überzeugt,
Du wirst von diesem frappierenden Anblick ergriffen sein.

Aquarellierte Zeichnung Paul Cézannes aus seinem Brief an Emile Zola vom 29. […] 1858.

Etwas anderes ist unmöglich! Niemals war etwas
Im Römischen Reich grandioser.
Siehst du der Reiterschar flatternde Helmbüsche,
In den Lüften vom Hauch der Winde gezaust?
Sieh auch, sieh auch der Lanzen Masse,
Die der Verfasser der Philippicae dort aufziehen ließ.
Es bietet dir, so glaube ich, einen neuen Anblick,
Wenn ich dich auf das Aussehen des Schildes verweise:
»Senatus,[14] Curia«. Der geistreiche Einfall
Wurde erstmals von Cézanne umgesetzt.

Oh, erhabener, höchst überraschender Augenschmaus,
Der in tiefstes Erstaunen versetzt.

Aber das genügt wohl, um dir die unvergleichlichen, in diesem bewundernswerten Aquarell enthaltenen Schönheiten vor Augen zu führen.

Das Wetter bessert sich, ich weiß nicht, ob das anhalten wird. Gewiss ist, dass ich darauf brenne:

Als waghalsiger Taucher
Zu durchpflügen die Fluten
des Arc
Und im klaren Wasser
Mit meinem hinterlistigen Netz[15]
Jene Fische zu fangen, die mir der Zufall zuführt.
Amen! Amen! Diese Verse sind dämlich.
Sie sind nicht geschmackvoll,
sondern sie sind dämlich
und überhaupt nichts wert.
Adieu, Zola, Adieu.

Ich sehe, dass nach meinem Pinsel meine Feder nichts Rechtes zustande bringt, und vergeblich versuchte ich heute:

Dir von einer Waldnymphe zu singen.
Ich bin nicht gut bei Stimme,
Und die Schönheiten ländlicher Gefilde
Zischen die wenig sittsamen Wendungen meiner Lieder aus.

Also schließe ich, denn ich häufe Dummheiten auf Albernheiten.

So sieht man gen Himmel einen Haufen Ungereimtheiten
Mit[16] Dummheiten aufragen.
Es reicht!

P. Cézanne

In seinem Roman *L'Œuvre* (*Das Werk*, 1886) lässt Emile Zola den Maler Claude Lantier und den Schriftsteller Pierre Sandoz in Jugenderinnerungen schwelgen, die beide mit dem fiktiven Städtchen Plassans an den Ufern der gleichfalls erfundenen Viorne verbinden. Es fällt nicht schwer, im folgenden Auszug aus dem zweiten Kapitel Lantier mit Cézanne, Sandoz mit Zola, Plassans mit Aix und die Viorne mit dem Arc zu identifizieren:

»Dann stellten sich andere Erinnerungen ein, die ihnen die Herzen höherschlagen machten. Die Erinnerungen an die schönen Tage, die sie da unten außerhalb des Kollegs in freier Luft und Sonnenschein miteinander verbracht hatten. Schon in der untersten Klasse, als Kleine, hatten die drei Unzertrennlichen sich für weite Spaziergänge begeistert. Die geringste Freizeit hatten sie benutzt und waren meilenweit gewandert. Als sie dann aber schon größer waren, hatten sie frisch drauflos oft tagelange Märsche unternommen. Und sie hatten dann auf gut Glück unterwegs in irgendeiner Höhle übernachtet oder sich ein molliges Lager auf ausgedroschenem Stroh in irgendeiner kleinen verlassenen Hütte zurechtgemacht, auf deren Boden sie sich eine Schütte aus Thymian und Lavendel gebreitet hatten. So waren sie, hingenommen von der schönen, freien Natur, der Welt weit entflohen, hatten in unbewußt kindlicher Lust ihr Gefallen an Baum, Gewässer, Berg gehabt und die grenzenlose Freude genossen, für sich allein und frei zu sein. [...] Im Sommer ergingen sie sich an dem Ufer der Viorne, eines Sturzbaches, dessen schmales Band die flachen Wiesen von Plassans bewässert. Sie waren kaum zwölf Jahre alt, als sie schon schwimmen konnten. Ganz versessen waren sie darauf, in den Löchern, wo das Wasser sich staute, ganze Tage lang nackt herumzuwaten, auf dem heißen Sande sich trocknen zu lassen und dann bis über die Ohren wieder hineinzutauchen, im Fluß bald auf dem Rücken, bald auf dem Bauche schwimmend ihr Wesen zu

haben, die Kräuter am Ufer hin zu durchstöbern und stundenlang die Schlupfwinkel der Aale zu belauern. Das klare Wasser, das im hellen Sonnenschein an ihnen herabtroff, kräftigte ihre Jugend, und von ihm erfrischt, lachten sie auch später als junge Männer noch, wenn sie in den ermüdenden Gluten der Juliabende zur Stadt zurückkehrten wie entlaufene Kinder. Später hatten sie's mit dem Jagdeifer. Doch handelte es sich um eine Jagd, wie man sie in diesem an Wild armen Lande eben treibt, wo man sechs Meilen machte, um ein halbes Dutzend Baumpieper zu erlegen, und von beträchtlichen Touren oft mit leeren Jagdtaschen zurückkehrte, höchstens mit einer unvorsichtigen Fledermaus drin, die sie, wenn sie vor der Stadt ihre Gewehre entluden, abschossen. Die Augen wurden ihnen feucht, als sie dieser Wanderfreuden gedachten. Sie sahen die endlosen, weißen, mit dickem, wie gefallener Schnee wirkendem Staub bedeckten Landstraßen wieder vor sich; und sie marschierten auf ihnen vorwärts und immer vorwärts und freuten sich über das stapfende Geräusch ihrer derben Schuhe. Sie rannten querfeldein, weiter und immer weiter über die roten, eisenhaltigen Feldschollen weg. Über ihnen ein bleierner Himmel, kein Schatten, nichts als mit dürftigem Laub junge Oliven- und Mandelbäume. Und wenn sie dann heimkehrten, die köstliche Müdigkeit jedesmal, die prahlerisch triumphierende Genugtuung, daß sie diesmal noch weiter marschiert waren als das letztemal; das Entzücken, nicht mehr zu fühlen, wie man ging, sondern immer nur so im Zug weiterzumarschieren, indem man sich mit irgendeinem fürchterlichen Soldatenlied aufmuntert und in wiegenden Traum singt.
Schon damals trug Claude außer seinem Pulverhorn und der Zündhütchenschachtel ein Skizzenbuch bei sich, in das hinein er Stücke der Landschaft zeichnete, während Sandoz immer das Buch eines Dichters mithatte. Es war ein romantischer Überschwang, in welchem sie geflügelte Strophen mit Soldatenzoten

wechseln ließen und Oden in die heiße, lichtgleißende Landschaft hineinschickten. Als sie gelegentlich aber einen Quell mit vier Weiden, die ihr Grau in das sonnengrelle Gelände hineinsetzten, aufgestöbert hatten, vergaßen sie sich dort, bis die Sterne am Himmel aufblinkten, und spielten sich Dramen vor, die sie auswendig wußten, mit schwülstig machtvollem Tonfall für die Helden, und mit zarter, verhalten flötender Stimme für die Königinnen und Naiven. An solchen Tagen hatten die Spatzen vor ihnen Ruhe. So hatten sie in der weltfernen Provinz seit ihrem vierzehnten Jahr, enthusiastisch für Kunst und Literatur begeistert, für sich allein dahingelebt. Der gewaltige Pomp Victor Hugos, seine riesenhaften Phantasien mit ihrem epischen Schwung, die sich in einem fortwährenden Widerstreit von Gegensätzen bewegen, hatten sie vor allem hingerissen. Unter Gestikulationen hatten sie die Sonne hinter Ruinen untergehen, hatten das Leben erhaben unter einer falschen Fünfteaktschluß-Beleuchtung an sich vorüberziehen sehen. Dann war Musset gekommen und hatte sie mit seinen Leidenschaften und Tränen erschüttert. Sie hatten in ihm ihr eigenes Herz schlagen hören; eine menschlichere Welt hatte sich ihnen offenbart, die sie von der Seite des Mitleids her gewann und mit dem ewigen Schrei des Elends, den sie von da an aus allen Dingen hervorhören sollten. Im übrigen war ihr schöner, jugendlicher Heißhunger und ihr wütender Leseeifer wenig wählerisch, und sie verschlangen Gutes wie Schlechtes mit einer solchen Gier nach Bewunderung, daß ein erbärmliches Machwerk sie oft in dieselbe Begeisterung versetzte wie ein reines Meisterwerk.
Es war aber [...] diese Liebe für weite Wanderungen und es war dieser Heißhunger auf Lektüre gewesen, die sie vor ihrer unwiderstehlich erschlaffenden Umgebung geschützt hatten. Nie hatten sie ein Café besucht. Das Herumtreiben auf den Gassen widerstand ihnen, und sie taten, als wenn sie wie Adler in Käfigen ersticken müßten, wenn ihre Kameraden ihre Schülerär-

mel schon auf den Marmortischen scheuerten und sich am Kartenspiel ergötzten. Dies Provinzleben, das die Jugend schon so frühzeitig in seinen Göpel zog, die Gewohnheit des Klubs, die bis auf die Inserate durchbuchstabierte Zeitung, das unaufhörliche Dominospiel, der gleiche Spaziergang zur gleichen Zeit auf der gleichen Straße, die schließliche Abstumpfung der ewig gleichen, das Gehirn plattschürfenden Tretmühle widerstand ihnen. Sie protestierten gegen dies Leben, indem sie die weltverlorene Einsamkeit der benachbarten Hügel erstiegen und, oft mitten in strömendem Regen, ihren Haß gegen die Stadt in Versen daherdeklamierten. Sie nahmen sich vor, am Ufer der Viorne zu kampieren, die Freude eines beständigen Bades zu genießen und mit fünf, sechs Francs zu leben; denn nicht mehr als soviel hielten sie für ihre Bedürfnisse für ausreichend. Selbst das andere Geschlecht galt ihnen nichts. Ihre Schüchternheit und Unbeholfenheit ihm gegenüber galt ihnen für eine strenge Tugend, mit der sich ihre höhere Natur bekundete.«[17]

4.
Emile Zola an Paul Cézanne

Paris, 14. Juni 1858

Mein lieber Cézanne,

ich bin ein wenig in Verzug mit meinem Schriftverkehr; aber glaub mir bitte, dass daran eine unerhörte Verkettung von Umständen schuld ist, die ich nicht versuchen werde, dir zu erklären, denn das würde zu lange dauern. Es herrscht eine entsetzliche und schweißtreibende Hitze. Nun, da mein dichterisches Feuer umgekehrt proportional zu dem Feuer ist, das der göttliche Apoll ausstrahlt, werde ich mich für heute damit begnügen, dir in einfacher Prosa zu schreiben. Im Übrigen bin ich wie Monsieur Hugo, ich liebe Abwechslung, daher schicke ich dir nach einer poetischen nun eine prosaische Epistel. Anstatt dich auf diese Weise völlig in Schlaf zu versetzen, mache ich dich nur schläfrig.

Mein lieber Freund, ich werde dir eine Neuigkeit verkünden, allerdings eine bezaubernde. Ich habe meinen Körper in die Fluten der Seine versenkt – der Seine mit ihrer breiten Breite, der Seine mit ihrer tiefen Tiefe. Aber da gibt es keine jahrhundertealte Pinie, aber da gibt es keine frische Quelle, um eine Weinflasche zu kühlen, aber da gibt es keinen Cézanne mit seiner großen Fantasie, mit seiner Begabung für unbeschwerte und pikante Unterhaltung! Pfeif' auf die Seine, habe ich daher ausgerufen, und hoch lebe das Wasserloch von Palette und unsere himmlischen Ausflüge an den angrenzenden Ufern.

Paris ist groß, voller Ausflugsmöglichkeiten, Denkmäler, bezaubernder Frauen. Aix ist klein, eintönig, engherzig, voller Frauen ... (Gott bewahre, dass ich die Frauen von Aix schlecht mache.) Und trotzdem ziehe ich Aix Paris vor.

Sind es die sanft im Wind sich wiegenden Pinien, sind es die kahlen Schluchten, die übereinander getürmten Felsen oder die malerische Natur der Provence, die mich fesseln? Ich weiß es nicht, doch sagt mir meine Dichtersehnsucht, dass ein schroffer Felsen besser ist als ein frisch getünchtes Haus, das Murmeln der Gewässer besser als der Lärm einer großen Stadt, die unberührte Landschaft besser als die gequälte oder zurechtgestutze Natur. Sind es aber nicht vor allem die Freunde, die ich dort unten in der Nähe des Arc zurückgelassen habe, die mich ins Land der Bouillabaisse und des Aïoli locken? Gewiss ist es so.

Ich sehe hier so viele junge Leute, die geistreich sein wollen, sich über die anderen erhaben fühlen, nur sich selber schätzen und den anderen bloß eine große Menge an Dummheit zugestehen, dass ich jene Freunde wiederzusehen wünsche, deren echten

Esprit ich kenne und die sich fragen, bevor sie andere mit Steinen bewerfen, ob man sie nicht auch damit bewerfen könnte. Da schau mal her, ich bin heute ganz außerordentlich ernsthaft. Bitte vergib mir diese eben angestellten, reichlich platten Reflexionen: Aber, beginnt man erst einmal, die Welt etwas aus der Nähe zu betrachten, dann bemerkt man, wie schlecht alles zusammengefügt ist, so dass man nicht umhinkommt, den Philosophen zu geben. Zum Teufel mit der Vernunft, und es lebe die Freude! Was ist aus deiner Eroberung geworden? Hast du sie angesprochen? Oh, du Schelm, das sähe dir echt ähnlich. Junger Mann, Sie geraten auf Abwege, Sie werden Dummheiten machen, aber ich werde bald kommen und es verhindern. Ich will nicht, dass man mir meinen Cézanne verdirbt.

Schwimmst du? Lebst du in Saus und Braus? Malst du? Bläst du auf deinem Horn?[18] Machst du Gedichte? Was treibst du eigentlich? Und dein Abitur? Wie läuft es? Du wirst alle Lehrer fertigmachen. Ah, verdammt noch mal, wir werden uns prächtig amüsieren. Ich habe ganz ungeheure Pläne. Sie sind gigantisch – du wirst sehen.

Was macht Baille? Was macht B...?[19] Was macht Marguery? Was macht B...? Diese vier Personen interessieren mich im höchsten Maße. Sie sind diejenigen, die nach dir am meisten Eindruck auf mich gemacht haben. Es sind vier angenehme Jungs, von denen gewiss jeder seine kleinen Makel hat, aber diese Makel lassen ihre glänzenden Eigenschaften nur umso stärker strahlen, ebenso wie ein Schönheitsfleckchen die Blässe einer Frau betont.

Ich habe meine Komödie *Enfoncé le pion* [Sein Schäfchen ins Trockene bringen] beendet.[20] Sie besteht aus gut tausend Versen. Du wirst all das im Urlaub schlucken müssen: Du schluckst es gewiss; Baille wird es schlucken, alle werden es schlucken. Ich werde keine Gnade walten lassen. Ihr könnt noch so oft sagen, dass ihr genug habt, ich verabreiche euch noch mehr. Es ist ein riesiger Vorrat an Wörtern, den ich euch mitbringe.

Ich will euch jedoch nicht hinterrücks überrumpeln. Ich kündige euch im Voraus an: Ihr könnt mir Gleiches mit Gleichem vergelten, indem ihr euch zusammentut und eine neue *Pucelle*[21] verfasst, um mein Erwerbsleben zu beeinträchtigen. Herrgott noch mal, ist es möglich, dass es unter dem Himmelszelt ein vergleichbar stupides Wesen gibt wie mich?

In Kürze werde ich den vier oben genannten Personen schreiben.

Ich weiß nicht, wie ich es anstelle, aber ich arbeite überhaupt nicht und habe trotzdem keinen Augenblick Zeit.

Ich teile in meinem Brief nichts mit, denn ich sammle einen Vorrat an Geschichten, den ich nach Aix mitbringe. Heute haben wir den 14.; also dauert es noch mehr als zwei Monate. Das kommt nicht so schnell heran, aber wenigstens vergeht es stetig. Grüß die Freunde und deine Eltern von mir. Wenn du Zeit hast, sende mir doch bitte ein paar schöne Gedichte.

Das zerstreut mich und macht mir gleichzeitig Freude. Was mich selbst betrifft, so bin ich seit einiger Zeit ganz der Poesie entfremdet.

Was für Lorbeeren du erringen wirst! Was für einen riesigen Applaus die Verleihung der Preise hervorrufen wird! Ich für meinen Teil sage dir, dass ich keinen Muskelkater bekommen werde. Ich bemühe mich, einen Preis zu erhalten, den für Aufsatz, und wenn ich den habe, ist es das. Was willst du, es ist nicht jedem gegeben, zu glänzen. Es gibt so viele Dummköpfe, dass man ihnen ohne Schande Gesellschaft leisten darf.

Was soll ich machen? Häufen wir also Dummheit auf Dummheit. Wenn es nach mir geht, reichen vier Seiten. Warte nur, bis ich bei dir bin, um allen meinen wunderlichen Ideen freien Lauf zu lassen, so etwas hast du noch nicht gehört.

Also beende ich meinen Brief, mein lieber Freund, ich habe gerade eine Chemiearbeit geschrieben, ich bin noch ganz verdattert davon: Nichts wirkt kräftiger auf meine Nerven als die

Chemie. Aber in erster Linie haben alle Dinge, die vom weiblichen Genus sind, auf mich diese Wirkung. (Es musste wohl mit einer Dummheit enden.)
Bis bald. Dein ergebener Freund

Emile Zola

Emile Zola an Jean-Baptistin Baille [Auszug]

Paris, Ende Juni 1858

[...] Komm nach Paris, so dass Cézanne hier sein Jura studiert; wir nehmen ein kleines Zimmer und benehmen uns wie Engel ... gefallene Engel. Du kannst hinsichtlich dieses Vorhabens einen Blick in meinen letzten Brief an Cézanne werfen. [...]

5.
Paul Cézanne an Emile Zola

[Aix,] den 9. Juli 1858

Carissime Zola, Salve.
Accepi tuam litteram, inqua milis dicebas
te cupere ut tibi rimas mitterem ad bout-rimas
faciendas, gaude; ecce enim pulcherrimas rimas.
Lege igitur, lege, et miraberis![22]

révolte/récolte [Aufstand/Ernte] **Zola/voilà** [da] **métaphore/phosphore** [Metapher/Phosphor] **rhum/brun** [Rum/braun, hier: schwarz]
vert/découvert [grün/entdeckt] **bachique/chique** [bacchantisch/Priem]
boeuf/veuf [Rind/verwitwet] **aveugle/beugle** [blind/ brüllt]

chimie/infamie [Chemie/Schande] **uni/bruni** [einheitlich/bräunen] **borne/corne** [beschränke/Horn]

Bei den oben genannten Reimworten ist es dir gestattet, sie erstens in den Pural zu setzen, wenn deine durchlauchtigste Majestät dies für angebracht hält; zweitens, du kannst sie in die Reihenfolge bringen, die dir gefällt; doch drittens verlange ich Alexandriner von dir, und viertens schließlich will ich – nein, ich will nicht, aber ich bitte dich, alles in Verse zu bringen, selbst Zola!

Hier sind einige kleine Verse von mir, die ich bewundernswert finde, weil sie von mir sind – und das aus dem einfachen Grund, weil ich ihr Autor bin.

Kleine Verse

Ich sehe Leydet[23]
Auf einem Pferdchen.
Er zügelt seinen Esel,
Der triumphierend
Unter einer Platane
Zu singen beginnt.

Der ausgehungerte Esel
Reckt begeistert
Zum Laub,
Fröhlich und toll,
Einen sehr langen Hals,
Der es tüchtig pflückt.

Der Jäger Boyer,
voller Mut,
Trifft aus der Hüfte

Einen schwarzen Baumpieper,
Der voller Blut
Den Spieß sehen wird.

Der Schwimmer Zola
Durchpflügt ohne Furcht
Die klare Welle,
Sein muskulöser Arm
Reckt sich freudig
Über die angenehme Feuchte.

Das Wetter ist heute sehr nebelig. Sag mal, soeben verfasste ich ein Liedchen, hier ist es:

Wir preisen
Der Weinflasche Köstlichkeit,
Ihre unvergleichliche Güte
Stärkt mein Herz.

Dies muss gesungen werden zur Melodie von:

D'une mère chéri
Celebrons la douceur etc.

Mein Lieber, ich glaube bestimmt, du schwitzt, da du mir in deinem Brief mitteilst:

Dass deine Stirn, völlig in einen warmen Schweiß gebadet,
Vom hochgelehrten Dampf umgeben war,
Der bis zu mir die entsetzliche Geometrie aushauchte!
(Nimm dir diese harte Schmach nicht zu Herzen).
Wenn ich die Geometrie
Solcherart kennzeichne,

Liegt das daran, dass ich beim Lernen spüre, wie sich der ganze Körper
Bei meinen vergeblichen Bemühungen in Wasser auflöst.

Mein Lieber, wenn du mir deine Bout-rimés gesandt haben wirst,

Denn was die Bout-rimés angeht, so finde ich dich bewundernswert
Und in den anderen Versen wahrhaft unvergleichlich,

dann werde ich mich auf die Suche nach anderen, noch schwelgerischeren und geschwolleneren Reimen machen; ich bereite einige davon vor, ich arbeite einige aus, ich destilliere einige davon in meinem Retorten-Hirn. Das werden neue Reime sein – hm – Reime, wie man sie sonst kaum sieht, verflucht noch mal, endlich einmal ganz vollendete Reime.
Mein Lieber, nachdem ich diesen Brief am 9. Juli begonnen habe, wäre es eigentlich nur recht, ihn heute, am 14., zu beenden, doch leider finde ich in meinem verdorrten Geist nicht den geringsten kleinen Einfall, und dennoch, was könnte ich nicht für Themen mit dir behandeln: die Jagd, das Angeln, das Schwimmen, sind das etwa nicht vielfältige Themen, und die Liebe (Infandum, sprechen wir lieber nicht dieses verderbliche Gebiet an):

Unsere noch unverdorbene Seele
Ist mit ihrem zögernden Schritt
Noch nicht an den Rand des Abgrunds gelangt,
An dem man so häufig abgleitet,
In eine verderbliche Zeitspanne.
Ich habe den Kelch der Wollust,
Der den liebenden Herzen

Sättigung spendet, noch nicht
An meine unschuldigen Lippen gesetzt.

Was für ein mystischer Erguss, hm, sag mal, es will mir scheinen, dass ich dich diese einschläfernden Verse lesen sehe, und ich sehe (obwohl es ein wenig weit weg ist) dich mit den Kopf schütteln und sagen: »Die Dichtkunst ist nicht sein Ding ...«
Brief am 15. abends beendet.

Lied dir zu Ehren

(Ich singe hier, als ob wir uns gemeinsam
allen Freuden des menschlichen Lebens hingegeben hätten,
es handelt sich sozusagen um eine Elegie,
duftig ist es, du wirst sehen.)

Abends, niedergelassen an der Flanke des Gebirges,
Schweifen meine Augen weit in das Land:
Ich frage mich: Wann, große Götter, wird eine Gefährtin
Kommen und mir mein Elend tragen helfen,
Wo mich doch heute so viel Unglück plagt?
Ja, mit ihr, die mir leicht vorkommen würde,
So nett wie eine Schäferin,
Von sanftem Reiz, mit rundem und straffem Kinn,
Mit prallen Armen, mit wohlgeformten Waden,
Mit adretter Krinoline,
Mit göttlicher Gestalt,
Mit purpurrotem Mund,
Didel, didel, dideldum,
Ei, ei, das hübsche Kinn.

Ich höre endlich auf, denn ich sehe, dass ich leider wirklich nicht in Schwung bin.

Oh weh, ihr Musen, weint, denn euer Zögling
Kann noch nicht einmal ein kurzes Lied verfassen.
Oh, Abitur, du schreckliches Examen!
Prüfer, oh, welch entsetzliche Fratzen!
Sollte ich bestehen, oh, unsagbare Freude.

Allmächtige Götter, ich weiß nicht, was ich dann alles anstellen würde! Adieu, mein lieber Zola, ich schweife immer wieder ab.

Paul Cézanne

Ich habe eine Eingebung gehabt für ein Schauspiel in 5 Akten, dem wir (du und ich) den Titel *Heinrich VIII. von England* geben werden. Das verfassen wir gemeinsam in den Ferien.

6. Emile Zola an Paul Cézanne

Paris, 20. Juli 1858

Freund, vernimm mich! Vergebens planst du den Aufstand!
Ah, wie gerne würde ich doch inmitten der Ernte,
An der wasserreichen Quelle, inmitten grüner Wiesen,
Jenem Asyl, wo Liebende überhaupt nicht entdeckt werden,
Indem ich Algebra und Chemie weit von mir werfe,
Jene Freuden kosten, die ein Frömmler Schande nennt.
Wir beide, du, großer Cézanne, und ich, der arme Zola,
Möchten gerne liebkosen, was die Schamhaftigkeit verhüllte.[24]
Ich möchte mich in einen bacchantischen Überschwang stürzen,
Gut trinken, gut essen, meinen Priem präsentieren,
Oder auch völlig nackt die einheitlich klare Flut durchpflügen
Und mein vergnügtes Wesen von der Sonne bräunen sehen.

Freund, wie gerne würde ich mit Hilfe des Phosphors
Eine Feuersbrunst entzünden (das ist als Metapher geeignet),
Um darin ein gutes Stück Rindfleisch zu braten,
Damit der Wein in unseren Körpern nicht verwitwet bleibe.
Cézanne, glaub nicht, dass ich mich darauf beschränke –
Von uns beiden bekommen die Gatten ein Horn aufgesetzt!
Diese Verse sollen dich vor lauter Ungeduld schwarz werden lassen.
Ich höre auf und sage dir, dass wir Rum trinken werden,
Dass wir, besinnungslos, johlen werden. Der Blinde,
der seinen Hund verloren hat, schreit gleichfalls und brüllt.

Deine Reime sind extrafein, meine Verse jedoch sind mehr als dumm. Ach, so etwas, als ich es durchlas, entdeckte ich soeben, dass ich in diesem höchst epischen Stück die Jagd vergessen habe. Was für ein Unglück! Ich werde mein Versäumnis wieder gutmachen. Und dazu werde ich kleine Hüpfverse verfassen, zierlich, voller Fantasie und ... Plattitüden. Wende das Blatt.

Kleine und zierliche Hüpfverse!!!!!

I
Rassehund,
Komm wir gehen
Auf die Jagd!
Sieh die Morgenröte,
Die die Talmulden
färbt.

II
Schau, die Drosseln
Über den Flussufern.
Sieh, sie schütteln
Den Schlummer ab
Und stürzen sich
In die Sonne!

III
Die Heckenrose,
Der Weißdorn,
Sind in ihrem Innersten
Grasmücken,
Lerchen
Und Kaninchen.

IV
Wie das Rebhuhn
Auf den Leim geht.
Schau, alles gerät
In Bewegung

V
Auf zur Jagd! ...
Meine Schultertasche!..
Komm, mein Hund!
Pulver,

VI
Oh, mein Gewehr,
Mein einziger Talisman,
Meiden wir
Die Gendarmen,

Der rote Vogel,	Schwarzer Blitz!	Meine Schrecken!
Der graue Vogel.	Guter Wein! ...	Kommt, gehen wir! ...

Was du linkerhand siehst, sind die Reime, die ich dir ad boutrimas faciendas schicke. Ich gestatte dir nur eine einzige Sache, nämlich sie in den Plural zu setzen. Da ich mir diese Freiheit gestattet habe, ist es nur gerecht, wenn du dich ihrer ebenfalls bedienst. Wenn du bestanden hast, befasse dich mit den Bouts-rimés und schicke sie mir, sobald du kannst. Sie zu verfertigen, macht viel Spaß.[25]
Du büffelst, mein armer Cézanne. Qui non laborat, non manducat[26], hat Victor Hugo irgendwo gesagt. Wenn der umgekehrte Fall zutrifft, musst du fressen wie der Riese des kleinen Däumlings. Was mich angeht, und um mein Vorbild, den göttlichen Hugo, nicht Lügen zu strafen, ich esse von allem mehr und das bereits seit Längerem.

Mi amice, carus Cezaninus, tibi in latinam linguam, ne lingua gallica, rubescit audiendo quidam rem impudicam, mitto me ardescere et amare virginem pulcherrimam et quae non habet jam masculo membro frui. Haec femina fulva est et sua color est alba et sui oculi caerulei sunt. Vides ergo ut illa est divinitas, simila Ceres, quae ad messes presidet. Gaude, gaude, Cezanine, vides enim unus litteratus qui latina lingua utitur et qui dicet platitudinas (den Stil musst du dir für deinen Lateinaufsatz im Abitur zu eigen machen).[27]

mamelon/melon [Nippel/Melone] **mastic/loustic** [Kitt/Knilch] **hoquet /perroquet** [Schluckauf/Papagei] **crucifix/fils** [Kruzifix/Sohn]

Amérique/chimérique [Amerika/trügerisch] **encre/ancre** [Tinte/Anker] **ruche/perruche** [Bienenkorb/Wellensittich] **emplâtre/plâtre** [Pflaster/Gipsfigur]

ail/rail [Knoblauch/Schiene] **pantalon/talon** [Hose/Ferse] **baccalauréat/lauréat** [Reifeprüfung/Preisträger] **écrin/crin** [Reiseetui/Rosshaar]

empire/vampire [ImperiumVampir] **jambe/iambe** [Bein/Jambus] **lanterne/alterne** [Laterne/alterniere] **palme/calme** [Palme/ruhig]

7. Jean-Baptistin Baille und Paul Cézanne an Emile Zola

[Aix,] den 26. Juli 1858

Meine liebe [sic] Freund,[28]

es ist Cézanne, der schreibt, und es ist Baille, der diktiert. Ihr Musen, steigt herab vom Helikon in unsere Adern, um meinen abiturialen Triumph zu feiern! (Es ist Baille, der spricht, und ich werde erst nächste Woche dran sein.)

[Von der Hand Bailles:]

Diese skurrile Originalität passte recht gut zu unseren Charakteren. – Wir wollten dir einen Haufen Rätsel zu lösen geben, doch die Geschicke haben es anders beschlossen. Ich kam gerade zu dem poetischen, fantastischen, bacchantischen, erotischen, antiken, physischen, geometrischen Freund, den wir haben; er hatte bereits das Datum des 26. Juli 1858 hingesetzt und wartete auf einen Einfall. – Ich gebe ihm einen: Ich schreibe die Anrede auf Deutsch: Er begann unter meinem Diktat zu schreiben und die Figuren seiner Rhetorik zusammen mit den Blüten meiner Geometrie in Überfluss auszustreuen (gestatte mir diese Umstellung. – Du hättest sonst denken können, wir würden dir Triangel oder ähnliche Dinge senden.) Allein, mein Lieber, die Liebe, die bereits Troja zugrunde richtete, verursacht immer noch Unheil: Ich habe schwere Verdachtsgründe, anzunehmen, dass er verliebt ist. (Er will es nicht eingestehen.)

Mein Lieber, es war Baille, der gerade mit kühner Hand (oh, eitler Geist!) diese perfiden Zeilen hingeworfen hat, sein Geist bringt niemals andere hervor. Du kennst ihn gut genug, du kennst seine Tollheiten aus der Zeit, bevor er das fürchterliche Examen bestanden hat. Warum sollte es jetzt anders sein? Was für drollige, ungehobelte Ideen entspringen nicht seinem boshaften Spöttergeist! Du weißt, dass Baille seinen naturwissenschaftlichen Abschluss gemacht hat und am kommenden 14. wird er sich um einen geisteswissenschaftlichen Abschluss bemühen. Ich selbst werde mich erst am 4. August darum bemühen; mögen die allmächtigen Götter darüber wachen, dass ich bei meinem baldigen Sturz nicht auf die Nase falle. Ich schufte, große Götter, ich zerbreche mir den Kopf mit dieser fürchterlichen Strapaze.

Ich bebe, sehe ich die ganze Geografie.
Geschichte und Latein, Griechisch und Geometrie
Haben sich gegen mich verschworen: Ich sehe schon
Die Prüfer drohen, deren durchbohrende Blicke
Mein Herz bis auf den Grund mit Verwirrung erfüllen.
Meine Angst verdoppelt sich jedes Mal entsetzlich!
Und ich sage mir: Gott, zersprenge, verwirre
Die grauenvolle Schar all dieser Feinde,
Die sich zu meinem sicheren Fall zusammengetan hat. –
Das Gebet, wie wahr, ist nicht sehr inbrünstig. –
Mein Gott, erhöre mich dennoch gnädig,
Bin ich doch deinen Altären ein frommer Diener ...

Täglich ehre ich deine Bilder mit Weihrauch.
Ah, zermalme, Herr, diese bösartigen Personen.
Siehst du, wie sie sich bereits zusammenrotten
Und sich die Hände reiben, bereit, uns alle zu vernichten?
Siehst du, Herr, wie sie in grausamer Freude
Bereits mit ihren Blicken zählen, wer ihre Beute wird?
Schau, Herr, schau, wie sie auf ihren Pulten
Sorgfältig die fatalen Nummern zusammenstellen![29]
Nein, nein, dulde nicht, dass ich den Streichen
Ihrer anwachsenden Wut zum Opfer falle.
Sende deinen beseligenden Heiligen Geist,
Dass er alsbald seines profunden Wissens
Strahlendes Licht über deinen Diener ausschütte!
Erhörst du mich, wirst du mich bis zu meinem letzten Stündchen
Gebete grölen hören, die euch
Heilige Frauen und Männer, alle langweilen werden.
Sei so gnädig, Herr, sei so gut, sei so gut, mich zu erhören,
Und habe auch die Güte, Herr, nicht auf dich warten zu lassen
(Ich meine, was den Erweis deiner Gnade angeht).
Möge mein Flehen bis zum himmlischen Eden aufsteigen:
In saecula, saeculorum, amen!

Eine ganz schön alberne Abschweifung. Was meinst du? Ist sie nicht ganz missgestaltet? Ach, wenn ich Zeit hätte, müsstest du noch ganz andere schlucken. Apropos, ich werde dir später noch ein paar Bouts-rimés schicken. Sende einige Gebete zum Allerhöchsten (Altissimo), damit die Fakultät mich mit dem so sehr ersehnten Titel auszeichnet.

[Von der Hand Bailles:]

Jetzt bin ich dran fortzufahren: Ich werde dir keine Verse zu schlucken geben: Ich habe dir fast nichts zu sagen, höchstens, dass wir

dich alle erwarten: Cézanne und ich, ich und Cézanne. Während wir warten, pauken wir. Also komm. Freilich, ich werde nicht mit euch auf die Jagd gehen. Damit wir uns recht verstehen, ich werde nicht jagen, aber ich werde euch begleiten. – Egal! Wir werden schon noch schöne Ausflüge machen können. Ich trage höchstselbst die Flasche, auch wenn dies das Allerschwerste ist! Dieser Brief hat dich bereits gelangweilt: Das soll er auch, womit ich nicht sagen will, wir hätten ihn mit dieser Absicht verfasst.
Übermittle deiner Mutter unsere Empfehlungen (ich sage »unsere«, und das mit Grund: Die Dreifaltigkeit ist eine einzige Person.) Wir drücken dir die Hand: Dieser Brief stammt von zwei Originalen.

Bacézanlle

Du erkennst in diesem Brief die Schöpfung zweier Originale.

Mein Lieber, wenn du kommst, lasse ich mir Bart und Schnurrbart wachsen: Ich erwarte dich ad hoc. Sag mal, hast du Bart und Schnurrbart? Adieu, mein Lieber, ich begreife nicht, wieso ich derart blöde bin ...

8.
Paul Cézanne an Emile Zola

[Aix,] Mittwoch, 17. November 1858[30]

Arbeite, mein Lieber, nam labor inprobus omnia vincit.[31]
Vergib mir, Freund, vergib mir! Ja, ich bin schuldig. Dennoch, jeder Sünde ihre Vergebung. Unsere Briefe müssen sich gekreuzt haben, du musst mir sagen, wenn du mir wieder schreibst – doch brauchst du dich damit nicht zu belasten –, ob du nicht

einen in meiner Kammer verfassten Brief erhalten hast, mit einem Reim auf den 14. November?
Ich warte auf das Monatsende, damit du mir, wenn du mir einen neuen Brief schickst, den Titel für ein überaus ausgedehntes Gedicht angibst, das ich verfassen will und von dem ich dir in meinem Brief vom 14. November berichtete, wie du sehen wirst, wenn du ihn erhältst, obgleich ich mir sein Nichteintreffen bei dir kaum erklären könnte, aber, da nichts unmöglich ist, habe ich mich beeilt, dir zu schreiben. Ich habe das Abitur bestanden, was du jedoch aus dem besagten Brief vom 14. wissen solltest, gesetzt den Fall, er hat dich erreicht.[32]

Heilige Scheiße, heilige Scheiße von 600.000 Bomben!
Ich kann nicht mehr dichten. – Ich gehe unter, und du stirbst
In den 600.000 Explosionen der 600.000 Bomben.

Ja, das ist zu viel Geist auf einen Schlag!

Ich spüre es, ich werde daran jung zugrunde gehen,
Denn wie soll so viel Geist in mir Platz finden?
Ich bin nicht geräumig genug und kann
Den Geist nicht halten, daher hauche ich mein Leben jung aus.

Ich habe an Baille geschrieben, um ihm mitzuteilen, ihm unwiderruflich und endgültig mitzuteilen, dass ich das Abitur bestanden habe.[33] Hm! Hm!

Ja, mein Lieber, ja, mein Lieber, eine riesengroße Freude
Macht sich angesichts dieser neuen Würde in meinem Herzen breit,
Ich fiel dem Lateinischen und Griechischen nicht zum Opfer!
Oh, überaus glücklicher Tag, oh, überaus glücklicher Tag,
An dem mir diese prunkvolle Würde verliehen wurde;

Ja, ich bin Abiturient, das ist eine große Sache.
Derjenige, der für seine Person Abiturient geworden ist,
Verfügt über eine gehörige Portion an Griechisch und Latein!

In Rhetorik aufgegebene lateinische Verse und von uns, dem Dichter, übersetzt:

Hannibals Traum
Annibalis Somnium

Am Ende eines Festgelages, bei dem man sich
Zu übermäßig des Rums und des Cognacs bedient hatte,
Strauchelte und wankte der Held von Karthago.
Ja, schon begann der berühmte Sieger von Cannae
Bei Tische einzuschlafen, oh, erstaunliches Wunder,
In den Resten des fürchterlich geplünderten Mahls!
Nach einem schweren Faustschlag, den der Held
Dem Tischtuch versetzte, ergoss sich der Wein in Strömen.
Die leeren Teller, Platten und Salatschüsseln
Wackelten traurig in den nassen Bächen
Von noch ganz warmem Punsch. Bedauernswerter Schaden!
Ist es möglich, meine Herren, dass Hannibal vergeudet,
Infandum, Infandum, den Rum seines Vaterlandes,
Den heiß geliebten Trost der alten französischen Kämpen?
Ist es möglich, Zola, eine solche Schandtat zu begehen,
Ohne dass Jupiter diese abscheuliche Niedertracht rächte?
Wie konnte es geschehen, dass Hannibal so völlig seinen Kopf verlor,
Dass er sich auf eine so umfassende Art vergaß,
Oh, Rum? – Entfernen wir uns von einem derart traurigen Anblick!
Oh, Punsch, du hast ein besseres Grab verdient!
Hat dir dieser so unbeugsame Bezwinger nicht

Einen Freipass gegeben, um in seinen Mund zu gelangen
Und geradewegs in den Magen hinabzusteigen?
Er hat dich auf den Boden fließen lassen, oh, Cognac!

– Welch unaussprechliche Schande! Der Bezwinger von
Saguntum wurde alsbald von vier Dienern weggetragen
Und in ein Bett gelegt; Morpheus und seine Mohnkörner
Lassen auf seine schweren Lider den Schlaf niedersinken,
Er gähnt, reckt die Arme und schläft auf der linken Seite ein.
Nach dieser Schwelgerei schläft unser Held fest ein,
Als der leichten Träume toller Schwarm
Ganz plötzlich unweit der Nackenrolle niederstößt.
Doch Hannibal schläft. – Der Älteste der Truppe
Verkleidet sich als Hamilkar, dem er ähnelte. –
Die Haare struppig, die Nase hervorspringend,
Ein außergewöhnlich dichter Schnurrbart,
Fügt seiner Wange noch einen gewaltigen Schmiss hinzu,
Welche sein Antlitz zu einer unförmigen Fratze macht,
Und ihr habt, meine Herren, das Porträt von Hamilkar.
Vier große weiße Pferde, angespannt an seinem Wagen,
Schleppen ihn herbei: Er trifft ein, zieht Hannibal am Ohr
Und schüttelt ihn heftig: Hannibal erwacht,
Und es hat bereits ihn der Zorn ... Doch er beruhigt sich,
Als er Hamilkar sieht, schrecklich blass
Vor unterdrückter Wut: »Unwürdiger Sohn, unwürdiger!
Sieh, in was für einen Zustand dich der reinen Reben Saft
Gestürzt hat, dich, meinen Sohn. – Erröte, bei Gott, erröte
Bis über beide Ohren! Anstatt Krieg zu führen,
Führst du ein schändlich unbeschwertes Leben.
Anstatt die Mauern deines Vaterlandes zu verteidigen,
Anstatt die unerbittlichen Römer zurückzudrängen,
Anstatt zu einem Kampf dich zu rüsten, du Sieger am Ticinus,
Am Trasimeno und bei Cannae, bei dem alle Bürger jener Stadt,

Die der Familie Hamilkars stets am feindlichsten gesonnen
Und die aufsässigste der gesamten Feindesschar war,
Von Karthago unterjocht wird,
Entarteter Sohn, feierst du hier Orgien!
Oh weh, dein neues Wams ist mit Soße bekleckert,
Mit gutem Madeira und Rum! Das ist entsetzlich!
Gehe und folge lieber dem Vorbild deiner Ahnen,
Halte dich vom Cognac und den lüsternen Dirnen fern,
Die unsere Seelen allzu sehr bezwingen!
Schwöre den Spirituosen ab, sie sind zu gefährlich,
Und trink bloß noch Wasser, dann wird es dir besser gehen.«
Bei diesen Worten legte Hannibal sein Haupt
Aufs Bett und schlief erneut fest ein.[34]

Hast du je einen Stil bewundernswerter gefunden?
Wenn du nicht zufrieden bist, bist du nicht bei Trost.

P. Cézanne

9.
Paul Cézanne an Emile Zola

Aix, den 7. Dezember 1858

Mein Lieber,

du hattest mir gar nicht mitgeteilt, dass deine Krankheit ernst, ja sehr ernst war.[35] – Ich hätte es erfahren sollen; Monsieur Leclerc hat es mir an deiner Stelle mitgeteilt, aber da es dir nun wieder gut geht: Salut!
Nachdem ich längere Zeit schwankte – denn ich muss dir gestehen, dieser Kerl hat mir zunächst gar nicht gefallen –, habe

ich mich schließlich entschlossen, ihn möglichst wenig schlecht zu behandeln. Also machte ich mich an die Arbeit; aber, na ja, ich beherrsche meine Mythologie nicht, doch will ich mich eifrig daranmachen, die Heldentaten von Master Herkules aufzuzeichnen, und sie in die Großtaten eines Kerls umwandeln, sofern sich das machen lässt. Ich kündige dir an, dass mein Werk – sollte es überhaupt den Namen eines Werks verdienen und nicht den von Schund – lange von mir bearbeitet, gefeilt und verbessert werden wird, denn ich kann dem abenteuerlichen Epos des herkulischen Kerls nur wenig Zeit widmen.

Oh weh! Ich schlug des Rechts[36] verwinkelten Pfad ein.
»Einschlagen« ist nicht das rechte Wort, man hat mich gezwungen,
Das Recht zu wählen. Das schreckliche Recht mit seinen gewundenen Umschweifen
Wird mir jetzt drei Jahre lang mein Leben zur Qual machen!

Ihr Musen, steigt herab vom Helikon, vom Pindos, vom Parnass,
Ich bitte euch, und versüßt mir mein Missgeschick.
Habt Mitleid mit mir unglücklichem Sterblichen,
Der wider seinen Willen von eurem Altar fortgerissen wurde.
Des Mathematikers[37] trockene Aufgaben,
Seine Stirne blass und zerfurcht, seine Lippen ebenso weiß
Wie das weiße Leichentuch eines Wiedergängers auf Erden,
Dünkt euch, oh, ihr neun Schwestern, ich weiß es, abscheulich!
Doch derjenige, der des Rechtes Laufbahn einschlägt,
Verliert euer und Apollos Wohlwollen ganz.
Blickt mich nicht allzu herablassend an,
Denn ich bin weniger schuldig, ach, als unglücklich.
Hört meinen Ruf, helft mir aus meinem Missgeschick,
Und ich werde euch in Ewigkeit dankbar sein.

Meinst du nicht auch, wenn du diese faden Reime hörst, nein liest, dass sich die Muse der Dichtkunst für immer von mir abgewandt hat? Oh weh, das kommt alles von diesen ekelhaften Rechtswissenschaften.

Oh Recht, wer hat dieses unförmige Gehirn bei dir hervorgebracht
Und zu meinem Unglück diese unförmigen Digesten geschaffen?
Und diese unpassenden Richtlinien, die bereits seit einem Jahrhundert
In Frankreich nicht mehr beachtet werden?
Welch seltsame Raserei, welch Idiotie und
Wahnsinn verwirrten dein bebendes Gehirn,
Oh, armseliger Justinian, unseliger Stifter der Pandekten
Und unverfrorener Herausgeber des *Corpus juris*?
Reichte es nicht, dass Horaz und Virgil,
Tacitus und Lukan mit schwierigen Texten
Acht Jahre lang einen Schrecken für uns darstellten?
Musste mein Unglück noch vergrößert werden?
Wenn es eine Hölle gibt, und wenn darin noch Platz ist,
Herr im Himmel, stecke den Herausgeber der Digesten dort hinein.

Erkundige dich mal nach dem Akademiewettbewerb, denn ich halte an dem Vorhaben fest, wie wir beschlossen hatten, daran um jeden Preis teilzunehmen, vorausgesetzt, es kostet nichts.

Du weißt, dass Boileaus zerbrochenes Schulterblatt
Vergangenes Jahr in einem tiefen Graben gefunden wurde,
Und dass man, als die Maurer tiefer gruben, dort
All seine versteinerten Knochen fand, die man nach Paris brachte.

Dort wurde dieser König der Tiere in einem Museum
Als Nashorn klassifiziert.
Am Fuß seines Gerippes gravierte man folgende Worte ein:
»Hier ruht Boileau, der Rektor des Parnass.«

Diese absolut wahre Anekdote
Zeigt dir das Schicksal, welches er dafür verdiente,
Mit seinem naseweisen Elan, den vierzehnten Ludwig
Gelobt zu haben, unseren dümmsten König.
Dann hat man den eifrigen Arbeitern für diesen Fund
Hundert Francs als Belohnung gegeben und
Eine schöne Medaille mit den Worten:
»Sie haben Boileau in einem tiefen Graben gefunden.«

Herkules schlief eines Tages tief und fest
In einem Wald, wo es angenehm kühl war, denn
Hätte er sich nicht an dieses entzückende Gehölz gehalten
Und sich stattdessen der Sonnenglut ausgesetzt,
Hätte er vielleicht schreckliche Kopfschmerzen bekommen;
Folglich schlief er fest. Eine junge Dryade
Ging ganz dicht an ihm vorüber ...

Aber ich sehe, dass ich beinahe eine Dummheit abgesondert hätte, also halte ich lieber den Mund. Gestatte mir, diesen Brief, der genauso blöd aufhört, wie er begonnen hat, zu schließen. Ich wünsche [dir] tausendundein Glück in der Liebe, Spaß und Wonne; Adieu, mein Lieber, Grüße an Monsieur Aubert[38] und an deine Eltern, ich grüße dich.
Dein Freund

P. Cézanne

P.S. – Habe soeben deinen Brief bekommen, was mich mächtig freut; aber ich bitte dich, in Zukunft etwas dünneres Papier zu nehmen, denn du hast meiner Geldbörse einen Aderlass beschert, der ihr nicht zum Vorteil gereichte. Großer Gott, diese Unmenschen dort in der Postverwaltung haben mich acht Sous bezahlen lassen. Davon hätte ich dir zwei Briefe mehr schicken können. Daher nimm doch etwas dünneres Papier. Adieu, mein Lieber.

10. Paul Cézanne an Emile Zola

Aix, 17. Januar 1859

Dante: Sag mir, mein Lieber, woran knabbern die da?
Vergil: Um Gottes Willen, das ist ein Schädel!
Dante: Mein Gott, das ist entsetzlich! Aber warum nagen die an diesem abscheulichen Hirn?
Vergil: Lausche und du wirst es wissen.

Der Vater: Beißt nur kräftig hinein in diesen Unmenschen,
Der uns so lange hat Hunger leiden lassen.
Der älteste Sohn: Essen wir!
Der jüngste Sohn: Ich habe schon großen Hunger, gib mir das Ohr!
Der Drittgeborne: Mir die Nase!
Der Enkel: Mir das Auge!
Der älteste Sohn: Mir die Zähne!
Der Vater: He, wenn ihr derart zulangt,
Was bleibt dann für morgen übrig, meine Kinder?[39]

Ich habe beschlossen, mein Lieber, dein Herz zu erschüttern,
Ihm einen enormen, einen grässlichen Schrecken einzujagen
Mit dem monströsen Anblick dieses schrecklichen Schauspiels,
Ganz dazu geschaffen, das gefühlloseste Gemüt zu rühren.

Zeichnung auf dem Briefkopf des Schreibens von Paul Cézanne an Emile Zola vom 17. Januar 1859.

Ich nahm an, dass dein empfindsames Herz angesichts dieser
Untaten
Aufschreien würde: Was für ein fantastisches Bild ist das nun
wieder!

Ich glaubte, dass ein großer Entsetzensschrei sich deiner Brust
Entringen werde beim Anblick dessen, was einzig
Die Hölle ersinnen kann, oder was der ungesühnt gestorbene Sünder
Entsetzlich für alle Ewigkeit erdulden muss.

Ich stelle fest, mein Lieber, dass seit vierzehn Tagen
Unser Briefwechsel in seinem Lauf unterbrochen ist;
Quält dich zufälligerweise der Weltschmerz
Oder macht eine peinigende Erkältung deinen Kopf schwer
Und fesselt dich wider deinen Willen ans Bett und bereitet dir
Ein Husten Kummer? Ach, das ist nicht schön,
Doch wie viel besser ist das als so manche andere Übel.
Vielleicht verzehrt die Liebe gemächlich
Dein Herz? Ja? Nein? Also, dann weiß ich nichts davon.
Doch wenn es die Liebe ist, so sage ich, geht es dir gut,
Denn die Liebe, so glaube ich fest, hat noch niemanden umgebracht;
Vielleicht lässt sie uns manchmal ein wenig
Der Qual und dem Kummer anheimfallen,
Doch der kommt heute und geht morgen wieder.
Sollte dir, will es dein Unstern, ein Unglück widerfahren sein,
Sollte irgendeine schreckliche Krankheit dich herunterbringen,
So glaube ich dennoch nicht, dass die böswilligen Götter
Dir, verdammt noch mal, ein fürchterliches Zahnweh gaben
Oder auch ein anderes schrecklich blödes
Leid, zum Beispiel einen Riesenkopfschmerz,
der seine Pein vom Kopf bis zu den Füßen umherwandern
Und dich Flüche gen Himmel schleudern ließe.
Das wäre dumm. Wie mies wäre es, krank zu sein,
Egal um welches Übel es sich handelt,
denn man verliert den Appetit und isst nicht mehr.
Vergebens zögen vor unseren Augen tausend

Sehr leckere und verlockende Gerichte vorüber; unser Magen würde
Das leckerste und beste Ragout, die schmackhafteste
Soße abweisen:
der gute Wein – denn ich liebe ihn – ist uns,
Es ist wahr, bei Baille heftig zu Kopf gestiegen,
Aber ich verzeihe ihm, der Wein ist dennoch eine gute Sache.
Der unterschiedlichsten Übel Ursache kann er heilen;
Daher trinke ihn, lieber Freund, trinke ihn, denn er ist gut,
Und du wirst bald von deinem Übel genesen,
Denn der Wein ist gut, bis, ter.

Hast du zufälligerweise zu viele Bonbons zu Neujahr verspeist?
Warum nicht? Denn eine zu große Menge davon
Könnte dich dazu verurteilen, den Mund zu halten,
Indem sie dir, oh weh, Verdauungsbeschwerden bescheren.
Doch jetzt ist Schluss mit der ungenierten Blödelei,
Denn die Zeit verkürzt unser Leben ohne Unterlass,
Und unsere Tage werden weniger. Das Grab,
Dieser gefrässige und schrecklich unersättliche Abgrund,
Klafft ständig weit offen – Ob entjungfert oder unberührter Jüngling,
Wenn unsere Stunde schlägt, werden wir, ob tugendhaft oder schuldig,
Dem unausweichlichen Schicksal Tribut zollen.

Nun sind schon etliche Tage vergangen, seit ich schrieb, was oben steht; ich habe mir gesagt, ich weiß nicht, was ich ihm Schönes sagen soll, also muss ich noch ein wenig warten, bevor ich ihm meinen Brief schicke, aber jetzt bin ich erst recht in Sorge, weil ich keinerlei Nachrichten von dir erhielt. Also wirklich, verdammt noch mal, ich habe gerätselt, ja mich sogar schon in Unsinn verrannt angesichts dieses anhaltenden

Schweigens. Vielleicht liegt es daran, habe ich mir gedacht, dass er mit irgendeinem immensissime Werk beschäftigt ist, vielleicht heckt er irgendein Riesengedicht aus, vielleicht ersinnt er irgendein wahrhaft unlösbares Rätsel für mich, vielleicht ist er sogar Redakteur von irgendeinem Revolverblatt geworden; doch all diese Vermutungen lassen mich noch nicht wirklich erkennen quod agis, quod bibis, quod cantas, quomodo te ipsum portas[40] etc.; ich könnte dich ja noch länger langweilen, und du könntest in deinem Ärger mit Cicero ausrufen: Quousque tandem, Cézasine, abuteris patientia nostra?[41] Worauf ich entgegnete, damit ich dich nicht mehr länger langweile, musst du mir so bald wie möglich schreiben, wenn kein triftiger Hinderungsgrund vorliegt. Salut omnibus parentibus tuis, salut tibi quoque, salve, salve[42]

Paulus Cézasinus

11.
Paul Cézanne an Emile Zola

[Aix,] 20. Juni [1859]

Mein Lieber,

ja, mein Lieber, es ist absolut wahr, was ich dir in meinem letzten Brief geschrieben habe. Ich versuchte, mir selber etwas vorzumachen, beim Zinsgroschen für den Papst und alle Kardinäle! Ich hatte eine lebhafte Neigung für eine gewisse Justine verspürt, welche wirklich very fine ist; da ich aber nicht den Vorzug habe, of a great beautiful zu sein, hat sie sich stets von mir weggewandt. Wenn ich meine Gucker auf sie richtete, schlug sie die Augen nieder und errötete. Dann glaubte ich zu bemerken, dass sie, wenn wir in derselben Straße waren, sozusagen eine halbe Kehrtwendung machte und mir, ohne sich umzusehen, auswich. Quanto à della donna[43], so bin ich nicht glücklich, wobei ich sagen muss, dass ich Gefahr laufe, ihr drei- oder viermal am Tag zu begegnen. Es kommt aber noch besser, mein Lieber: Eines schönen Tages spricht mich ein junger Mann an, der, wie ich, Erstsemesterstudent ist und der schließlich Seymard[44] ist, den du kennst. »Mein Lieber«, sagt er zu mir, indem er meine Hand ergreift, dann hängt er sich bei mir ein und weiter geht es in Richtung Rue d'Italie: »Ich werde dir einmal«, fährt er fort, »eine reizende Kleine zeigen, die ich liebe und die mich wiederliebt.« Ich gestehe dir, dass ich sofort glaubte, eine Wolke an meinen Augen vorüberziehen zu sehen, ich ahnte sozusagen schon, dass ich kein Glück haben sollte, und ich täuschte mich nicht, denn kaum schlug es Mittag, als Justine aus ihrem Schneiderladen trat und, verdammt noch mal, sobald ich sie erblickte, gibt mir Seymard ein Zeichen und sagt: »Das ist sie.« Da sah ich gar nichts mehr, mein Kopf drehte sich, doch Seymard, der zieht mich mit sich fort, und ich streifte den Rock der Kleinen ...

Seither habe ich sie beinahe jeden Tag gesehen und oft folgte ihr Seymard auf dem Fuße ... Ah, was habe ich nicht für Träume gesponnen, und noch dazu die allerverrücktesten, aber siehst du, so ist es eben: Ich hatte mir insgeheim gesagt, wenn sie mich nicht verabscheut, werden wir zusammen nach Paris ziehen, dort werde ich zum Maler und wir wären zusammen. Ich sagte mir, so wären wir glücklich, ich träumte von Gemälden, einem Atelier in der vierten Etage, du in meiner Nähe, da hätten wir was zu lachen gehabt. Ich würde gar nicht verlangen, reich zu sein, du weißt ja, wie ich bin, mit ein paar hundert Francs, dächte ich, könnten wir zufrieden leben, aber, verdammt noch mal, es war nichts als ein großer Traum, und ich nun, der ich doch so faul bin, bin jetzt nur zufrieden, wenn ich getrunken

habe; ich kann fast nichts mehr, ich bin ein untätiger Leichnam, zu nichts zu gebrauchen.
Verdammt noch mal, mein Alter, deine Zigarren sind ausgezeichnet, ich rauche eben eine, während ich dir schreibe; sie haben einen Geschmack von Karamell und Gerstenzucker. Ah, aber da, sieh doch, sieh doch nur, dort, das ist sie, wie sie schwebt, wie sie gaukelt, ja, das ist meine Kleine, und wie sie mich auslacht, sie fliegt in den Wirbeln des Rauchs empor, sieh, sieh doch nur, sie steigt auf, sie sinkt, sie tollt und wälzt sich herum, aber sie lacht mich aus. Oh, Justine, sag mir wenigstens, dass du mich nicht hasst; sie lacht. Grausame, du hast Spaß daran, mich leiden zu lassen. Justine, hör mich an, aber sie macht sich davon, sie steigt, steigt, steigt immer höher, und schließlich löst sie sich da oben in Luft auf. Die Zigarre fällt mir aus dem Mund, und ich schlafe darüber ein: Einen Augenblick lang glaubte ich, dass ich verrückt werden würde; doch dank deiner Zigarre erholt sich mein Verstand wieder, noch zehn Tage und ich werde nicht mehr an sie denken oder erblicke sie höchstens noch am Horizont der Vergangenheit wie einen Schatten, von dem ich geträumt habe.
Ah, ja, es wäre mir eine unsagbare Freude, könnte ich dir die Hand drücken. Stell dir vor, deine Mama hat mir gesagt, dass du wohl so gegen Ende Juli nach Aix kommen wirst. Schau mal, wäre ich ein guter Hochspringer, hätte ich die Zimmerdecke berührt, derart bin ich aufgesprungen. Einen Moment lang habe ich tatsächlich geglaubt, ich werde verrückt, es war schon dunkel, es war am Abend, und ich dachte, dass ich verrückt werde, aber daraus wurde nichts, wie du siehst. Ich hatte bloß zu viel getrunken und sah Geister vor meinen Augen, die mir auf der Nasenspitze herumgaukelten und die tanzten und lachten und sprangen, dass es nur so krachte.
Adieu, mein Lieber, adieu

P. Cézanne

Rückseite des Briefs von Paul Cézanne an Emile Zola vom 20. Juni 1859 mit einer Zeichnung von Badenden.

12.
Paul Cézanne an Emile Zola

Undatiert [Aix, Anfang Juli 1859]

Mein lieber Zola,

Du wirst mir womöglich sagen: Ach, mein armer Cézanne,
Welcher weibliche Dämon hat deinen Kopf verdreht?
Du, den ich einst mit gleichmäßigen Schritten gehen sah,
Der nur Gutes tat und nichts Schlechtes sagte,
In welch einem wirren Chaos bizarrer Träume irrst
Du heute wie auf einem Ozean umher?
Hast du zufällig eine junge Nymphe, eine Opernfigurantin,
Eine Polka tanzen sehen?
Hast du nicht geschrieben, eingeschlummert auf dem Tischtuch,
Nachdem du dich wie ein Diakon des Papstes betrunken hattest,
Oder hat dir, mein Lieber, erfüllt von einer Rokoko-Liebe,
Der Wermut den Schädel gespalten?

– Weder die Liebe noch der Wein sind meinem Schlund nahegekommen,
Und ich habe stets an dem Glauben festgehalten, allein Wasser sei gut.
Dieser einzigartige Gedankengang soll dir, mein Lieber, beweisen,
Dass ich, auch wenn ich ein wenig verträumt bin, dennoch sehr klar sehe.
Hast du niemals in traumverlorenen Stunden
Wie in einem Nebel graziöse Gestalten erblickt,

Unscharfe Schönheiten, deren feurige, in der Nacht erträumte
Reize bei Tageslicht nicht zu erkennen sind?
Wenn die aufgehende Sonne mit Tausenden von Strahlen
Die grünenden Hügel, auf denen die Wälder rauschen,
Die in den üppigsten Azurtönen gleißenden Ströme aufleuchten lässt,
Wenn dann eine leichte Brise den vergänglichen Nebel verscheucht,
So tauchen des Nachts manchmal vor meinen Augen
Hinreißende Wesen mit Engelsstimmen auf.
Mein Lieber, man könnte meinen, dass, wenn die Morgenröte
Sie um die Wette mit einem klaren und reinen Glanz tönt,
Sie mir zuzulächeln scheinen und ich ihnen die Hand reiche.
Doch ich nähere mich vergebens, sie entfliehen alsbald,
Sie steigen gen Himmel auf, getragen vom Zephir,
Und werfen mir einen Blick zu, der zu sagen scheint:
Adieu! Näher noch versuche ich zu kommen.
Aber vergeblich, vergeblich versuche ich, sie zu berühren,
Sie sind nicht mehr – der durchsichtige Schleier
Bildet nicht mehr ihrer Körper reizende Gestalt ab.

Wenn mein Traum zerstoben ist, drängt sich die Wirklichkeit auf,
Die mich liegend und mit trauererfülltem Herzen antrifft,
Und vor mir sehe ich ein Gespenst Gestalt annehmen,
Entsetzlich und monströs, man nennt es RECHT.

Ich glaube, dass ich mehr getan habe, als bloß zu träumen, ich bin eingeschlafen, und meine Plattitüden müssen dich in Erstarrung versetzt haben, aber ich habe geträumt, dass ich meine Lorette, meine Grisette, mein Schnuckelchen, meinen Fratz in den Armen halte, dass ich ihr einen Klaps auf den Hintern gebe und noch so manches andere ...
Oh, ihr Gymnasiastenpack, ihr allerschändlichsten Schwarten,

Die ihr in den ausgetretenen Pfaden watet,
Die ihr jene gering schätzt, bei denen die geringste Wärme
Einen gewissen erhabenen Elan in ihren Herzen hervorruft!
Welche hirnlose Sucht treibt euch an,
Jenen zu kritisieren, der einen solch schwachen Stoß bloß auslacht.
Ihr gymnasialen Schergen! Gedungene Bewunderer
Jener tristen, platten Verse, die Vergil hinterließ.
Wahrhafte Schweinehorde, die ihr, von einem völlig verknöcherten
Pedanten ohne Verstand angeleitet, ohne zu wissen, warum,
Euch zwingt, Verse auf guten Glauben schön zu finden.
Wenn in eurer Mitte der Lava gleich ein freier Dichter auftaucht,
Der alle Fesseln abwirft, hört man wie beim
Jungen Adler tausend mickrige Vögel kreischen,
Die zu nichts gut sind, als zu stören.
Oh, kleinliche Verleumder, Prediger der Schikane,
Ihr besudelt ihn mit eurem laienhaften Geifer.
Ich höre euch bereits, ein wahres Krötenkonzert,
Wie ihr euch falsch gestimmt heiser schreit.
Nein, niemals hat man auf Erden Frösche gesehen,
Die, wie ihr, meine Herren, törichter gebrabbelt hätten.
Doch verschont die Lüfte mit eurem dummen Geschrei,
Die Verse meines Freundes triumphieren dennoch!
Sie überstehen all eure Niederträchtigkeit,
Denn sie sind alle von echtem Genie geprägt.

Baille hat mir gesagt, dass die Gymnasiasten, deine Arbeitsgefährten, albernerweise Anstalten gemacht haben, dein der Kaiserin gewidmetes Stück zu kritisieren.[45] Das hat mir die Galle hochkommen lassen, und wenngleich ein wenig spät, schleudere ich ihnen dennoch diese Zurechtweisung entgegen, deren

Wendungen allerdings zu schwach sind, um diese literarischen Pinguine, diese missglückten Vorstufen, diese asthmatischen Verspotter deiner aufrichtigen Verse zu kennzeichnen. Sollte es dir gut dünken, kannst du ihnen meine Empfehlungen übermitteln und hinzufügen, dass, wenn sie irgendetwas laut werden lassen wollen, ich sie hier alle erwarte, wenn sie dazu bereit sind, um den Ersten, der mir vor die Fäuste kommt, niederzuboxen.

Heute früh, 9. Juli, um 8 Uhr morgens

Ich habe Monsieur Leclerc gesehen, der mir erzählt hat, dass die jüngste Tochter M., und einst die schönste, von Kopf bis Fuß mit Geschwüren bedeckt war und um ein Haar ihren letzten Atemzug auf den Pritschen des Spitals ausgehaucht hätte. Ihre Mutter, die gleichfalls zu oft den Arsch aufs Spiel gesetzt hat, klagt noch ob ihrer letzten Fehltritte, und schließlich trägt die ältere der beiden Töchter, also die, die früher die hässlichere war und es jetzt noch mehr ist, da sie zu viel herumgemacht hat, einen Verband.
Dein Freund, der auf deine Gesundheit Wermut trinkt, *Paul Cézanne.* Adieu an alle deine Angehörigen und ebenso an Houchard[46].

13.
Paul Cézanne und Jean-Baptistin Baille an Emile Zola

Undatiert[Aix, Ende September 1859][47]

Baille schreibt dir nicht, er fürchtet, angesichts seines Esprits
Verschlüge es dir, lieber Zola, die Sprache.
Folglich aus Angst, du könntest nicht begreifen,
Überlässt er mir heute den Vorrang, dir zu schreiben,
Wenngleich ich in seinem Zimmer bin und dir an seinem Schreibtisch
Diese Verse, die Kinder meines Hirns, schreibe.
Ich glaube nicht, mein Lieber, dass jemand sie als die seinen beansprucht,
Denn sie sind wirklich außerordentlich flach.
Dennoch werde ich dir im Folgenden Verse vorlegen,
Die wir uns die Mühe gemacht haben, dir zu Ehren
Zu dichten: »*Der Unschlitt*« lautet der Titel der Ode,
Die die Gesetze der Poesie missachtet hat.

Ode

Oh Unschlitt, deine unvergleichliche Güte
Verdient, dass man dir ein bedeutendes Lob zollt.
Oh du, der du in der Nacht die Schwärze erhellst,
Ehre sei dir!

Nein, nein, nichts ist schöner als eine schöne Unschlittkerze
Und nichts erhellt besser als eine Unschlittkerze schön,
So dass man zu allen Zeiten und auf der ganzen Welt dich besinge
In Versen.

Zeichnungen im Brief Paul Cézannes und Jean-Baptistins Bailles an Emile Zola von Ende September 1859.

Und deshalb versuche ich mit begeistertem Elan
Hier zu feiern die unsterbliche Unschlittkerze.
Um dich zu verewigen, finde ich keine Worte
Zu schön.

Dein Ruhm strahlt, und zu glänzen ist deine Aufgabe,
Die du jenen zuteil werden lässt, die sich die Hüften einfetten.
Ja, dein Ruhm regt erhabene Verse an, die
Wohl gerieten.

Doch obläge es vor allem der österreichischen Armee,
Das Wort zu ergreifen und dein Lob zu singen.

[Von der Hand Bailles:]

Komm! Komm, mein Lieber,
Cézanne besitzt die Frechheit, nach [...][48] zu wandern. Er will dort

acht Tage bleiben. Er hat diesen Brief auf meinem Schreibtisch liegenlassen, und ich schicke ihn dir. – Komm, komm! Die Ausflüge sind ungeheuerlich: Du kannst sie dir gar nicht vorstellen. Adieu, auf bald. – Schreib uns doch, deine Abnahme[49], deine Abreise, deine Ankunft.

Baille

14.
Paul Cézanne an Emile Zola

Aix, 30. November 1859

I
Mein Lieber,
wenn ich spät dran bin,
Dir mit einem Reim auf -ive
das definitive Ergebnis
Der widerlichen Prüfung mitzuteilen,
Vor der ich schreckliche Angst hatte[50],

so deshalb (mir fehlt der Schwung), weil meine Prüfung am Freitag auf Montag den 28. verschoben wurde; dennoch habe ich bestanden,

Ist es denn zu glauben,
Mit zweimal Rot und einmal Schwarz.
Sogleich wollte ich deinen Geist erlösen
Von dem Zweifel über mein unentschiedenes Los.

II
La Provence wird bald in ihren Spalten
Des schlaffen Marguery faden Roman sehen:

Dieses neue Unglück macht dich, Provence, zittern,
Und dein Blut erstarrt vor Todeskälte.[51]

III

Personen:
Gaut inspirierende Geister; Gaut selbst, der die erhabene *Mémorial* redigiert.[52]

Erster Geist:
Großer Meister, haben Sie den Feuilletonroman gelesen,
Den *La Provence* soeben abdruckt?

Gaut:
Der ist ausgesprochen schlecht.

Zweiter Geist:
Ganz meine Meinung, Meister,
Noch nie hat *La Provence* etwas
Alberneres erscheinen lassen.

Gaut:
Wer ist der Schlingel,
Der so anmaßend ist, meinen guten Ruf zu schädigen
Und nach mir, mir, dem Fackelträger der Presse,
Seine Armseligkeit mit einem so schäbigen Roman zur Schau stellt?

Erster Geist:
Sein bislang in Nebel gehüllter Name
Wird doch noch ans Licht kommen ...[53]

Zweiter Geist:
Gerechter Himmel, was für eine Entgleisung!

Gaut:
Und was hat er vor? Ob er wohl die Kühnheit besitzt,
Hier auf Erden in unseren Spuren wandeln zu wollen,
Wagt er es zu behaupten, dass er sich in jene Höhen über
Das Gewöhnliche aufschwinge, in denen ich als Sieger herrsche?

Erster Geist:
Nein, Meister, nein, niemals, denn seine schwache Feder
Hat keine Ahnung davon, wie sich ein Roman abspielt,
Wie man mit einer verwickelten Handlung bei den Lesern
Ihrer Werke Spannung erzeugt.

Zweiter Geist:
Er kennt vor allem nicht jene schwere Kunst,
Jene Kunst, in der Ihr mehr als jeder andere geschickt seid.
Jene so edle und entsprechend mühsame Kunst,
Jene Kunst, mit der Gott Sie begabt hat,
Jene Kunst schließlich, die alle Welt bewundert
Und die zu beschreiben kein Wort genügt.

Gaut:
Lass gut sein, ich verstehe dich, es ist die Verbologie,
Ihre Etymologie hat griechisch-lateinische Wurzeln.
Wer unter dem Azur des in tausend Lichtern erglühenden Himmels
Wäre solch ein kühner Gynogener,
Zu verkünden, er habe etwas Schöneres erfunden,
Als die in meiner Prosa verwendeten Benennungen.
Meine französischen Carmine überragen
Alles, was Unmengen von Verseschmieden hervorgebracht haben,
Und vor allem auch meine Romane, jenes Feld, auf dem ich herausrage.

Und wie die aufgehende Sonne, die
Die exzellenten Anhöhen der viriden Wälder erstrahlen lässt,
Wirke ich auf die Welt wie ein funkelndes Prisma.

Erster Geist:
Herrlicher Dominus, unvergleichlicher Geist,
Gelobt sei deine achtenswerte
Wirkkraft.

Chor der Geister:
Nur du, du allein, Großer Gaut und erhabener Erneuerer,
Schwebst in deiner Größe in den Himmeln.
Die strahlendsten Sideren
Senken ihre beschämten Antlitze
Vor dem Feuer deiner Augen,
Geblendet von deinem Ruhm
Fordern sie dich nicht heraus,
Verschränken die kraftlosen Arme
Und schütteln den Kopf.
Ludovico hält ein
Und sagt: »Ich schreibe nicht mehr!«
Gelobt seiest du, gelobt seiest du, philonovostiler Gaut,
Dir gleichzukommen, großer Gaut, fällt schwer.

Erklärendes Wörterbuch der Gaut'schen Sprache
Verbologie: Bewunderungswürdige, von Gaut erfundene Kunst; diese Kunst besteht darin, neue Wörter aus dem Lateinischen und Griechischen zu formen.
Gynogener: vom griechischen Γυτή (Frau) und vom lateinischen »gignere« (hervorgebracht) abgeleitet. Der Gynogen ist mithin jemand, der von der Frau hervorgebracht wurde, will heißen: der Mensch.
Carmine: von dem lateinischen »carmina« (Vers) abgeleitet.

exzellent: von »excelsus« (hoch aufragend).
viriden: vom lateinischen »virides« (grünend) abgeleitet.
Dominus: dominus (Herr)
Sidere: sidera (Sterne)
Philonovostiler: von φίλος (Freund), novus (neu) und Stil: (Freund des neuen Stils)

Mein Lieber, jetzt habe ich dich genug gelangweilt, gestatte mir, meinen dummen Brief zu schließen. Adieu, carissime Zola, salve. Grüße an deine Angehörigen, an alle, von deinem Freund

P. Cézanne

Wenn sich etwas Neues ereignen sollte, werde ich es dir schreiben. Bisher umgibt die übliche und gewohnte Ruhe immer noch mit ihren verdrossenen Flügeln unsere flache Stadt. Ludovico ist immer noch ein Schriftsteller voller Feuer, Verve und Fantasie. Adieu, mein Lieber, Adieu.

15. Paul Cézanne an Emile Zola

Undatiert *[Aix, 29. Dezember 1859]*

Lieber Freund,

lieber Freund, wenn man Verse machen möchte,
Braucht man den Reim am Versende;
Daher nimm keinen Anstoß an manch' schwachem Reim,
Wenn mir, auch wenn es unpassend war, zur Vervollständigung meiner Verse

Einige Worte in diesem Brief verrutscht sind,
Die da lediglich klappern, um sich nützlich zu machen.
Dies vorausgeschickt, beginne ich und sage:
Heute, am 29. Dezember, schreibe ich dir.
Doch, mein Lieber, heute bin ich mächtig stolz auf mich,
Denn ich sage mit Leichtigkeit alles, was ich sagen möchte.
Dennoch sollte man sich nicht zu früh freuen,
Denn wider meinen Willen könnte es mir an einem Reim gebrechen.
Baille, unser Freund, hat mich besucht,
Und um dich davon in Kenntnis zu setzen, schreibe ich's dir rasch.

Doch der Ton, den ich ergriffen habe, dünkt mir zu seicht;
Es gilt meine Schritte auf die Höhen des Pindus zu lenken,
Denn ich spüre des Himmels heimlichen Einfluss.
Daher werde ich meine Dichterflügel spreizen
Und, mich bald in ungehemmten Flug erhebend,
Werde ich versuchen, ans Himmelsgewölbe zu stoßen.
Doch aus Angst, dass der Donner meiner Stimme dich blendet,
Stecke ich in meinen Mund ein Stückchen Lakritz, das,
Indem es der Stimme Schall dämpft,
Dich nicht mit allzu chinesischem Gekreisch taub macht.

Eine Schauermär

Es war in der Nacht. – Ihr wisst, die Nacht
Ist schwarz, wenn am Himmel kein Stern blinkt.
Es war daher sehr dunkel, ja nachtschwarz,
Als sich diese düstere Geschichte zutrug.
Es ist ein unbekanntes Schauspiel, ungeheuerlich und unerhört,
Wie es noch nie jemandem zu Ohren kam.
Der Teufel, wohl verstanden, wird darin eine Rolle spielen,

Die Sache ist unglaublich, und doch gebe ich mein Ehrenwort,
Dem man stets geglaubt hat, das wahr ist, was ich dir erzählen werde.
Hör zu: Es war Mitternacht, jene Stunden, in denen
Alle Paare ohne Kerze, jedoch nicht ohne Wärme
In ihren Betten rackern. Es war heiß. Es war eine
Sommernacht; am Himmel machte sich
Von Norden bis nach Süden ein Sturm bemerkbar,
Und wie ein schwarzes Leichentuch eine riesige Wolke.
Der Mond zerriss von Zeit zu Zeit dieses Leichentuch,
Erleuchtete den Pfad, auf dem ich einsam verloren irrte –
Einige Tropfen berührten in kurzen Abständen
Die Erde. Als der übliche Vorbote entsetzlicher Sturmböen
Erhob sich ein von Süden nach Norden wehender, ungestümer Wind;
Vor dem Samum, den man in Afrika Städte
Unter Wogen von Sand begraben sieht,
Beugen Bäume, die ihre Äste gen Himmel recken,
Spontan ihr stolzes Haupt.
Auf die Ruhe folgte die Stimme des Sturms.
Das Zischen des Windes, das im Wald widerhallt,
Ließ mein Herz erstarren. Der Blitz durchzuckte
Mit großem Krach schrecklich die Schleier der Nacht:
Hell erleuchtet von seinem fahlen Lichtschein
Sah ich Kobolde und Zwerge, Gott bewahre,
Die die rauschenden Bäume umschwärmten und feixten.
Der Teufel führte sie an; ich sah ihn, alle meine Sinne
Erstarrten vor Angst: Seine glühende Pupille
Leuchtete glutrot; manchmal stob aus ihr
Ein Funke mit entsetzlichem Widerschein heraus;
Um ihn herum kreiste der Dämonenreigen ...
Ich stürzte zu Boden. Mein gesamter Körper, erstarrt, beinahe leblos,

Zitterte vor der Berührung von Feindeshand.
Ein kalter Schweiß benetzte meinen ganzen Körper,
Vergeblich versuchte ich, aufzustehen und zu fliehen.
Ich sah des Teufels diabolische Bande
Sich nähern in fantastischem Tanze,
Gefürchtete Kobolde, abscheuliche Vampire,
Die sich, indem sie sich mir näherten, einander über den Haufen rannten;
Gen Himmel richteten sie drohende Blicke,
Während sie untereinander mit Grimassen wetteiferten ...
»Erde, begrabe mich! Felsen, zermalmt meinen Körper!«,
Hätte ich am liebsten ausgerufen: »Oh, Wohnstätte der Toten,
Nimm mich lebend in Empfang!« Aber der teuflische Trupp
Zog seine grauenvolle Spirale immer enger:
Die Ghule und Dämonen knirschten bereits mit ihren Zähnen
Als Auftakt zu ihrem entsetzlichen Festmahl. – Genüsslich
Warfen sie mir vor Begierde funkelnde Blicke zu.
Es war um mich geschehen ... als, oh süße Überraschung,
Plötzlich in der Ferne der Galopp wiehernder Pferde
In vollem Lauf erklang.
Schwach zunächst näherte sich mir der Klang ihres schnellen Laufs;
Der unverzagte Kutscher
Trieb mit der Peitsche sein Gespann, spornte mit seiner Stimme
Das herbeieilende Viergespann an, das die Wälder durchquerte.
Bei diesem Klang zerstob der Dämonen traurige Schar
Wie beim Zephyr die Wolken.
Ich freute mich und rief, mehr tot als lebendig,
Den Kutscher heran: Der aufmerksame Lenker ließ
Sofort anhalten. Beinahe sogleich kam aus der Kalesche
Eine süße und klare Stimme mit kokettem Klang:
»Steig ein«, sagte sie mir. »Steig ein.« Ich mache einen Satz,
Der Schlag ging zu, und ich sah mich einer Frau gegenüber ...
Oh, ich schwöre bei meiner Seele,

Noch nie sah ich eine so schöne Frau!
Blonde Haare, in bezauberndem Glanz leuchtende Augen,
die in weniger als einem Augenblick mein Herz in ihren Bann schlagen.
Ich werfe mich ihr zu Füßen, zierliche Füße, bewundernswert,
Volle Wade; kühn geworden drücke ich mit sündiger Lippe
Einen Kuss auf ihren bebenden Busen;
Doch sogleich erfasst mich tödliche Kälte,
Die Frau in meinen Armen, die Frau mit rosigem Teint,
Verschwindet plötzlich und verwandelt sich
In einen blassen Leichnam mit eckigen Konturen:
Ihre Knochen klappern, ihre Augen sind hohl ...
Sie umklammert mich, wie entsetzlich! ... Ein grauenhafter Stoß
Weckt mich, und ich sehe, wie der Wagen strauchelt ...
... wenn der Wagen vom Weg abkommt, werde ich mir, ich weiß nicht wo,
Aber sehr wahrscheinlich den Hals brechen.

Scharade

Als Erstes zweigt es sich durchtrieben mit trügerischer Mine,
Als gefürchteter Räuber aus der Klasse der Nager
Voller List, stets von den besten Ragouts
Unverfroren etwas ab.
Als Zweites hat es im Collège mit Würstchen
Unseren leeren Mägen große Freude bereitet.
Als Drittes wird es bei Bauchschmerzen verabreicht
Und zur guten Verdauung. Die englische Nation
bedient sich seiner jeden Abend nach dem Essen;
Insgesamt bezeichnet es eine göttliche Macht.[54]

Dein Freund, der dir bonam valetudinem wünscht

Paul Cézanne

Mein Lieber, ich konnte – und Baille ebenso – dein Rätsel, das wirklich eins ist, nicht lösen. In deinem nächsten Brief musst du mir das Wort verraten.
Was meine Scharade angeht, so glaube ich, werde ich das nicht tun müssen. Grüße an deine Angehörigen

P. Cézanne

Emile Zola an Jean-Baptistin Baille [Auszug]

[Paris,] 29. Dezember 1859

Mein lieber Baille,

[...] Du hast mir fest versprochen, im nächsten Jahr nach Paris zu kommen, und ich zähle auf dich; ich werde dich mindestens zweimal wöchentlich sehen, und das wird mich ein wenig zerstreuen. Wenn dieser Teufel von Cézanne auch kommen könnte, würden wir ein kleines zweibettiges Zimmer nehmen und ein wahres Bohème-Leben[55] führen. So hätten wir wenigstens unsere Jugend genossen, während wir jetzt, einer wie der andere, dahinvegetieren. Sage ihm (Cézanne), dass ich ihm nächstens antworten werde. [...]

16.
Emile Zola an Paul Cézanne

Paris, 30. Dezember 1859

Mein lieber Freund,

ich möchte deinen Brief beantworten und weiß nicht, was ich dir sagen soll. Vier unbeschriebene Seiten liegen vor mir, und ich habe dir auch nicht die mindeste Neuigkeit mitzuteilen.

Aber egal, ich setze meine Feder in Bewegung und teile dir bereits im Voraus mit, dass ich für die Plattheiten und orthografischen Fehler, die sie begehen wird, nicht verantwortlich sein will.
Ich dachte mir ohnehin, dass Baille erst nach dem Neujahrstag ins Gymnasium zurückkehrt; so hast du wohl dadurch einige Tage länger einen Gesellschafter behalten. Was macht ihr? Ich langweile mich hier und denke bisweilen, dass ihr euch dort unten amüsiert. Aber wenn ich es recht überlege, glaube ich, dass es sich damit überall gleich verhält, und dass die Heiterkeit heutzutage überhaupt recht selten geworden ist. Dann bedaure ich euch, wie ich mich selbst bedaure, und erbitte mir vom Himmel ein süßes Täubchen, das will sagen, ein liebendes Weib. Du weißt nicht, was mir seit einiger Zeit durch den Kopf geht. Dir will ich es gerne anvertrauen, da du mich ja nicht auslachen wirst. Du musst wissen, dass Michelet sein Buch *L'Amour* [*Die Liebe*] erst nach vollzogener Ehe beginnen lässt und so nur von den Gatten und nicht von den Liebenden spricht. Nun gut! Ich Schwächling habe vor, die Liebe von ihrem Erwachen bis zur Ehe zu schildern. Du kannst die ganze Schwierigkeit dieses Vorhabens nicht ermessen. Dreihundert Seiten fast ohne Handlung ausfüllen, eine Art Gedicht, wo ich alles erfinden muss, wo alles nur einem einzigen Ziel zustreben soll: der Liebe! Und dazu habe ich selbst, wie ich dir schon sagte, nie anders als im Traum geliebt, und bin selbst nie geliebt worden, nicht einmal im Traum! Egal, da ich mich einer großen Liebe fähig fühle, werde ich mein Herz zu Rate ziehen, werde mir irgendein schönes Ideal schaffen und dann *vielleicht* meiner Aufgabe gewachsen sein. Wenn ich dieses Buch schreibe, will ich es auf jeden Fall erst in den schönen Tagen beginnen.[56] Halte ich es des Erscheinens für wert, so will ich es dir widmen, dir, der du es vielleicht besser machen würdest als ich, wenn du es schreiben wolltest, dir, dessen Herz jünger und wärmer ist als das meine.

Mein Brief wächst an, aber leider wird er nicht sehr heiter. Ich wollte, ich hätte dir etwas recht Lustiges mitzuteilen, irgendeinen heiteren Streich, der dich zum Lachen bringt. Aber da ich nirgends hingehe, kenne ich die Begebenheiten der Außenwelt nur wenig und muss mich darauf beschränken, dir das mitzuteilen, was bei mir und um mich herum vorgeht. Verzeihe, wenn sich meine Gedanken dabei ein wenig verhaspeln. – Über Politik wollen wir nicht sprechen. Du liest keine Zeitungen (was ich mir zu tun erlaube) und würdest nicht verstehen, worauf ich hinaus will. Ich möchte dir nur sagen, dass der Papst augenblicklich in großer Bedrängnis ist,[57] und rate dir, ab und zu den *Siècle*[58] zu lesen, denn der Augenblick ist sehr interessant. Was soll ich hinzufügen, um diese Epistel heiter zu schließen? Soll ich dich ermutigen, das Bollwerk zu nehmen? Oder soll ich dir von der Malerei oder von dem Zeichnen sprechen? Verwünschtes Bollwerk! Verdammte Malerei! Das eine wird vom Geschützfeuer bedroht, das andere vom väterlichen Einspruch niedergerungen. Rennst du gegen die Mauer an, ruft dir deine Mutlosigkeit zu: »Hier darfst du nicht weiter!« Greifst du nach deinen Pinseln, sagt dir dein Vater: »Kind, Kind, denke an die Zukunft! Mit Genie verhungert man, und mit Geld kann man essen!« Mein Gott, mein Gott, armer Cézanne! Das Leben ist eine Kugel, die nicht immer dorthin rollt, wohin man sie lenken möchte.
Ich drücke dir die Hand. Meine Empfehlungen an deine Eltern. Einen schönen Gruß an Baille, wenn er noch in Aix ist. *Schreibe mir oft.*

Dein Freund *E. Zola*

Ich habe vergessen, dir ein fröhliches Neujahr zu wünschen. Eigentlich ist das so dumm, dass ich beim Niederschreiben fast erröte. Aber es ist ein Brauch. Also: Fröhliches Neujahr, fröhliches Neujahr, fröhliches Neujahr!

Du hast doch die zweite Ekloge von Vergil übersetzt,[59] weshalb schickst du sie mir nicht? Ich bin ja, Gott sei Dank, kein junges Mädchen und werde mich sicherlich nicht daran stoßen. Villevieille[60] habe ich noch nicht gesehen, ich will ihm alle deine Grüße bestellen. Wenn du Houchard siehst, bitte ihn, mir zu schreiben, und drücke ihm die Hand.

17.
Emile Zola an Paul Cézanne

Paris, 5. Januar 1860

Mein lieber Cézanne,

ich habe deinen Brief erhalten. Ich habe eine Pfeife geraucht – seit Neujahr besitze ich eine wunderschöne Meerschaumpfeife, die sich herrlich anrauchen lässt –, und im Tabakqualm habe ich Tausende Gedanken schwimmen sehen, die ich dir, um dich zu zerstreuen, sogleich mitteilen will.
Du möchtest, dass ich dir von meinen Geliebten erzähle, aber meine Liebschaften existieren nur in meinen Träumen. Meine Torheiten sind nur: mir morgens mein Feuer anzuzünden, meine Pfeife zu rauchen und über das nachzudenken, was ich getan habe und was ich tun werde. Du siehst also, dass sie nicht sehr kostspielig sind, und dass ich meine Gesundheit dabei nicht einbüßen werde. Villevieille habe ich noch nicht gesehen; bei der ersten Gelegenheit werde ich den Auftrag wegen des Passepartouts ausrichten. Was Catherine[61] angeht, so wird ihr meine Mutter nächstens schreiben.
Du hast, wie du sagst, mein Feuilleton gelesen.[62] Ich fürchte sehr, dass es nicht besser verstanden wurde als *Mon Follet*.[63] Die arme, verliebte Sylphide, wie sehr muss man ihre schönen Flügel und

ihre Krone zersaust haben! Man hat in ihr sicherlich nichts als eine gewöhnliche Fee gesehen, und ich hatte sie mir so schön und so heiter vorgestellt! Für mich waren es die Seelen zweier Liebenden, zu einer einzigen vereint, die den Hymnus der Liebe sangen, den die Erde seit sechstausend Jahren singt. Ach, ich fürchte sehr, dass man es nicht ganz verstanden hat!
Du musst wissen, dass ich alles andere als der Liebling der Götter bin, und seit einiger Zeit bedrückt es mich sehr, dass ich, der große zwanzigjährige Bursche, meiner Familie noch zur Last falle. Ich bin auch entschlossen, etwas zu tun, das Brot, das ich esse, zu verdienen. In spätestens vierzehn Tagen hoffe ich, in die Hafenverwaltung einzutreten. Du, der du mich kennst, und weißt, wie sehr ich die Freiheit liebe, wirst begreifen, wie sehr ich mir Zwang antun muss, um mich dazu zu entschließen. Aber ich würde meinen, eine schlechte Handlung zu begehen, täte ich es nicht. Es wird mir noch immer viel Zeit für mich übrig bleiben, und dann werde ich mich den Beschäftigungen widmen können, die mir zusagen. Die Literatur aufzugeben liegt mir fern – man gibt seine Träume nur ungern auf –, ich will mich nur bemühen, möglichst wenig Zeit auf einen Beruf zu verwenden, der mich sicherlich niederdrücken wird. Ich habe dir schon in meinem letzten Brief gesagt, dass das Leben eine Kugel ist, die nicht immer dahin rollt, wohin sie die Hand lenken möchte. Und glaube mir, dass ich meine Bücher und Papiere nicht freudigen Herzens im Stich lasse, um mich auf einen Stuhl zu setzen und widerwärtige Abschriften herunterzukritzeln. Aber ich werde trotzdem derselbe bleiben, ich werde stets der Dichter sein, der träumt, der Zola, der dein Freund ist. Habe ich den Aktenstaub an meiner Tür abgeschüttelt, nehme ich wieder die Feder zur Hand, um mein unterbrochenes Gedicht oder den angefangenen Brief an dich fortzusetzen. Es ist eine Notwendigkeit, der ich mich füge und der ich kleine Konzessionen mache.

Ich lese folgenden Satz in einem der letzten Feuilletons von Gaut: »Da die Wärme der gesättigten Mägen das Zinnoberrot der Befriedigung in alle Wangen trieb ...«[64] Was sagst du dazu? Nie haben die Preziösen etwas Besseres ersonnen. Es ist falsch, schauderhaft und abgeschmackt.
Du siehst, mein lieber Freund, dass ich dir ausführlich geantwortet habe. Und dabei habe ich dir nicht alles und das, was ich sagen wollte, nicht allzu gut gesagt. Doch ich hoffe, es hat dich einen Augenblick lang zerstreut.
Ich drücke dir die Hand. Dein Freund

E. Zola

Emile Zola an Jean-Baptistin Baille [Auszug]

Paris, 14. Januar [1860]

Mein lieber Baille,

[...] Cézanne, der nicht so faul – ich wollte sagen, nicht so fleißig – ist wie du, hat mir einen sehr langen Brief geschrieben. Nie habe ich ihn so poetisch, so verliebt gesehen; weit entfernt, ihn von dieser platonischen Liebe abzubringen, habe ich ihn im Gegenteil bestimmt, an ihr festzuhalten. Er sagte mir, du hättest Weihnachten versucht, ihn zum Realismus in der Liebe zu bekehren. Einst habe auch ich das vorgehabt, aber jetzt glaube ich, dass ein derartiges Vorhaben unserer Jugend und der Freundschaft, die wir für ihn empfinden, unwürdig wäre. Ich habe ihm ausführlich geantwortet und ihm geraten, sich nicht beirren zu lassen, und ihn durch Gründe, die ich dir hier nicht auseinandersetzen kann, zu überzeugen gesucht. Wenn du dich zufälligerweise zum Apostel des Realismus aufgespielt haben solltest, wenn der Rat, den du Cézanne gegeben hast, nicht deiner

Freundschaft entsprungen wäre, wenn du an der Liebe verzweifeln solltest, ermächtige ich dich, sobald du dazu kommst, meine Antwort an Cézanne zu lesen, und wünschte sehr, diese Lektüre könnte dein Herz, das in Algebra und Mechanik völlig untergeht, verjüngen. Ich werde dir hier sogar einige Zeilen abschreiben, die ich nächstens an Cézanne zu schicken beabsichtige. Sie sind an ihn gerichtet, aber sie passen ebenso gut für dich. Hier sind sie:

»In einem deiner letzten Briefe finde ich folgenden Satz: ›Die Liebe von Michelet, die reine, erhabene Liebe, kann wohl vorkommen, aber du musst zugeben, dass sie selten ist.‹ Nicht so selten, wie du zu glauben scheinst, und gerade über diesen Punkt habe ich dir in meinem letzten Brief zu schreiben vergessen. Es gab eine Zeit, wo auch ich das Gleiche sagte, wo ich spottete, wenn man von Reinheit und Treue sprach, und diese Zeit ist nicht allzu lange her. Aber ich habe nachgedacht und glaubte zu entdecken, dass unser Jahrhundert nicht so materiell ist, wie es sich geben möchte. Wir machen es wie jene Schulschwänzer, die miteinander streiten, um herauszubringen, wer die größeren Schandtaten begangen hat. Wir erzählen uns unsere Erfolge mit möglichst großer Selbstverherrlichung und machen uns so schlecht, wie es nur irgend geht. Wir tun so, als würden wir das Heiligste verlachen, aber wenn wir auch mit dem Allerheiligsten spielen, wenn wir uns zu beweisen bemühen, dass wir gar nichts taugen, so glaube ich, dass das mehr aus Eigenliebe als aus angeborener Schlechtigkeit geschieht. Die jungen Leute insbesondere haben diese Art Eigenliebe, und da die Liebe, wenn ich so sagen darf, einer der schönsten Triebe der Jugend ist, bemühen sie sich zu behaupten, dass sie nicht lieben und sich im Schlamm des Lasters suhlen. Du hast das durchgemacht und musst es wissen. Einer, der in der Schule eine platonische Liebe zugeben wollte – das will sagen, etwas Heiliges, Poetisches –, würde man den nicht als Wahnsinnigen betrachten? Aber ich wiederhole es, die Eigenliebe spielt hier eine große Rolle. Ebenso, wie ein junger Mann in Glaubensfragen nie eingesteht, dass er betet, wird er in der Frage der Liebe nie zugeben, dass er liebt. Aber glaube mir, die Natur verzichtet niemals auf ihre Rechte. Zur Zeit des Rittertums war es Mode, seine Liebe zu bekennen, und man bekannte sie; jetzt hat die Mode gewechselt, aber der Mensch bleibt Mensch und kann der Liebe nicht entraten. Ich möchte wetten, dass man auf dem Herzensgrunde all derer, die als größte Schwerenöter gelten möchten, Liebe findet: Jedem schlägt seine Stunde, jeder muss da durch. Nun ist es ja wahr, dass es Liebhaber gibt, die mehr oder weniger poetisch, mehr oder weniger leidenschaftlich sind. Jeder liebt auf seine Art, und es wäre widersinnig von dir, wolltest du, der Verehrer der Blumen und des Lichts, die Behauptung aufstellen, dass man, ohne zu dichten und im Mondschein spazieren zu gehen, nicht lieben kann. Ein gewöhnlicher Hirte kann seine Hirtin lieben; die Liebe ist etwas ganz Erhabenes, etwas ganz Sublimes, aber sie findet den Weg zu jedem Herzen, selbst zum alltäglichsten, und passt sich jedem Bildungsniveau an. Um darauf zurückzukommen: Schuld ist der Stolz, ein sehr dummer Stolz; schuld ist das Zusammensein in Gesellschaft, der Einzelne für sich allein ist ganz anders. Der Mensch kann, ohne zu lieben, nicht bestehen, und liebte er auch nur eine Blume oder ein Tier. Warum soll er also nicht die Frau lieben? Ich weiß wohl, dass die Sache, für die ich hier eintrete, sehr heikel ist; wir sind Kinder unseres Jahrhunderts, und gerade in diesem Punkt hat man sich bemüht, uns rückständige Begriffe beizubringen. Man hat uns so viel reizende Scherze über die Frau und die Liebe vorgemacht, dass wir den Glauben an alles verloren haben. Aber wenn du gründlich nachdenkst, wenn du dein Herz befragst, so wirst du wohl zugestehen müssen, vorausgesetzt, dass du nicht aus anderem Teig geknetet bist als die übrigen Menschen, dass die Behauptung falsch ist, die Liebe sei tot und unsere Zeit rein materialistisch. Eine große und schöne Aufgabe, eine Aufgabe, die Michelet unternommen hat, eine Aufgabe, an die auch ich manchmal zu denken wage, ist es, den Mann wieder auf die Frau hinzuweisen. Vielleicht gelingt es, ihm die Augen zu öffnen. Das Leben ist kurz: Dies wäre ein Mittel, es zu verschönern; die Welt schreitet vorwärts: Dies wäre ein Mittel, früher ans Ziel zu gelangen. Glaube ja nicht, dass aus mir der Dichter spricht. Selbst Übertreibung schadet hier nicht. Michelet macht aus der Frau eine Gottheit, deren demütiger Bewunderer der Mann ist. Ernste Leiden bedürfen ernster Heilmittel, und wollte man nur die Hälfte dessen durchführen, was er verlangt, dann wäre die Welt meiner Ansicht nach vollkommen.« ...

Meine Empfehlungen an deine Eltern. Ich drücke dir die Hand. Dein ergebener Freund

Emile Zola

18. Emile Zola an Paul Cézanne

Paris, 16. Januar 1860

Mein lieber Cézanne,

da ich mich im Besitz der enormen Summe von 20 Centimes befinde und nicht weiß, wie ich sie würdig verwenden soll, habe ich mir gedacht, dass sie gerade dafür reichen wird, ein wenig mit dir zu plaudern. Ich will meine vier Seiten ausfüllen und werde wie Gott, als er die Welt erschaffen hatte, ausrufen: »Und es war gut!«

Ich lese Dante und habe im fünften Gesang der *Hölle* folgenden Satz gefunden: »Die Liebe, die keinem geliebten Wesen das Wiederlieben erlässt« etc. Und ich habe mir gesagt: Wollte Gott, dass der große Dichter recht behielte. Ich kenne irgendwo einen ausgezeichneten Burschen, der wahrhaft liebt, und ich wollte, dass die Liebe auch der Frau nicht erlassen wird, die er liebt; das wäre eine große Freude für das Herz dieses lieben Freundes, zumindest könnte er dann, wenn der Tod seine dürren Finger nach ihm ausstreckt, sagen: »Ich fürchte dich nicht, ich habe die Liebe gekannt, ich kann sterben.« Wie Victor Hugo könnte er ausrufen:

Nun kann ich den dahineilenden Jahren sagen:
– Vergeht, vergeht nur immer! Ich altere nicht mehr!
Geht mir mit euren gänzlich welken Blüten;
Ich trage in meiner Seele eine Blume, die nichts und niemand pflücken kann.[65]

Unlängst habe ich bei einem meiner Bekannten einen alten, verräucherten Stich entdeckt. Ich fand ihn entzückend und war über meine Bewunderung nicht erstaunt, als ich ihn mit dem Namen Greuze[66] signiert fand. Es ist eine junge Bäuerin, groß und von seltener Schönheit der Formen, man könnte sagen, eine olympische Göttin, aber von einem so einfachen, harmonischen Ausdruck, dass ihre Schönheit fast lieblich erscheint. Man weiß nicht, was man mehr bewundern soll, ihr schalkhaftes Gesicht oder ihre herrlichen Arme; wenn man sie ansieht, fühlt man sich von einem Gefühl der Zärtlichkeit und Bewunderung erfüllt. Ich verstehe mich wenig aufs Zeichnerische, ich weiß daher nicht, ob der Stich gut ist, ich weiß nur, dass er mir gefällt. Übrigens war Greuze immer mein Liebling, und ich blieb lange vor diesem Stich und schwor mir, das Original zu lieben, wenn das Bild, das gewiss nur ein Traum des Künstlers ist, überhaupt ein Original besitzt.

Kennst du Ronsard? Gewiss nicht. Also, hier sind einige Verse dieses Dichters:

Geliebte, lass uns sehen, ob im Garten
Die Rose, die heut früh nach langem Warten
Ihr Purpurkleid der Sonne hingereicht,
Noch nicht die morgenfrische Pracht verloren,
Nicht ihr Gewand aus Purpurglut geboren,
Und nicht den Schmelz, der deiner Wange gleicht.[67]

Und wenn man denkt, dass Monsieur Despréaux die Kühnheit besaß, einen Menschen zu kritisieren, der Derartiges schreiben konnte! Boileau! Ein Eunuch! Ein Dichter, der in einem Vers nichts als eine Zäsur und einen Reim sieht! Wie Alfred de Musset es so gut ausgedrückt hat, der Autor des *Lutrin* kredenzt seinen Lesern anstelle des Nektars der Dichter des Mittelalters *eiskalten Kräutertee.*[68]

Paris bietet einen traurigen Anblick, wie eine verdrießliche Duenna, wie ein Gemälde des göttlichen Chaillan[69], des unsterblichen Erfinders eines unsterblichen Düngers. Die Erde ist mit Schmutz bedeckt, der Himmel mit Wolken, die Häuser mit einer hässlichen Tünche, die Frauen mit Schminken in allen Farben. Hier gibt es immer irgendeine Maske vor dem Gesicht, und nehmt ihr die Maske ab, so könnt ihr noch immer nicht sicher sein, den Gegenstand an sich zu sehen, es kommt vielleicht noch eine zweite Maske. – Du guter Gott, in was für Phrasen verwickle ich mich da! Ich wollte dir nur sagen, dass das Wetter schlecht ist und ich mitten im Karneval bin.

Ich bin gerade so traurig wie das Wetter, also eigentlich wie ein Bild des erhabenen Chaillan, des erhabenen Urhebers deines erhabenen Bildes. Ach, erinnerst du dich an dieses Gelb, das deine Wangen so fahl machte, das Grau, das auf deiner Stirn lagerte, dem Nebel gleich, den die Romanschriftsteller, wenn sie benebelt sind, auf die Stirn ihrer nebelhaften Helden setzen? Ach, entsinnst du dich all der schönen Dinge, die das Zimmer besagten Chaillans schmückten und die gleich Rosen so lange lebten, als Rosen leben dürfen? Beneidenswerter Kerl! Dieser große Künstler hat doch dein Bild gemacht, mit guten Farben sogar und ... umsonst!

Ich bin also traurig und vermag nur, bitter zu lächeln. Oh, wenn mir nur Jupiter, Esus[70], Gott, die Urkraft, wie die verschiedenen Bezeichnungen auch lauten mögen, für einen Augenblick seine Macht schenkte! Wie lustig würde diese armselige Welt! Ich würde die alte gallische Heiterkeit wieder auf diese Erde zurückrufen. Liter und Flaschen würde ich vergrößern, ich würde die Zigarren sehr lang und die Pfeifen sehr tief machen, Tabak und Wermut wären umsonst zu haben, die Jugend wäre Königin, und damit alle Welt König sei, würde ich das Alter abschaffen. Ich würde den armen Sterblichen sagen: »Tanzt, meine Freunde, das Leben ist kurz, und im Sarg tanzt man nicht mehr. Pflückt die Frucht, wenn sich der Zweig euch zuneigt. Nieder mit den Großen, nieder mit den Neidischen, nieder mit den Prosaikern, und zum Teufel frisch drauflos getrunken!« Und wie werde ich die unglücklich Liebenden verhätscheln, wie werde ich sie verwöhnen! Die Haine würde ich vergrößern, der Rasen würde grüner wachsen, und die Bäume buschiger. Wer nicht liebte, würde zu Tode verurteilt, und die Treuesten trügen eine Blume. Jeder fände sein Gegenstück, und es würden nur ebenso viele Männer wie Frauen geboren, und jedes zukünftige Paar müsste mit demselben Zeichen zur Welt kommen, damit es ihnen möglich würde, sich in der Menge wiederzuerkennen. Und ich würde ihnen sagen, was Amoureuse der Odette gesagt hat.[71] Ich würde meine Göttlichkeit durch einen Akt der Gerechtigkeit kundtun. Ich würde mir eine Genossin suchen, dann der Herrschaft entsagen und durch Blumen schreitend, das Gesicht der Sonne zugewandt, mit ihr entschwinden.

Ich drücke dir die Hand. Dein Freund

E. Zola

Ich weiß wahrhaftig nicht mehr, was ich dir gerade geschrieben habe. – Schreibe mir und schweife so weit ab wie möglich.

19.
Emile Zola an Paul Cézanne

Paris, 9. Februar 1860

Mein lieber Freund,

ich bin seit einigen Tagen traurig, sehr traurig und schreibe dir, um mich zu zerstreuen.
Ich bin niedergeschlagen, unfähig, zwei Worte zu schreiben, selbst unfähig zu gehen. Ich denke an die Zukunft und sehe sie so schwarz, so schwarz, dass ich entsetzt zurückpralle. Kein Vermögen, keinen Beruf, nichts als Entmutigung. Niemand, auf den ich mich stützen könnte, keine Frau, keinen Freund in meiner Nähe. Überall bloß Gleichgültigkeit und Verachtung. Das bietet sich meinen Augen dar, wenn ich in die Ferne blicke, und das macht mir solchen Kummer. Ich zweifle an allem, vor allem an mir selbst. Es gibt Tage, wo ich glaube, keinen Verstand zu haben, wo ich mich frage, was mich eigentlich berechtigt hat, so stolze Träume zu hegen. Ich habe mein Studium nicht abgeschlossen, ich kann nicht einmal gutes Französisch sprechen; ich weiß rein gar nichts. Meine Gymnasialbildung kann mir nichts nützen: ein wenig Theorie, keinerlei Praxis. Was also beginnen? Und mein Geist schwankt hin und her, und ich bin bis abends traurig. Die Realität bedrückt mich, und dennoch

träume ich noch. Wenn ich nicht meine Familie hätte, wenn ich eine mäßige Summe für den täglichen Gebrauch besäße, würde ich mich in eine Hütte zurückziehen und dort als Einsiedler leben. Die Welt ist nicht meine Sache; ich werde in ihr eine traurige Gestalt abgeben, wenn ich mich dereinst dorthin begeben werde. Umgekehrt werde ich niemals Millionär werden, das Geld ist nicht mein Ding. Auch wünsche ich mir nur Ruhe und eine bescheidene Wohlhabenheit. Aber das ist ein Traum, vor mir sehe ich nur Kämpfe, oder vielmehr nichts Deutliches. Ich weiß nicht, wohin ich gehe, und setze meinen Fuß nur ängstlich auf, weil ich weiß, dass der Weg, den ich zu durchlaufen habe, von Abgründen gesäumt ist. Und ich wiederhole es noch einmal, wenn ich wenigstens eine Freude hätte, die mir Mut einflößen würde, wenn ich wüsste, wohin gehen, um mich zu zerstreuen, wenn ich allzu traurig bin. Seit ich in Paris bin, habe ich noch keine glückliche Stunde gehabt; ich sehe hier niemand und bleibe an meinem Ofen mit meinen traurigen Gedanken und zuweilen mit meinen schönen Träumen. Manchmal bin ich dennoch froh, dann, wenn ich an dich und Baille denke. Ich schätze mich glücklich, in der Menge zwei Herzen entdeckt zu haben, die das meine verstehen. Ich sage mir, was auch unsere Stellungen sein mögen, wir werden einander dieselben Gefühle bewahren, und das tröstet mich. Ich sehe mich von so unbedeutenden, so prosaischen Geschöpfen umgeben, dass ich froh bin, dich zu kennen, dich, der du nicht aus unserem Jahrhundert stammst, dich, der du die Liebe erfinden würdest, wenn sie nicht eine so alte, freilich noch nicht durchdachte und perfektionierte Erfindung wäre. Ich empfinde es beinahe als eine gewisse Auszeichnung, dich verstanden zu haben, dich in deinem Wert richtig beurteilen zu können. Lassen wir doch die Niederträchtigen und die Neider: Da die Mehrzahl der Menschen dumm ist, werden wir die Lacher nicht auf unserer Seite haben. Aber was tut das, wenn es dir ebenso viel Vergnügen macht,

meine Hand zu drücken, wie mir die deine! – Nun habe ich zweieinhalb Seiten vollgeschmiert und dir noch nichts von all dem gesagt, was ich sagen wollte, habe dir noch nicht gesagt, weshalb ich traurig bin. Ich weiß es selber nicht und gebe mich damit zufrieden, anzumerken, dass ich vielleicht deswegen so traurig bin, weil ich niemand habe, der mich trösten könnte.
Der Karneval geht zu Ende, beeile dich, einige Torheiten zu begehen, um sie mir zu erzählen. Man amüsiert sich nicht mehr, die Königin Bachanale hat zugunsten des Königs Langeweile abgedankt. Man hat die Schellen weggelegt und die Tamburine entzweigeschlagen. Beeile dich, Dummheiten zu machen. Gewiss wird dich Baille am Karnevalsdienstag aufsuchen. Zerschlagt Töpfe, leere Flaschen und Gläser. Denkt euch irgendeinen guten Streich aus, der mich zum Lachen bringt.
Schreibe mir oft und erzähle mir oft von dir. Meine Empfehlungen an deine Eltern.
Ich drücke dir die Hand. Dein Freund

Emile Zola

20.
Emile Zola an Paul Cézanne

[Paris,] 25. März 1860

Mein lieber Freund,

wir sprechen in unseren Briefen sehr viel über Poesie, aber die Worte »Skulptur« und »Malerei« kommen darin selten, um nicht zu sagen niemals, vor. Das ist ein ernstes Versäumnis, fast ein Verbrechen, und ich will trachten, es heute gutzumachen. Eben ist der Brunnen von Jean Goujon, den man repariert hatte, von seiner Leinwandhülle wieder befreit worden. Der Brunnen steht auf dem Platz, der früher einmal Cour des Miracles hieß – was, nebenbei gesagt, bezeichnend für den Wechsel aller menschlichen Dinge ist – und ist von einem entzückenden Garten umgeben.[72] Dieser Brunnen im Renaissancestil ist quadratisch und wird von einer Kuppel gekrönt, die auf vier Öffnungen und Rundbogen ruht, auf jeder Seite eine. Zu jeder Seite dieser Öffnungen befindet sich ein sehr schmales und sehr langes Basrelief, also für jede Seite zwei Basreliefs, acht für das ganze Monument. Jedes stellt eine Najade dar, wie es die schwarze Marmortafel mit den Worten kundtut: Fontix Nymphus. Ich versichere dir, dass es entzückende Göttinnen sind, anmutig und süß, wie ich sie mir in meinen melancholischen Momenten zu meiner Ergötzung wünschen würde. Im Übrigen kennst du ja den Stil von Jean Goujon: Du erinnerst dich sicher noch an die beiden Badenden, die wir seinem Meißel verdanken, und die ich einmal so ungeschickt bei Villevieille abgezeichnet habe. Außerdem befinden sich auch noch über den Bogen Basreliefs, kleine Liebesgötter, die Spruchbänder halten. Auch hier wieder dieselbe Anmut, dieselbe Feinheit der Linie, derselbe Reiz des Ganzen. Das Wasser fällt in großen, ruhigen Schwällen von einem Becken ins andere. Ich erzähle dir von diesem Brunnen, weil ich eine ganze Stunde in seiner Betrachtung versunken bin. Mehr noch, ich mache sogar oft einen Umweg, um ihm einen Liebesblick zuzuwerfen. Meine kühle Beschreibung kann dir keine Vorstellung von seiner Eleganz, seiner anmutigen Einfachheit insgesamt geben! Daher wird, wenn du herkommst, einer unserer ersten Wege dem Gegenstand meiner Bewunderung gelten.

Als ich unlängst auf dem Quai spazieren ging, entdeckte ich einige sehr gewagte Radierungen von Rembrandt.[73] Wie Rabelais sagt: Ich sah hinter ich weiß nicht welchem Busch ich weiß nicht was für Leute, die ich weiß nicht was ich weiß nicht wie machten. Sie wetzten ich weiß nicht was für Eisen, die sie ich weiß nicht wie ich weiß nicht wo hatten. Die Extreme berühren sich: Gleich daneben hingen Stiche nach Ary Scheffer: *Francesca da Rimini* und die *Beatrice* des Dante etc.[74]

Ich weiß nicht, ob du Ary Scheffer kennst, den genialen Maler, der im vorigen Jahr gestorben ist. In Paris wäre es ein Verbrechen, Nein zu sagen, aber in der Provinz bedeutet es nur eine grobe Unwissenheit. Scheffer war ein leidenschaftlicher Enthusiast des Idealen, alle seine Gestalten sind rein, schwebend, beinahe diaphan. Er war Dichter im wahrsten Sinn des Wortes, er malte fast nie das Reale und nahm sich immer der erhabendsten, irrsten Sujets an. Kannst du dir etwas Poetischeres, etwas von einer merkwürdigeren, ergreifenderen Poesie denken als seine Francesca da Rimini? Du kennst ja die Episode der *Göttlichen Komödie*: Francesca und ihr Geliebter Paolo werden für ihre Wollust in der Hölle durch einen fürchterlichen Wind gestraft, der sie eng umschlungen in der finsteren Unendlichkeit im Kreis herumwirbelt. Was für ein herrliches Sujet! Aber auch was für eine Klippe! Wie soll man diese innigste Umarmung wiedergeben? Diese zwei Seelen, die selbst vereint bleiben, um die ewigen Qualen zu erleiden? Welchen Ausdruck diesen Gesichtern geben, auf denen der Schmerz die Liebe nicht ausgelöscht hat? Trachte, dir den Stich zu verschaffen, und du wirst sehen, dass der Maler siegreich aus dem Kampf hervorgegangen ist. Ich verzichte darauf, es dir zu beschreiben, ich würde dabei nur das Papier verderben, ohne dir auch nur die leiseste Vorstellung zu geben.

Der Spiritualist Scheffer lässt mich an die Realisten denken. Ich habe diese Herren nie recht verstanden. Ich greife den realistischsten Vorwurf der Welt auf, einen Pachthof. Mist, schnatternde Enten in einem Bach, rechts ein Feigenbaum etc. etc. Das ist wohl ein Bild, das jeder Poesie bar zu sein scheint. Aber wenn ein Sonnenstrahl kommt, der das gelbe Stroh goldig schimmern, die Wasserpfützen aufleuchten lässt, der in die Blätter der Bäume gleitet, sich dort bricht und in vollen Lichtgarben wieder heraustritt, wenn man noch dazu im Hintergrund ein flinkes Mädel vorbeigehen lässt, eine jener Bäuerinnen von Greuze, die ihrer kleinen Geflügelwelt Futterkörner zuwirft – wird dieses Bild in diesem Augenblick nicht auch seine Poesie haben? Wird man nicht entzückt stehen bleiben und an jenen Bauernhof denken, wo man einmal bei so niederdrückender Hitze sein Glas Milch getrunken hat? Was wollt ihr also mit dem Wort »realistisch« sagen? Ihr brüstet euch damit, Sujets bar jeglicher Poesie zu malen! Aber jedes Ding hat die seine, der Mist wie die Blumen. Liegt das daran, weil ihr vorgebt, die Natur sklavisch nachzuahmen? Doch die Poesie derart zu verschreien bedeutet, die Natur ist prosaisch. Und darin habt ihr doch gelogen! – All das sage ich für dich, mein erlauchter Freund, für dich, den großen zukünftigen Maler. Das soll dir sagen, dass es nur eine Kunst gibt, »spirituell« und »realistisch« sind nur Worte, nur Poesie ist etwas Großes, und außerhalb der Poesie gibt es kein Heil.

Ich hatte neulich einen Traum. Ich hatte ein schönes Buch geschrieben, ein herrliches Buch, das du mit schönen, herrlichen Zeichnungen versehen hattest. Unsere beiden Namen leuchteten auf dem Titelblatt in Goldbuchstaben vereint, und in dieser Brüderlichkeit der Genies gingen wir unzertrennlich in die Nachwelt ein. Unglücklicherweise ist das bis jetzt nur ein Traum.

Moral und Schlussfolgerung dieser vier Seiten: Du sollst deinen Vater zufriedenstellen, indem du deinen juristischen Studien so fleißig wie möglich nachgehst. Aber du sollst auch zeichnerisch unausgesetzt arbeiten – unguibus et rostro[75] –, um ein Jean Goujon, ein Ary Scheffer zu werden, um kein Realist zu sein und endlich, um einige Bände illustrieren zu können, die mir im Kopf herumgehen.

Du verlangst von mir eine Fortsetzung von *La Mascerade.*[76] Ich kann deinem Wunsch aus dem einfachen Grund nicht nachkommen, weil es diese Fortsetzung bis jetzt nicht gibt. Das Fragment, das ich dir geschickt habe, ist im Januar entstanden, dann habe ich – ich weiß selbst nicht, was mir durch den Kopf fuhr – die Sache völlig liegen gelassen und habe begonnen, ein kleines Stück in Versen zu schreiben, das ich soeben beende: so an die neunhundert Alexandriner.[77] Es ist möglich, dass ich jetzt die Erlebnisse des jungen, melancholischen Hermanns fortsetze; jedenfalls werde ich dir die Fortsetzung schicken, sowie eine da ist.
Was die Entschuldigungen anlangt, die du wegen der Zusendung der Stiche oder der Langeweile, die du mir mit deinen Briefen hervorrufst, vorbringst, wage ich zu behaupten, dass das äußerst geschmacklos von dir ist. Du überlegst nicht, was du vorbringst, und das beruhigt mich. Ich beklage nur eines, nämlich dass deine Episteln nicht länger und detaillierter sind. Ich erwarte sie mit Ungeduld, sie erfüllen mich einen ganzen Tag lang mit Freude. Und das weißt du; also keine Entschuldigungen mehr. Ich würde eher nicht mehr rauchen und nicht mehr trinken, als aufhören, mit dir zu korrespondieren.
Dann schreibst du mir, dass du sehr traurig bist: Ich kann dir erwidern, dass ich sehr, sehr traurig bin. Es ist der Wind des Jahrhunderts, der über unsere Köpfe hinweggeweht ist; wir dürfen niemand anklagen, nicht einmal uns selbst; es ist die Schuld der Zeit, in der wir leben. Dann fügst du hinzu, auch wenn ich dich begriffen habe, du begreifst dich nicht. Ich weiß ja nicht, was du unter dem Wort »begreifen« verstehst. Für mich bedeutet es: Ich habe an dir große Herzensgüte erkannt, eine große Fantasie, die beiden vornehmsten Eigenschaften, vor denen ich mich verneige. Und das hat mir genügt; von diesem Augenblick an habe ich dich verstanden, dich richtig gewertet. Was auch deine Schwächen, was auch deine Irrtümer sein mögen, für

mich wirst du immer derselbe bleiben. Nur der Stein verändert sich nicht, er begibt sich nicht seiner Steinnatur. Aber der Mensch ist eine ganze Welt für sich; wer die Empfindungen eines einzigen während eines Tages analysieren wollte, würde an der Aufgabe scheitern. Der Mensch ist unverständlich, sobald man ihn bis in seine kleinsten Gedanken hinein begreifen will. Aber was fechten mich diese scheinbaren Widersprüche an! Ich habe dich für gut befunden und als Poet und werde es immer wiederholen: »Ich habe dich begriffen.«
Also fort mit der Traurigkeit! Schließen wir mit einem fröhlichen Lachen. Im August wollen wir trinken, rauchen und singen. Die Faulheit ist eine schöne Sache, und man stirbt an ihr nicht schneller. Da das Leben schlecht und kurz ist, legen wir uns in die Sonne, schwatzen wir, machen wir uns über die Dummen lustig und warten, bis der Tod vorbeikommt und uns höflich mitnimmt, wie unseren Nachbarn, der sein Leben stumm im Schatten verbracht und wie ein Bär gelebt hat, nur um ein wenig Gold zu horten.
Ich drücke dir die Hand.
Dein Freund

E. Zola

21.
Emile Zola an Paul Cézanne

Paris, 16. April 1860

Mein lieber Cézanne,

am Ostermontag habe ich Villevieille besucht. Der Faulpelz lag behaglich im Bett unter dem belanglosen Vorwand, krank zu sein. Krank! Aber ja! Niemals sah ein Domherr, ein Kantor, ein

Küster, nie ein Chorknabe feister, gesünder, pausbäckiger, fettglänzender aus als er. Aber egal, er blieb im Bett. Ich habe lange mit ihm geplaudert, wir sprachen von Chaillan, von dir etc. Sein Atelier habe ich nicht gesehen, wo übrigens, wie er mir sagte, augenblicklich keinerlei Entwürfe zu sehen seien. Ich soll einen der nächsten Abende zum Tee wiederkommen.
Seine Frau ist ganz zierlich, ganz weiß und rosig, fast ein Kind. Mir scheint, ich würde mit diesem kleinen Mädelchen wie ein Engel zusammenleben. Tatsächlich hat er ihr nicht geschmeichelt, als er mir sagte, sie sei entzückend: ein kluges Gesicht, ein bisschen unregelmäßig, ein kleiner Mund, kleine Füße, nachgerade entzückend. Mein Gott, wie unrecht tun sie, sich nicht immer zu lieben, ja manchmal sogar zu zanken!
Ich denke an unsere dereinstigen Ehen. Wer weiß, ob uns das Schicksal ein gutes Los vorbehält. Wird sie schön, wird sie hässlich sein? Wird sie gut, wird sie schlecht sein? Leider gehen Güte und Schönheit nicht immer zusammen. Hoffen wir indes, dass wir Glück haben, sowohl in körperlicher als auch geistiger Beziehung! Denn genau genommen und genau bedacht glaube ich, dass es sich mit dem Glück in der Ehe ebenso verhält wie anderswo. Man sagt, es sei eine Lotterie; ich glaube nicht daran. Der Zufall hat einen breiten Rücken, und sowie der Mensch einen Fehler begeht, hilft er ihn dem Zufall über, der aber nichts dafür kann. Ich möchte eher glauben, dass es nur gute Nummern gibt. Die schlechten Nummern macht sich der Mensch selbst. Ich will das erklären: In jeder Frau steckt das Material zu einer guten Gattin; es liegt am Mann, dieses Material so gut wie möglich zu entwickeln. Wie der Herr, so's Gescherr; wie der Mann, so die Frau. Die Erziehung des jungen Mädchens ist von der des jungen Mannes so verschieden, dass es selbst zwischen Schwester und Bruder beim Verlassen der Schule keine Verbindung, fast keine geistige Verwandtschaft mehr gibt. Zwischen zwei Fremden, zwischen zwei Gatten wird es damit noch

schlimmer bestellt sein. Der Mann hat also eine große Aufgabe: die neue Erziehung der Frau. Um verheiratet zu sein, genügt es nicht, miteinander zu schlafen, man muss auch gleichartig denken, sonst beginnen die Gatten sicherlich, sich über kurz oder lang schlecht zu vertragen. Deshalb erscheint mir die Erziehung der Mädchen so mangelhaft. Sie treten unwissend in die Welt, oder vielmehr, sie wissen nur Dinge, die sie wieder vergessen müssen. – Ich glaube, ich verheddere mich ganz schön.

Mein neues Leben ist recht eintönig. Um neun gehe ich ins Büro und trage dort bis vier Uhr Zolldeklarationen ein, schreibe die Korrespondenz ab etc. etc. Oder aber ich lese meine Zeitung, gähne, gehe auf und ab etc. Wirklich traurig. Aber sobald ich fortgehe, schüttle ich mich wie ein nass gewordener Vogel, ich stecke meine Pfeife an, ich atme, ich lebe. Ich wälze lange Gedichte, lange Schauspiele, lange Romane in meinem Kopf herum; ich warte auf den Sommer, um meinen Eingebungen freien Lauf zu lassen. Bei Gott, ich will einen Band Gedichte veröffentlichen und sie dir widmen!

Du siehst, ein Übergang ist vonnöten. Ich kann dir für deine literarische Sendung – *Une Tresor de belle-mère* – ohne Wenn und Aber danken.[78] Jedermann muss ja eine Ansicht über diese Komödie haben, und so will ich dir auch die meine mitteilen. Zweifellos hast du es aufgeführt gesehen, vielleicht hast du es sogar gelesen. Im ersten Fall könnte dich die Inszenierung, die Beleuchtung, das Spiel der Schauspieler irregeführt haben; jedoch im zweiten Fall glaube ich, dass du meiner Ansicht warst: dass du dieses Stück sehr mittelmäßig gefunden hast. Als Komödie taugt es gar nichts; keine durchgeführten, nicht einmal umrissene Charaktere. Was die Verse anlangt, könnte ich fast dasselbe sagen; abgesehen von einigen komischen Alexandrinern gleicht der Rest einer sehr schwülstigen Prosa. So sehr ein Autor auch revolutionär sein mag, er verfolgt immer ein Ziel. Monsieur Muscadel scheint keines zu haben; es gibt da keine

Exposition, keine Verwicklung, keine Lösung, es sind nichts als Verse und wieder Verse. Das Publikum, das in dieser harmlosen Liebesposse Beifall gespendet hat, wäre sehr verlegen, wollte es den Inhalt erzählen, denn es gibt keinen. Ich wiederhole es: Die Szenen folgen einander ohne jeden Zusammenhang, nichts ist beobachtet, nichts geschieht zur rechten Zeit. Man weiß nicht, warum die Schwiegermutter böse ist, man weiß nicht, warum sie gut wird. Die beiden Gatten haben nur eine Szene, in der bringen sie aber nur Plattitüden vor. Wären diese zwei Rollen entwickelt worden, hätten sie sicherlich ihr Gutes gehabt, aber so, wie sie sind, sind es blasse Skizzen. Was den Valentin, die Seele des Stücks, angeht, die Gestalt, die dem Stück zum Erfolg hätte verhelfen müssen, so ist die Rolle nichts anderes als die obligate Bedientenrolle aller Vorstadtpossen. Nichts verbindet ihn mit den anderen Personen, er nützt der Handlung nichts, einer Handlung, die übrigens gar nicht existiert. Was den Brief angeht, den er seiner Geliebten schreibt, so ist das ein Faden, der jedoch eigentlich keiner ist, da er nichts nach sich zieht. Ich leugne nicht das Talent des Autors, ich leugne das Talent des Stücks, ich protestiere gegen die Kritiken, die ich in den Zeitungen gelesen habe. Man hat Monsieur Muscadel keinen guten Dienst erwiesen, ihm ohne jeden Grund zu beweihräuchern. Und ich meinerseits, wäre ich Redakteur gewesen, hätte ihm gesagt: »Sie haben zweifellos Talent, arbeiten Sie also, um uns eine bessere Komödie zu schreiben als die, die Sie uns gegeben haben.« – Das ist wirklich zu viel Geschwätz um eines Fremden willen; aber die Literatur nimmt stets ein Plätzchen in meinen Briefen ein, und ich glaubte gut daran zu tun, dir offen meine Meinung über das Stück zu sagen, das du zweifellos selbst beurteilt hast. Ich wäre glücklich, wenn unsere beiden Urteile übereinstimmten. Ich will Monsieur Muscadel, den ich gar nicht kenne, in keiner Weise zu nahe treten; auch ist es nicht niedriger Neid, der mich antreibt. Ich habe das Stück mit dem guten Vorsatz

gelesen, es ausgezeichnet zu finden, und ich bemühe mich, so wenig unhöflich als möglich den Eindruck wiederzugeben, den es bei mir hervorgerufen hat.
Ich täusche mich jedoch, wenn ich sage, dass der Autor keine bestimmte Absicht hatte. Ich glaube sie jetzt entdeckt zu haben: Er wollte jene Art der Eifersucht schildern, die eine Mutter der Frau entgegenbringt, die ihr Sohn liebt. Sie meint, dass diese Frau sie beraubt, dass die Liebe ihr ganz allein gehören solle, ihr, die ihn genährt hat, die ihn so sehr liebt. Auf dieser Grundlage ließe sich eine reizende Komödie machen. Aber wie schwerfällig hat Monsieur Muscadel das behandelt, so schwerfällig, dass man sich fragt, ob es sich der Autor wirklich zur Aufgabe gemacht hat, diese mütterliche Liebe zu schildern, die gegen die Liebe kämpft.
Ich habe deinen Brief erhalten. Du tust recht daran, dich gegen das Schicksal nicht allzu sehr aufzulehnen, denn wie du sagst, mit zwei Leidenschaften im Herzen, der für die Frau und der für das Schöne, wäre es Unrecht zu verzweifeln. Die Zeit vergeht schnell, selbst in der Einsamkeit, wenn man diese Einsamkeit mit seinen geliebten Trugbildern bevölkert. Und heißt unglücklich sein, nicht allein sein? Es ist wahr, dies ist nicht die einzige Qual, die über das Menschengeschlecht verhängt ist, aber daraus, aus dem Mangel allen Gefühls, entspringt all unser Unglück. Auch klammere ich, der Vereinsamte, der Verachtete, mich wie verzweifelt an deine Freundschaft. Wenn mein Auge in die Ferne schweift, sehe ich nichts als Nebel und Wolken, aber in einem Strahl von Sonne nimmt es wenigstens deine Gestalt wahr. Und das tröstet mich. Mein armer Freund, sollten dir jemals meine Gedanken oder meine Taten missfallen, sage es mir frei heraus: Ich könnte mich vor dir verteidigen und deine schwankend gewordene Freundschaft neu festigen.
Aber was sage ich denn da; sind wir jetzt nicht befreundet, und haben wir nicht die gleichen Gedanken? Unsere Freundschaft

ist noch fest genug. Nimm das, was ich dir eben sage, bloß als übertriebene Furcht vor einer eingebildeten Gefahr.

Du schickst mir einige Verse, die eine düstere Traurigkeit atmen. Die Raschheit des Lebens, die Kürze der Jugend und dort in der Ferne der Tod: Das ist, was uns, denkt man einige Minuten daran, erzittern machen könnte. Aber ist das Bild nicht noch düsterer, wenn im überhasteten Lauf des Daseins die Jugend, dieser Frühling des Lebens, vollständig fehlt, wenn man mit zwanzig Jahren noch nicht das Glück empfunden hat, wenn man das Alter mit Riesenschritten herannahen sieht und nicht einmal die Erinnerung schöner Sommertage hat, um damit die rauen Wintertage zu erhellen? Und das erwartet mich!

Du sagst mir noch, dass du bisweilen gar nicht den Mut hast, mir zu schreiben. Sei kein Egoist! Deine Freuden sowie deine Schmerzen gehören mir. Wenn du heiter bist, dann erheitere mich; wenn du traurig bist, dann verdüstere nur ohne Scheu meinen Himmel: Eine Träne ist manchmal süßer als ein Lächeln. Übrigens schreibe mir deine täglichen Gedanken, sowie eine neue Empfindung in deiner Seele entsteht, bringe sie zu Papier, und wenn du vier Seiten voll hast, dann schicke sie mir. Ein anderer Satz in deinem Brief hat mich ebenso schmerzlich berührt, nämlich folgender: »Die Malerei, die ich liebe, obwohl sie mir nicht glückt etc. etc.« Dir nicht glücken! Ich glaube, du täuschst dich über dich selbst. Ich habe dir schon gesagt, im Künstler gibt es zwei Menschen, den Dichter und den Arbeiter. Man kommt als Dichter zur Welt, man wird zum Arbeiter. Und du, der den göttlichen Funken besitzt, dem das zuteilwurde, was man nicht erwerben kann, du beklagst dich; als ob du nicht, um Erfolg zu haben, bloß deine Finger zu rühren, nur Arbeiter zu werden bräuchtest! – Ich will dieses Thema nicht verlassen, ohne zwei Worte hinzuzufügen. Letzthin habe ich dich vor dem

Realismus gewarnt, heute will ich dir ein anderes Hindernis zeigen: das Geschäft. Die Realisten treiben immerhin noch Kunst – auf ihre Weise –, sie arbeiten gewissenhaft. Aber die kommerziellen Menschen, die morgens malen, um Brot für den Abend zu haben, die kriechen im Staub. Ich sage dir das nicht ohne Grund: Du wirst bei X***[79] arbeiten, du wirst seine Gemälde kopieren, du bewunderst ihn vielleicht. Ich fürchte für dich diesen Weg, den du einschlägst, umso mehr, da der, den du vielleicht nachzuahmen trachtest, ein großes Geschick besitzt, das er freilich elend anwendet, das aber nichtsdestoweniger seine Bilder besser erscheinen lässt, als sie tatsächlich sind. Alles ist hübsch, frisch und sauber gearbeitet, aber das alles ist nur ein Handwerkskniff, und du tätest Unrecht, dabei stehen zu bleiben. Die Kunst ist erhabener als das; die Kunst begnügt sich nicht an den Falten eines Stoffs, am rosigen Teint einer Jungfrau. Siehe Rembrandt. Mit einem Lichtstrahl werden alle seine Personen, selbst die hässlichsten, poetisch. Ich wiederhole es dir: X*** ist ein guter Lehrer, um das Handwerk zu erlernen, aber ich bezweifle, dass du etwas anderes aus seinen Bildern lernen kannst. – Da du reich bist, träumst du sicherlich davon, Kunst und nicht Geschäfte zu machen. Spräche ich zu Chaillan, würde ich das Gegenteil dessen sagen, was ich dir gerade gesagt habe. Hüte dich also vor einer übertriebenen Bewunderung deines Landsmannes; wirf deine Träume, diese schönen goldenen Träume auf deine Leinwände und versuche so, die ideale Liebe auszudrücken, die du in dir trägst. Vor allem aber – und das ist die Gefahr – bewundere nie ein Bild, das schnell gemacht wurde. Mit einem Wort und als Schluss: Bewundere und imitiere nie einen kommerziellen Maler. – Ich werde auf diesen Gegenstand zurückkommen. Ich trete vielleicht einigen deiner Ideen zu nahe. Sage es mir frei heraus, damit du keinen geheimen Groll gegen mich hegst, der eben, weil er geheim ist, täglich größer werden könnte.

Meine Empfehlungen an deine Eltern.
Ich drücke dir die Hand.
Dein Freund

E. Zola

Ich bin umgezogen; adressiere deine Briefe an die Rue St.-Victor Nr. 35.

22.
Emile Zola an Paul Cézanne

[Paris,] 26. April 1860, 7 Uhr morgens

Mein guter Alter,

ich werde nicht aufhören, dir zu wiederholen: Glaube nicht, dass ich zum Pedanten geworden bin. Jedes Mal, wenn ich auf dem Sprung stehe, dir einen Rat zu geben, zögere ich: Ich frage mich, ob das eigentlich meine Aufgabe ist, ob du nicht müde werden wirst, mich schreien zu hören: Mach dies, mach das. Ich habe Angst, du willst nicht, dass ich dies tue, dass meine Anschauungen den deinen widersprechen, folglich dass unsere Freundschaft darunter leiden könnte. Was soll ich dir sagen? Ich bin gewiss ziemlich verrückt, derart an das Schlimme zu denken, aber ich fürchte so sehr die leichteste Wolke zwischen uns. Sage mir, sage mir immer wieder, dass du meine Ratschläge wie die eines Freundes aufnimmst, dass du mir nicht böse bist, wenn sie nicht im Einklang mit deinen Ansichten stehen; dass ich deswegen nicht minder der Fröhliche, der Träumer für dich bleibe, der so gerne, die Pfeife im Mund, das Glas in der Hand, neben dir im Gras liegt. Einzig die Freundschaft diktiert meine Worte; ich lebe besser mit dir, wenn ich mich ein wenig in deine

Angelegenheiten mische; ich plaudere, schreibe meine Briefe und baue Luftschlösser. Aber, bei Gott, glaube ja nicht, dass ich dir eine Richtlinie vorzeichnen will; entnehme meinen Worten lediglich, was dir zusagt, was du gut findest, und lache über das Übrige, ohne dir auch nur die Mühe zu machen, es auszudiskutieren.

Und jetzt gehe ich ganz keck auf das Thema Malerei los.

Wenn ich ein Gemälde sehe, ich, der bestenfalls Weiß von Schwarz zu unterscheiden vermag, dann ist es offenkundig, dass ich mir nicht erlauben darf, die Pinselführung zu beurteilen. Ich beschränke mich darauf, zu sagen, ob das Sujet mir gefällt, ob das Ganze mich von etwas Großem und Erhabenem träumen lässt, ob die Liebe zum Schönen in der Komposition atmet. Mit einem Wort, ohne mich mit dem Handwerklichen zu beschäftigen, spreche ich über die Kunst, über den Gedanken, der dem Werk vorausging. Und ich glaube recht zu tun, denn nichts erscheint mir erbärmlicher als die Ausrufe sogenannter Liebhaber, die einige technische Ausdrücke in den Ateliers aufgeschnappt haben und sie nun mit ungeheurer Wichtigkeit, wie Papageien, nachplappern. Bei dir hingegen, der du verstehst, wie schwer es ist, die Farben nach der eigenen Einbildungskraft auf die Leinwand zu setzen, verstehe ich, dass du dich beim Anblick eines Gemäldes stark mit dem Handwerklichen beschäftigst, dass dich diese oder jene Pinselführung, eine zustande gebrachte Färbung etc. etc. in Begeisterung versetzt. Das ist nur natürlich; die Vorstellung, der Funke ist in dir, du suchst die Gestaltungsform, die du nicht hast, und bewunderst sie gläubig überall, wo du ihr begegnest. Aber gib acht, diese Gestaltungsform ist nicht alles, und, was auch immer deine Entschuldigung ist, du sollst ihr die Vorstellung voranstellen. Ich will das erklären: Ein Gemälde soll für dich nicht bloß ein auf eine Leinwand aufgebrachtes Farbengemisch bedeuten; du sollst dich nicht fortwährend darum kümmern, durch welchen mechanischen

Prozess, durch welche Farbe die Wirkung erreicht worden ist, sondern das Ganze sehen und dich fragen, ob das Werk auch wirklich das ist, was es sein soll, ob der Künstler tatsächlich ein Künstler ist. In den Augen eines Laien gibt es ja so wenig Unterschied zwischen Kitsch und einem Meisterwerk. Bei allen beiden gibt es Weiß, Rot etc., Pinselstriche, Leinwand, einen Rahmen. Der Unterschied liegt nur in diesem Etwas, das keinen Namen hat, und das allein der Verstand und der Geschmack offenbart. Dieses Etwas, das künstlerische Empfinden von etwas Möglichem, ist es, was man vor allem entdecken und bewundern muss. Erst danach kannst du dich dem Handwerklichen zuwenden. Aber, ich wiederhole es, bevor du dich herablässt, um folglich das Materielle zu erkunden, diese stinkenden Farben, diese grobe Leinwand, lasse dich vor allem von der göttlichen Harmonie und von dem großen Gedanken, der vom Kunstwerk ausgeht und es wie mit einer göttlichen Aureole umgibt, gen Himmel tragen. – Es liegt mir fern, die Form zu verachten, das wäre dumm, denn ohne die Form kann man ein großer Künstler für sich sein, aber nicht für die anderen. Sie ist es, die den Gedanken festhält, und je größer der Gedanke ist, desto größer muss auch die Form sein. Durch sie wird der Maler verstanden und gewürdigt; und diese Würdigung ist nur dann günstig, wenn die Form ausgezeichnet ist. Ich will einen Vergleich anwenden: Wenn ich mit einem Deutschen sprechen wollte, ließe ich einen Dolmetscher kommen; aber wenn ich keinen Deutschen habe, mit dem ich sprechen soll, dann brauche ich auch keinen Dolmetscher. Die Form ist der Dolmetscher, der Deutsche der Gedanke; ohne die Form werde ich den Gedanken niemals begreifen, aber ich brauche keine Form, wenn der Gedanke nicht vorhanden ist. Das soll dir sagen, dass das Handwerk alles und nichts ist, dass man es unbedingt kennen muss, aber nicht aus dem Blick verlieren darf, dass das künstlerische Empfinden auch nötig ist. Mit einem Wort, es sind zwei Ele-

mente, die, voneinander getrennt, einander aufheben, aber vereint ein grandioses Ganzes ergeben.
Übrigens spreche ich nicht in Bezug auf dich; wenn, wie ich es fest glaube, Gutes in dir steckt, brauchst du dich nicht an diese soeben etwas kindisch vorgebrachten Unterscheidungen zu halten. Jedes Genie kommt mit seinen ureigenen Gedanken und seiner ureigenen Form zur Welt; das sind Dinge, die nicht getrennt werden können, ohne zu einer völligen Nichtigkeit zu führen, zumindest scheinbar beim Menschen. Das macht sich besonders bemerkbar, wenn der Gedanke allein vorherrscht. Der arme große Mann zählt dann zu den Unverstandenen; mag auch seine Seele träumen, sie kann sich den anderen nicht mitteilen; er ist lächerlich und unglücklich. Wenn die Form allein da ist, wird der Mann, der sie beherrscht, ohne die Idee zu besitzen, bisweilen ans Ziel gelangen, aber dann wird sein Beispiel ungeheuer gefährlich. Endlich komme ich zur kommerziellen Malerei, auf die zurückzukommen ich dir versprochen hatte. Alles Vorangehende ist nur eine lange Einleitung, jetzt kommt das, was ich dir eigentlich sagen wollte. Der kommerzielle Maler schließt die Idee aus, er arbeitet zu schnell, um gute Kunst zu schaffen. Es ist ein Handwerk, ein Mittel, um Brot für die Kinder zu erwerben, nichts sonst. Aber dieser verfluchte Maler beherrscht, wenn ihm auch die Idee fehlt, oft die Form, und deshalb ist sein Gemälde ein echtes Lockmittel für die Käufer. Man ist genötigt zuzugeben, dass es hübsch ist, und wenn man nicht weitergeht, bewundert man dieses unwürdige Werk und ahmt es vielleicht sogar nach. Ich weiß wohl, dass es nur die Idioten sind, die auf den Leim gehen; aber wirst du es mir übel nehmen, wenn ich, sicherlich mit Unrecht, Angst bekomme und dir als Freund zugerufen habe: »Gib acht! Denke an die Kunst, an die erhabene Kunst! Berücksichtige nicht nur die Form, denn die Form allein ist bloß kommerzielle Malerei. Folge der Vorstellung, spinne schöne Träume! Die Form wird

dir mit der Arbeit kommen, und alles, was du machen wirst, wird groß und schön sein.« Das habe ich dir gesagt, und das werde ich dir stets wiederholen.

Wenn du damit nicht zufrieden bist, bist du ja nicht vernünftig. Diese fünf Seiten sind die ernstesten, die ich je in meinem Leben geschrieben habe. Erinnere dich wenigstens an unsere Vereinbarung: Falls ich deine Anschauungen verletzt habe, beachte mein Geschwätz nicht.

Chaillan hat letzten Sonntag den ganzen Tag mit mir verbracht; wir haben zusammen zu Mittag und zu Abend gegessen, haben von dir gesprochen und unsere Pfeifen geraucht. Er ist ein ausgezeichneter Bursche, aber, guter Gott, welche Einfalt, welche Weltfremdheit! Es scheint mir wenig wahrscheinlich, dass er Erfolg haben wird. Indes wird er nie unglücklich sein, und das tröstet mich einigermaßen darüber, ihn mit offenen Augen träumen zu sehen. Vom Charakter her ist er nicht mehr jung; ich habe ihn sogar im Verdacht, geizig zu sein. Mit diesen beiden Fehlern, die im vorliegenden Fall Vorzüge sind, kann er weder Hungers sterben, noch melancholisch werden. Er wird sich immer zeitig genug in sein Dorf zurückziehen, oder aber er wird sich mit mittelmäßigen Bildern zufriedengeben, die er so teuer wie möglich anbringen wird.

Er sagte mir, er wohne in einem Haus, in dem zwölf kleine Mädchen logieren; das ist ihm sehr zuwider, denn sie machen einen Lärm, der die Mauern zum Einsturz bringt. Er will die Wohnung wechseln. Der Unschuldige!

Morgens von sechs bis elf Uhr geht er täglich zu Suisse.[80] Danach, am Nachmittag, geht er in den Louvre. Er ist wirklich dreist. – Ach, wenn du hier wärst – welch ein schönes Leben! Doch wozu dieser Ausruf? Damit wir einander unnötig bedauern!

Ich möchte dir nicht mehr über Chaillan berichten; er soll dir in Kürze selbst schreiben. Ich habe Villevieille noch nicht wiedergesehen; ich gedenke, ihn bald aufzusuchen.

Was mich angeht, so ist mein Leben stets einförmig. Wenn ich über mein Pult gebeugt dasitze und schreibe, ohne zu wissen, was ich schreibe, schlafe ich mit offenen Augen, als wäre ich verblödet. Dann kommt mir plötzlich eine heitere Erinnerung in den Sinn, an einen unserer lustigen Ausflüge, an einen unserer Lieblingsplätze, und mein Herz krampft sich entsetzlich zusammen. Ich hebe den Kopf und sehe die traurige Wirklichkeit, das staubige, mit alten Schriften vollgestopfte Zimmer mit seiner Unzahl zum größten Teil idiotischer Kommis; ich höre das gleichmäßige Kratzen der Federn, laute Worte, mir skurril anmutende Ausdrücke, und dort, auf der Fensterscheibe, um meiner zu spotten, spiegeln sich soeben die Sonnenstrahlen, die mir zeigen, dass die Natur draußen in Festschmuck prangt, dass Vögel melodiöse Gesänge und Blumen betäubenden Duft ihr Eigen nennen. Ich lehne mich in meinem Stuhl zurück, schließe die Augen, und für einen Augenblick sehe ich euch an mir vorübergleiten, euch, meine Freunde. Ich sehe auch die Frauen, die ich geliebt habe, ohne es zu wissen. Dann löst sich alles auf, die Wirklichkeit drängt sich noch schrecklicher auf, ich ergreife meine Feder wieder und möchte am liebsten weinen. Ach, Freiheit, Freiheit! Das beschauliche Leben des Orients! Das süße poetische Nichtstun! Mein schöner Traum! Was ist aus dir geworden?
Ich habe diesen Brief currente calamo[81] geschrieben, ohne mich auszuruhen, ohne mein Licht zu schneuzen. Es ist bald Mitternacht, und ich will mich ins Bett legen. Ich fühle mich diesen Abend aufgewühlt, verzeihe mir also, wenn mein Brief verrückt ist und selbst den geringsten Grad von Vernunft entbehrt, den ich sonst besitze.
Ich war nicht imstande, einen Brief von dir abzuwarten, um dir neuerdings zu schreiben, und obgleich ich dir nichts zu sagen hatte, wurde ich von einer solch unwiderstehlichen Wut erfasst, Papier zu bekritzeln, dass ich der Versuchung nachgegeben habe.

Ich drücke dir die Hand.
Dein Freund

Emile Zola

Meine Empfehlungen an deine Eltern.
Soeben erhalte ich deinen Brief. Er erweckt in mir eine wohltuende Hoffnung. Dein Vater wird menschlich; bleibe fest, ohne respektlos zu sein! Denk daran, dass es deine Zukunft ist, die sich hier entscheidet, und dass all dein Glück davon abhängt. – Das, was du über die Malerei sagst, wird in dem Augenblick überflüssig, in dem du selber die Fehler von X*** einsiehst. Ich werde in Kürze auf deinen Brief antworten.

Emile Zola an Jean-Baptistin Baille [Auszug]

Paris, 2. Mai 1860

Mein guter Alter,

[...] Cézanne spricht mir von dir.[82] Er gesteht mir sein Unrecht und verspricht, sich zu bessern. Da dieses Kapitel angeschnitten ist, hoffe ich, ihm meine Meinung über sein Vorgehen sagen zu können. Ich hätte ja nicht angefangen, aber jetzt scheint es mir überflüssig, den August abzuwarten, ohne eine Annäherung zwischen euch zu versuchen.[83] [...]

23. Emile Zola an Paul Cézanne

Paris, 5. Mai 1860

Mein guter Alter,

ich bin allein in meinem Zimmer, bin ein wenig unpässlich. Für heute habe ich geschwänzt und ich glaube, die Zeit, die ich meinem Büro fernbleibe, nicht besser benutzen zu können, als mit dir zu plaudern. Ich will also deine beiden letzten Briefe beantworten.
Wie du ganz richtig voraussetzt, amüsiere ich mich in den Docks keineswegs. Seit einem Monat bin ich nun in diesem elenden Kramladen, und ich habe, bei Gott, genug davon, der Rücken, die Beine und die übrigen Gliedmaßen inklusive. Ich wünschte mir nur noch eine Höhle an der Seite eines hohen Gebirgszuges. Dort würde ich, wenn's sein muss, mit einer Mönchskutte bekleidet als Einsiedler leben und mich weder um die Welt noch um ihre Beurteilungen scheren. Glaube ja nicht, dass dies der eitle Wunsch eines Dichters ist; es ist mein vollster Ernst, und wenn ich nicht eine Mutter besäße, hätte ich diese Idee längst ausgeführt. Wie dem auch sei, ich finde, mein Büro stinkt, und ich will schleunigst aus diesem unsauberen Stall ausreißen. Was mich davon abhält, ist, dass ich, wenn ich dort austrete, meiner Familie abermals zur Last fallen würde. Ich suche nach einer Kombination, die mir gestattet zu essen und frei zu bleiben, eine Kombination, die ich leider nicht finde und wohl niemals finden werde. Du kannst nicht an der Qual zweifeln, die ich ausstehe, wenn ich an diese Dinge denke. Es ist wie ein verhextes Labyrinth; was ich auch tue, um vorwärts zu kommen, ich verirre mich stets aufs Neue und komme immer wieder auf denselben Punkt zurück, denke unter Tränen an die

erhabene Kunst, an die Freiheit, an alle diese erhabenen Dinge, wofür die Liebe, die verzweifelt gegen die schreckliche Wirklichkeit aufbegehrt, in mir nicht absterben will. Denn, soll ich's dir gestehen, wenn ich körperlich krank bin, so ist es nur infolge meiner moralischen Verstimmung, des Weltschmerzes, der Verzweiflung, die ich empfinde. Aber verlassen wir diesen traurigen Gegenstand und versuchen wir, zu lachen und frisch drauflos zu trinken.

Du sprichst mir in deinen beiden Briefen von Baille. Schon seit Langem wünschte ich mir, mich mit dir über diesen guten Jungen zu unterhalten. Er ist nicht wie wir, sein Hirn ist nicht so konstruiert wie das unsere; er hat viele Eigenschaften, die uns fehlen, aber auch viele Fehler. Ich kann nicht versuchen, dir das Abbild seines Charakters zu liefern, dir zu sagen, wo er sich versündigt und wo er Überflieger ist; ich kann ihm ebenso wenig den Beinamen eines Weisen als den eines Narren geben. Das alles ist bloß relativ und hängt von dem Standpunkt ab, von dem aus man das Leben betrachtet. Was schert das übrigens uns, seine Freunde? Genügt es nicht, dass wir ihn als guten Jungen eingeschätzt haben, der der Masse weit überlegen ist oder wenigstens unser Herz und unseren Verstand weit besser als alle anderen zu beurteilen vermag? Sollten wir ihn nicht mit jenem Wohlwollen beurteilen, das wir für uns selbst beanspruchen, und wenn uns etwas in seinem Vorgehen zuwiderläuft, mit welchem Recht wollen wir das schlecht finden, was er für gut hält? Glaube mir, wir wissen nicht, was uns das Leben vorbehält; wir stehen erst am Anfang, alle drei reich an Hoffnungen, alle drei gleich in unserer Jugend, in unseren Träumen. Reichen wir einander die Hände: nicht bloß im Händedruck eines Augenblicks, sondern in einem kräftigen Händedruck, der eines Tages das Schwachwerden verhindert oder nach dem Absturz tröstet. – »Was zum Teufel brummt er da?«, wirst du sagen. Mein armer Alter, ich glaubte zu bemerken, dass sich das Band, das dich mit

Baille verknüpft, gelockert hat, dass ein Glied aus unserer Kette brechen wollte. Und zitternd bitte ich dich, an unsere lustigen Ausflüge zu denken, an jenen Schwur, den wir, das Glas in der Hand, geleistet haben, unser ganzes Leben Arm in Arm denselben Pfad vorwärts zu gehen; zu bedenken, dass Baille mein Freund ist, dass er der deine ist, und dass, wenn sein Charakter nicht ganz mit dem unseren übereinstimmt, er uns deswegen nicht weniger ergeben, nicht weniger liebenswert ist; schließlich, dass er mich versteht, dass er dich versteht, und dass er unseres Vertrauens und deiner Freundschaft würdig ist. Solltest du ihm etwas vorzuwerfen haben, so sage es mir, ich werde trachten, ihn zu verteidigen. Oder sage es ihm lieber selbst, was dir an ihm missfällt – nichts ist zwischen Freunden so sehr zu fürchten wie nicht offen eingestandene Dinge.

Du erinnerst dich wohl noch an unsere Schwimmpartien, jene glückliche Zeit, wo wir, unbekümmert um die Zukunft, eines schönen Abends die Tragödie des glorreichen Pitot entwarfen. Dann jener große Tag! Drüben über dem Wasser ging strahlend die Sonne unter, diese Landschaft, die wir damals vielleicht nicht bewunderten, die uns jedoch in der Erinnerung so ruhig, so heiter erscheint. Man hat gesagt – wenn ich nicht irre, war es Dante –, dass nichts in den Tagen des Unglücks schmerzlicher ist als die Erinnerung an glückliche Zeiten.[84] Schmerzlich, ja, aber auch voll bitterer Wollust; man weint und lacht zugleich. – Unglückliche, die wir sind! Mit zwanzig Jahren klagen wir schon um die Vergangenheit! Wir wenden uns dieser entschwundenen Zeit zu und strecken die Arme nach ihr aus, weinen ohne Hoffnung, die schönen Tage wiedererstehen zu sehen. Unglückliche und Verrückte! Wie absichtlich verderben wir unser Leben, wünschen uns das Vergangene wieder, oder rufen laut nach der Zukunft, ohne jemals der Gegenwart froh zu werden. Ich habe dir in meinem letzten Brief geschildert, wie mich bisweilen ein Erinnern wie ein Blitz durchzuckt, ein Wort, das

du mir einmal gesagt hast, einer unserer Ausflüge: ein Berg, ein Weg, ein Gebüsch, und ich klage und verzweifle – unglücklich und verrückt.
In deinen beiden Briefen verheißt du mir wie eine ferne Hoffnung eine Wiedervereinigung. »Wenn ich mein Jurastudium beendet haben werde«, sagst du mir, »darf ich vielleicht tun, was mir beliebt. Vielleicht werde ich dich aufsuchen können.« Gott gebe, dass es nicht die Freude eines Augenblicks wird, dass deinem Vater die Augen über deine wirklichen Interessen aufgehen. In seinen Augen bin ich vielleicht ein Hans Dampf, ein Verrückter, vielleicht ein schlechter Freund, der dich in deinen Träumen bestärkt, in deiner Liebe zum Ideal. Vielleicht würde er, läse er meine Briefe, noch strenger urteilen; aber selbst, wenn ich seine Achtung verlieren sollte, würde ich es ganz laut vor ihm sagen, so wie ich es auch dir sage: »Ich habe lange über die Zukunft und über das Glück Ihres Sohnes nachgedacht, und aus tausend Gründen, die auseinanderzusetzen zu weit führen würde, glaube ich, dass Sie ihn dorthin gehen lassen müssen, wohin ihn seine Neigung treibt.« Mein Alter, es handelt sich also nur um eine kleine Anstrengung, nur um ein wenig Arbeit. Zum Teufel, haben wir denn jeden Mut verloren? Auf die Nacht folgt das Morgenrot; trachten wir also, diese Nacht zu verbringen, so gut es eben geht, damit du, wenn der Tag anbricht, sagen kannst: »Ich habe genug geschlafen, ich fühle mich stark und mutig, mein Vater. Habt Erbarmen, sperrt mich nicht in ein Büro ein! Lasst mir meinen Flug, ich ersticke, seid so gut, mein Vater!« – Deinen Auftrag an Chaillan werde ich übermitteln.
Du sagst, dass Leclère[85] meine Reise nach Aix in Zweifel zieht. Der gute Mann täuscht sich; ich rechne bestimmt darauf, dir wie im vorigen Jahr die Hand zu drücken. Es ist wahr, ich würde es vorziehen, dass du es wärest, der käme, und zwar aus einer Menge Gründe; aber da ich noch an dem guten Willen deines Vaters zweifle, bereite ich mich zum Packen vor. – Du sprichst

ganz unbestimmt von einem gewissen Ereignis mit unliebsamen Folgen, das zwischen Leclère und de Julienne[86] vor sich gegangen sei. Ich halte es für angebracht, diesem Brief ein Wort für de Julienne anzufügen, einerseits, um diese Angelegenheit aufzuklären, dann aber auch, um alle strengen Maßnahmen zu entkräften, die man in meinem Namen vorgenommen haben könnte. Übrigens, lies es, und nimm es mir nicht übel, wenn es deinen Anteil schmälert! – Drücke Leclère in meinem Namen die Hand und sage nicht, dass Du mir die ganze leidige Sache mitgeteilt hast.
Ihr, meine edlen Sänger, singt aus vollem Herzen; lacht, meine Kinder, lacht. Meine Mansarde ist sicher nicht schön, und doch vermisse ich sie manchmal. Wir haben seit einer Woche ein göttliches Wetter; ich würde es nicht glauben, wenn ich nicht so schwitzte. Aber was geht mich, den Pariser, die Reinheit des Himmels an; ich gehe so selten aus. Ich gehe niemals in einen Gasthausgarten Sardellen essen, bestenfalls setze ich mich vor die Tür einer kleinen Wirtschaft in der Art des Qu'a fait la belle eau[87] (Oh, Marguery!). Ich habe dir meine neue Wohnung, meine Nachbarschaft noch nicht beschrieben; es soll im nächsten Brief geschehen.

Emile Zola

Emile Zola an Jean-Baptistin Baille [Auszug]

[Paris] In den Docks, 14. Mai [1860], 3 Uhr morgens

Mein lieber Baille,

[...] Zunächst zu ernsten Dingen. Wie ich dir schon sagte, habe ich Cézanne wegen der Kälte, mit der er dich empfangen hat, geschrieben. Ich kann nichts Besseres tun, als dir die Worte, die er mir zu diesem Thema geantwortet hat, abzuschreiben: »Nach deinem letzten Brief scheinst du zu fürchten, dass sich unsere Freundschaft mit Baille abkühlt. Aber nein, zum Donnerwetter, er ist ein guter Kerl; aber du weißt sehr gut, dass ich mit meinem so gearteten Charakter nie ganz weiß, was ich tue, und sollte ich daher ihm gegenüber unrecht gehabt haben, nun gut, so muss er es mir verzeihen. Andererseits weißt du, dass wir uns gut verstehen, aber ich stimme dir in dem, was du sagst, zu, denn du hast Recht. Also sind wir weiter gute Freunde!« Du siehst also, mein lieber Baille, ich habe ganz richtig vermutet, dass es nur eine leichte Wolke gewesen ist, die sich beim ersten Windhauch spurlos verflüchtigt. Ich habe dir gesagt, dass dieser arme Alte nicht immer weiß, was er tut, wie er es selbst scherzhaft eingesteht, und dass man, wenn er einen ärgert, nicht mit seinem Herzen rechten soll, sondern mit dem bösen Geist, der seine Gedanken verkehrt. Er hat, ich wiederhole es, ein goldenes Herz; ein Freund, der uns begreifen kann, ebenso verrückt wie wir, ebenso träumerisch. – Ich bin nicht der Meinung, dass er von den Briefen weiß, die wir bezüglich eures Missverständnisses wechselten. Ich glaube sogar, er meint, dass ich ohne dein Wissen gehandelt habe; mit einem Wort, er weiß nicht, dass du dich über ihn beklagt hast, dass ihr einen Moment lang böse aufeinander wart. Was nun dein Verhalten ihm gegenüber bis August angeht, dem Zeitpunkt, wo unsere schönen Ausflüge wieder beginnen werden, so soll dieses Folgendes sein, selbstverständlich nur meiner Meinung nach: Du wirst ihm regelmäßig einige Briefe schreiben, ohne dich allzu sehr über die Verspätungen zu beklagen, die ihm womöglich unterlaufen, wenn er dir antwortet. Diese Briefe sollen, wie in der Vergangenheit, herzlich sein, vor allem bar jeder Anspielung, jeder Mahnung, die an euren kleinen Zwist erinnern könnten; mit einem Wort, so, als ob nichts zwischen euch vorgefallen wäre.

Es ist ein Genesender, den wir behandeln, und wenn wir keinen Rückfall wollen, lass uns jeglichen Leichtsinn vermeiden. Du begreifst, was mich so sprechen lässt, die Angst nämlich, unser freundschaftliches Triumvirat in die Brüche gehen zu sehen. Auch musst du meinen pedantischen Ton, meine übertriebene Angst, meine vielleicht überflüssige Vorsicht entschuldigen und alles auf die Rechnung der Freundschaft setzen, die ich für euch beide hege. [...]

Emile Zola an Jean-Baptistin Baille [Auszüge]

Paris, 2. Juni 1860

Mein lieber Baille,

[...] Dir, meinem besten Freund, dir und Cézanne, euch werde ich einmal alles sagen, aber glaubt mir doch, der eine wie der andere, dass ich nicht der Wirrkopf bin, für den ihr mich haltet, dass ich nur dann einen Entschluss fasse, wenn ich reiflich nachgedacht habe, dass mich die Realität den ganzen Tag beschäftigt, und dass ich nur träume, um mich zu entspannen. Übrigens will ich es dir nicht verhehlen, ich will nur deshalb eine Stellung, um mir das Träumen in Ruhe gestatten zu können. Früher oder später wende ich mich wieder der Dichtung zu; ich wünsche mir, mich ihr widmen zu können, ohne jemand zur Last zu fallen und ein Stück Brot essen und ein Glas Wasser trinken zu können. Du sprichst vom falschen Ruhm der Dichter, du nennst sie verrückt, du rufst, dass du nicht so einfältig sein würdest wie sie, für den Beifall in einem Dachstübchen zu verrecken. Ich habe dir bereits in einem meiner Briefe etwas dazu gesagt, das dich hätte hindern müssen, diese Schmähung erneut vorzubringen. Glaubst du denn wirklich, dass der Dichter nur um des Ruhmes willen arbeitet? Glaubst du wirklich, dass ihn nur dieser Grund zum Singen treibt? Nein, er greift in der Einsamkeit zur Leier, verliert diese Welt aus den Augen und lebt nur in der Welt der Geister. Das ist sein Leben, weshalb ihn also verhöhnen, weshalb ihn des Wahnsinns zeihen? Er wird dir sagen, dass du ihn nicht verstehst, dass du kein Dichter bist, und er wird recht haben. Ich will glücklich leben, das ist dein ewiger Refrain. Nun, mein Gott, alle wollen glücklich leben! Du hast dein Glück, der Dichter hat das seine; jeder geht dorthin, wohin ihn Gott ruft, nur der Feige klagt über die Dornen und weigert sich, vorwärtszuschreiten.

Selbstverständlich möchte ich nicht, dass unsere verschiedenen Ansichten unsere Freundschaft beeinträchtigen. Du kennst mich und weißt, dass ich nichts weniger als eingebildet bin. Ich weiß, was ich will; ich habe nie danach getrachtet, mich auf die Zehenspitzen zu stellen.

[...] Der alte Cézanne trägt mir in jedem seiner Briefe einen Gruß für dich auf. Er fragt mich nach deiner Adresse, um dir öfter schreiben zu können. Ich wundere mich, dass er sie nicht kennt, das beweist nicht allein, dass er dir nicht geschrieben hat, sondern dass auch du das gleiche Stillschweigen bewahrt hast wie er. Indessen, da das ein Verlangen ist, das seine guten Absichten beweist, will ich es befriedigen. So wäre denn ein kleiner Zwist ins Reich der Legende übergegangen. [...]

Paul Cézanne, Achille Emperaire, *1867/68. Musée d'Orsay, Paris.*

24.
Emile Zola an Paul Cézanne

Paris, 13. Juni 1860

Mein lieber Paul,

unlängst bin ich an einem schönen Morgen drei bis vier Meilen weit von Paris in den Feldern umhergeirrt. Liebst du die Kornblumen, diese kleinen Sterne, die im Korn leuchten, diese zarten, reizenden Blumen? Die Dichter haben leider die Blumen zu sehr beansprucht und missbraucht. Wer wagte es noch, von der Rose zu sprechen, zwei Zeilen über das Stiefmütterchen zu schreiben, in Begeisterung über den Flieder oder das Geißblatt etc. etc. auszubrechen? Es ist also unangebracht für mich, dir von meinen Kornblumen vorzuschwärmen, dir zu erzählen, dass ich mir einen großen, vollen Kornblumenstrauß gepflückt habe, ganz wie eine Internatsschülerin in weißem Kleid, schamhaft und überselig. Mein Gott, ja, einen großen Strauß, während ich durch die Wiesen lief, froh und überglücklich, keine Häuser mehr zu sehen, im Tau zu waten, mich in der Provence zu wähnen, auf der Jagd, auf einem Ausflug zum Landhaus. Ich war allein und ließ mich ganz gehen; sicher, dass mich niemand beobachtet, um mich zu verhöhnen, ging ich immer weiter und vergrößerte meinen Strauß. Diese Kornblumen sind so entzückende Blumen; ich bin überzeugt, dass du sie nie bemerkt hast.
Mein guter Alter, tue es mir einmal nach, laufe und pflücke eine ganze Handvoll, am Morgen, bevor die Sonne den Tau in ihren Kelchen getrocknet hat; werde wieder Kind für eine Stunde; dann wirst du einen solch schönen blauen Farbton sehen, ein solch anmutiges Durcheinander; man könnte sagen, eine Fülle duftiger Spitzen.

Tatsache ist, nachdem ich zwei lange Stunden umhergelaufen war, verspürte ich einen gewaltigen Hunger. Ich hob den Kopf: überall Bäume, Hecken, Felder. Ich befand mich in einer Gegend, die mir völlig unbekannt war. Endlich bemerkte ich über einer alten Eiche einen Kirchturm; ein Kirchturm setzt ein Dorf voraus, ein Dorf ein Wirtshaus. Ich schritt auf die gebenedeite Kirche zu, und bald befand ich mich in einer Art Kaffeehaus vor einem bescheidenen Frühstück. Und in diesem Kaffeehaus – und auf darauf wollte ich hinaus, alles andere war nur Einleitung – bemerkte ich beim Eintreten Gemälde, die mich beeindruckten. Es waren große Panneaus, wie du sie bei dir malen willst, auf Leinwand gemalt, ländliche Feste darstellend; aber mit so viel Schmiss, so viel Sicherheit in der Pinselführung, mit einer so vollkommenen Berechnung der Distanzwirkung, dass es mir die Sprache verschlug. Niemals habe ich so etwas in einem Café, selbst nicht in einem Pariser Café, gesehen. Man sagt mir, dass es ein dreiundzwanzigjähriger Künstler war, der diese kleinen Meisterwerke geschaffen hat. Wirklich, wenn du nach Paris kommst, wollen wir nach Vitry gehen – das ist nämlich der Name des glücklichen Dorfs – und ich bin überzeugt, dass du ebenso bewundern wirst wie ich. Vielleicht habe ich mich von meiner Begeisterung hinreißen lassen, aber ich glaube nicht, mich zu irren, wenn ich behaupte, dass dieser junge Farbenkleckser eine Zukunft hat.
Du teilst mir eine Neuigkeit mit, die mich sehr überrascht: die Verheiratung des Don Juans d'Escoffier, d'Escoffiers, des Leichtfußes, des Schürzenjägers etc. etc. Zum Teufel, wer hätte geglaubt, dass er der erste meiner Freunde sein würde, der sich verheiratet. Soll ich ein lautes Geschrei über Geldheiraten anstimmen? Wozu? Es wäre zumindest lächerlich und in jedem Fall äußerst überflüssig. Hüten wir unsere schönen Träume wie Geizhälse; lassen wir die anderen in der Prosaik versinken! Übrigens, wer weiß, vielleicht sind sie glücklicher als wir. Diese Be-

trachtungen kamen mir letzthin, als ich an diesen lieben d'Escoffier dachte: Das ist ein Junge, sagte ich mir, dessen Lebenspfad mit Rosen ohne Dornen gesäumt ist. Bis zu 22 Jahren hat er sein Leben angenehm mit Nichtstun und Vergnügen verbracht, dann, in dem Augenblick, wo man sich für irgendeinen Beruf, für irgendeine Arbeit entscheiden muss, fällt ihm eine Mitgift von hunderttausend Francs einfach in den Schoß. Nun, da ist die Karriere, die gefundene Stellung. Ich weiß, dass die Rose diesmal einen Dorn hat. Aber was liegt daran, wie viele werden ihn um sein Schicksal beneiden! Wenn man das Leben nimmt, wie es ist, ohne wie ich von verrückten Ideen gequält zu werden, soll man da nicht froh sein, wenn sich hunderttausend Francs in einen verlieben? Meiner Treu, hin und wieder ein Hoch auf die Prosaik! D'Escoffier muss, ich wiederhole es, glücklich sein. Damit will ich nicht sagen, dass auch ich mich glücklich fühlen würde, wäre ich an seiner Stelle. Nein, sicherlich nicht! Jeder in seinem Umfeld, mein Alter; der Vogel in der Luft und der Fisch im Wasser.
Ich sehe Chaillan ziemlich häufig. Gestern haben wir den Abend zusammen verbracht; heute Nachmittag soll ich ihn im Louvre aufsuchen. Ich glaube, er sagte mir, er hätte dir vorgestern geschrieben, also berichte ich dir nicht von seinen Arbeiten. Combes[88] ist hier, er wird dir davon berichten. Die anderen Künstler, die ich sehe, sind Truphème d. J.[89], Villevieille, Chotard[90], was Ampérère[91] angeht, den konnte ich noch nicht treffen. Mit Chaillan sprechen wir bisweilen von Fournier. Weißt du vielleicht, wo er wohnt und was er treibt? Wir haben absolut keine Ahnung. – Mit dem prachtvollen Bild, von dem ich dir gesprochen habe, warten wir noch, bis ich in dem Zimmer, das ich gemietet habe, ganz eingerichtet bin.[92] Im siebten Stockwerk, mein Alter; die höchste Wohnung im Viertel; eine riesig große Terrasse, eine Aussicht über ganz Paris, ein entzückendes Zimmerchen, das ich mit dem größten Schick, mit Diwan, Kla-

vier, Hängematte, einer Menge Pfeifen, türkischen Nargilehs etc. ausstatten will. Dann Blumen, ein Vogelkäfig, ein Springbrunnen – ein wirkliches Märchen! Ich werde dir von meiner Bodenkammer wieder erzählen, wenn alle diese Verschönerungen beendet sind. Am 8. Juli erfolgt der Umzug. Baille, der sicherlich Ende September nach Paris kommt, wird mein Heim genießen können: Weshalb darf ich nicht dasselbe von dir sagen? Chaillan wird dir alle Herrlichkeiten erzählen, welche die Farbenkleckser hier antreffen werden.

Nun sind es bald vierzehn Tage, dass ich eine höchst platonische Liebe genieße. Ein junges Mädchen, eine Floristin aus meiner Nachbarschaft, geht täglich zweimal an meinem Fenster vorüber, morgens um halb sieben und abends um acht Uhr.[93] Es ist eine kleine Blondine, zierlich und graziös; kleine Hände, kleine Füße, eine der entzückendsten Grisetten. Um die Zeit, in der sie vorbeizukommen pflegt, stelle ich mich regelmäßig ans Fenster; sie kommt, hebt die Augen, wir wechseln einen Blick, ja sogar ein Lächeln, das ist dann auch schon alles. Mein Gott, ist das nicht närrisch, auf diese Weise ein Blumenmädchen zu lieben, eine jener Pariser Schönheiten, die doch zu den wenigst grausamen gehören! Ihr nicht folgen und sie nicht ansprechen! Soll ich dir's gestehen, es ist Faulheit und Träumerei zugleich. Es ist deutlich weniger ermüdend, in dieser Weise zu lieben; ich erwarte meine Angebetete, indem ich meine Pfeife rauche. Dann kommen die schönen Träume! Da ich sie nicht kenne, kann ich sie mit tausend Eigenschaften ausstatten, kann tausend aufregende Abenteuer ersinnen, kann sie im Prisma meiner Imagination sehen und sprechen hören. Aber was sage ich dir denn da? Kennst du nicht ebenso gut wie ich den Reiz der platonischen Liebe, über die man so viel spottet? Lassen wir nur die Dummen spotten; Verrücktheit und Weisheit sind Worte, über deren Bedeutung man sich niemals einig werden wird. – Mein Alter, warum bin ich nicht bei dir, um einen guten

Schluck mit dir zu trinken, um Verrücktheiten mit dir auszuhecken, im Gras ausgestreckt, den Kopf im Schatten, die Füße in der Sonne. Epikur war ein Weiser; die Welt kann mit uns armen, gebrechlichen Wesen nichts anfangen und wir nichts mit der Welt. Zum Donnerwetter, man soll uns in Frieden leben lassen, das Glas in der Hand, Lieder auf den Lippen, träumend, schlafend, während wir auf den großen Schlummer warten! Ich will im August zu dir kommen, nur um dummes Zeug mit dir zu reden und zu trinken. Bei Gott, wir wollen manches Glas leeren, und zwar vom Besten!

Du erzählst mir nichts mehr vom Recht. Wie geht's damit? Bist du noch immer mit ihm zerfallen? Dieses arme Recht, das doch nichts dafür kann, wie musst du es zurichten! – Ich habe bemerkt, dass wir immer einen Kummer oder eine Liebe brauchen, sonst ist das Leben unvollständig. Doch zieht die Vorstellung von Liebe bis zu einem gewissen Grad die Vorstellung des Hasses nach sich und vice versa. Du liebst die schönen Frauen, folglich verabscheust du die hässlichen; du verabscheust die Stadt, folglich liebst du die Felder. Selbstverständlich soll man das nicht zu weit treiben. Wie dem aber auch sei, ich wiederhole es, wir müssen, um glücklich zu leben, irgendetwas lieben oder hassen; lieben, damit die Seele sich in unseren schönen Momenten völlig hingibt; hassen, um in unseren schlimmen Momenten zu fluchen und die Scheiben zu zerschmettern. So ist der Mensch im Allgemeinen, will heißen, der Mensch ist gut und schlecht zugleich, da er seine Fehler und seine Tugenden hat. Der wirklich Weise wäre eitel Liebe, in seiner Seele fände der Hass keinen Raum. Da wir aber nicht vollkommen sind – Gott sei Dank, denn das wäre zu langweilig –, und da du nicht anders bist als die anderen, ist deine ureigenste Liebe die Malerei und dein Hass gilt dem Recht. Was zu beweisen war, wie Astier[94] sagt.

Du liest bisweilen meine alten Briefe wieder, sagst du. Das ist ein Vergnügen, das ich mir oft gönne. Ich habe all die deinigen aufbewahrt, das sind meine Jugenderinnerungen. – Wie elend muss der Mensch sein! Stets wünschen, stets bedauern, stets der Zukunft vorauseilen wollen, und dann jedes Mal, wenn er den Blick der Vergangenheit zukehrt, bittere Tränen weinen. Was für armselige Wesen sind wir! Den Augenblick nicht ausnutzen können, ihn immer durch einen Wunsch oder ein Bedauern verderben! Wirklich, ich bin versucht, gegen den Himmel aufzubegehren und Gott zuzurufen: »Sage mir, weshalb hast du uns aus so elendem Ton geknetet? Weshalb hast du deinen göttlichen Atem in ein so unwürdiges Gefängnis geschlossen, dessen Wände die himmlische Gefangene beschmutzt haben?«

Gewiss, es sind nicht deine Briefe, die mich diesen Schrei ausstoßen ließen. Wenn ich sie wieder lese, wenn ich die Zeit, die verflossen ist, beklage, so ist das ein Bedauern ohne Tränen; ich bin glücklich, eine Viertelstunde lang sehe ich uns jünger wieder, vereint und fröhlich. Dann denke ich an die Zukunft; ich frage mich, ob diese schöne Zeit nicht wiederkommen wird und hoffe. Und weshalb sollte ich auch keine Hoffnung haben? Sind wir nicht noch jung, voller Träume, kaum am Anfang unseres Lebens? Geduld! Überlassen wir dies Erinnern und dies Bedauern den Greisen! Dieser Schatz gehört ihnen; es ist das Buch der Vergangenheit, in dem sie mit zitternder Hand blättern, voll Rührung vor jeder Seite. Und da wir nicht der Gegenwart froh werden können, gehört uns die Zukunft, die schöne, unbekannte Zukunft, die wir uns in den leuchtendsten Farben ausmalen können. Hoffen wir, mein guter Alter, hoffen wir, eines Tages wieder vereint zu sein, einer heiligen Freiheit froh zu werden und lachend weiter zu schreiten, bis unsere Füße gegen den Stein eines Grabes stoßen.

Mein Gedicht[95] ist noch immer auf demselben Fleck: am Anfang des dritten und letzten Gesangs. Eines dieser schönen Tage werde ich mich daran machen, es zu vollenden. Wenn du Houchard siehst, sage ihm, dass sein Brief mitnichten bei mir an-

gekommen ist, sage ihm auch, dass ich ihm bald schreiben werde und ihm die Hand drücke.
Erzähle mir ein wenig von den Prozessionen. Es ist eine Zeit der frommen Koketterie; unter dem Vorwand, Gott in seiner schönsten Aufmachung anzubeten, lässt man sich selbst anbeten. Wie viele Liebesbriefchen hat eine Kirche schon in zierliche Händchen gleiten sehen. Erzähle mir von Marguery (vom Mars guéri [geheilten Mars], versteht sich). Berichte mir, berichte mir von allem; ich bin begierig auf Neuigkeiten. Wenn du schon für dich selbst nach gar nichts siehst, sieh dich ein wenig für mich um, dann wirst du mir alles berichten, was du gesehen hast.
Eine letzte Frage: »Deinen Bart, wie trägst du den?«
Meine Empfehlungen an deine Eltern. Ich drücke dir die Hand.
Dein Freund

Emile Zola

Emile Zola an Jean-Baptistin Baille [Auszüge]

Paris, 24. Juni 1860

Mein lieber Baille,

[...] Ich schreibe dir nachfolgend drei Seiten eines Briefes ab, den ich an Cézanne geschickt habe. Ich schicke sie dir, weil sie gewissermaßen die Schlussfolgerung alles dessen sind, was ich dir bislang über die Liebe und die Liebenden geschrieben habe. Hier sind sie:
»Unlängst ging ich eines Abends träumend im Schatten des Jardin des Plantes spazieren. Es wurde Nacht; ein süßer Duft entquoll den tausend Blumen, die die Beete schmückten. Ich ging, meine Pfeife rauchend, der Nase nach und bewunderte die wei-

ßen, jungen Mädchen, die rings um mich her in den Alleen tollten. Plötzlich bemerkte ich eine, die der Aérienne[96] ähnlich sah, und da bin ich im Geist in die Provence geeilt. – Bisweilen habe ich folgenden Satz in Romanen gelesen: ›Sie sahen sich; ein Funke sprang über, sie begriffen, dass sie füreinander geschaffen waren, und sie liebten sich.‹ Ich wundere mich dann nicht, dass eine Liebe, die so beginnt, jämmerlich endet. Die Seele ist bei diesem einfachen Blick nicht mit dabei, denn ihr könnt hier nur die Schönheit des Körpers wahrgenommen haben. Aber wenn eure Liebe rein ist, wenn sie nicht die einzige Begierde ist, die euch entflammt, so ist es nicht die so rasch erblickte Frau, die ihr liebt, sondern ein Wesen, das eure Fantasie geschaffen hat, die es mit tausend moralischen Reizen ausstattet. Jetzt siehst du die beiden unvermeidlichen Klippen dieser so plötzlichen Liebe. Die eine von beiden: Entweder liebt ihr nur den Körper, und das ist nichtswürdig; oder ihr liebt ein fiktives Wesen, das nicht das ist, mit dem ihr leben werdet; und das bedeutet, ihr setzt euch der Gefahr aus, alle eure Illusionen zu verlieren, findet einen Teufel, wo ihr von einem Engel träumtet. Wäre es nicht besser, einen anderen Weg einzuschlagen, Bekanntschaft geschlossen zu haben, bevor man liebt, durch Achtung zur Liebe zu gelangen, seine Leidenschaft zunächst schwach, aber sie dann mit jedem Tage erstarken zu sehen? – Das ist sehr vernünftig, wirst du sagen, worin jedoch besteht das Mittel, diese Grundsätze in die Tat umsetzen, wenn man zwanzig Jahre alt ist? Habe doch Geduld! Gerade um zum Praktischen zu gelangen, habe ich dieses kleine Theorem angeführt. – Noch ein paar Worte. In unserem Alter ist es nicht die Frau, sondern die Liebe, die man liebt. Wir brauchen eine Geliebte, gleichgültig, welche. Die erste Frau, die uns zulächelt, ist diejenige, die wir besitzen wollen; blindlings stürzen wir uns auf ihre Verfolgung; widersetzt sie sich uns, sind wir nur umso hartnäckiger, wir erklären, dass wir für sie sterben wollen; wenn sie sich uns ergibt, ach, da verlieren wir gar schnell unsere schönen Illusionen. Oh, meine Freunde, hört mir aufmerksam zu, ich habe für alle ein Heilmittel gefunden: für euch, die ihr verzweifelt, weil ihr nichts besitzt, und für euch, die ihr verzweifelt, weil ihr besessen habt. – Ich ging im Jardin des Plantes spazieren und träumte von der Aérienne. Ich prüfte mein einstiges Benehmen und fand es auf seine Art so dumm, dass ich darüber nachdachte, wie es hätte sein sollen. Dieses Nachdenken führte zu dem oben angeführten praktischen Mittel. Ich sagte mir, ich hätte um jeden Preis versuchen müssen, sie allein zu sehen, oder, wenn es unmöglich gewesen wäre, hätte ich ihr einen Brief schreiben sollen, der in Kürze all das enthalten hätte, was ich ihr persönlich sagen wollte. Hier in kurzen Worten die Gedanken, die der Brief hätte enthalten sollen: ›Mademoiselle, es ist kein Liebhaber, der Ihnen schreibt, sondern ein Bruder. Ich fühle mich in dieser Welt so vereinsamt, dass ich das Bedürfnis habe, ein junges Herz zu kennen, das für mich schlägt, das mich bemitleidet, mich tröstet, mich beurteilt und mich ermutigt. Weder will ich Sie um Ihre Liebe bitten, noch wage ich dies – es hieße ein derartiges Gefühl herabzuwürdigen, wollte man glauben, dass es in zwei Herzen entstehen kann, die sich noch nicht kennen. Das Einzige, was ich wünsche, ist Ihre Freundschaft, eine Freundschaft, die durch die gegenseitige Kenntnis unser beider Charaktere bereichert würde. Wenn Sie mich eines Tages eines zärtlicheren Gefühls für würdig erachten, wollen wir an diesem Tag unsere Herzen befragen, und wenn sie beide gleich schlagen, könnten wir eine neue Art von Leben beginnen. Aber bis dahin wird meine Hand die Ihrige wie die einer Schwester drücken, meine Lippen werden den Ihren nur dann einen Kuss aufdrücken, wenn ich sicher wäre, dass die Ihren ihn erwiderten etc. etc. Ihr Bruder.‹ – Ein solcher Brief würde, gut durchgeführt, seinen Eindruck gewiss nicht verfehlen, besonders, wenn das junge Mädchen ein edles, poetisches und von allen Vorurteilen freies Herz hätte. Angenommen, sie akzeptierte diese Freundschaft, sei es in Form von weiteren Briefen, sei es durch andere Mittel, dann übersiehst du wohl die Tausenden von Folgen, die daraus erwachsen. Erstens, du liebst nicht aufs Geratewohl; wenn das junge Mädchen deiner wirklich würdig ist, wenn eure Charaktere harmonieren, so werden sich die Bezeichnungen Schwester und Bruder bald in Geliebter und Geliebte verwandeln. Vor allem aber, und darin liegt ja das Besondere, das Erhabene, werdet ihr euch kennenlernen, *so wie ihr wirklich seid*, und euch infolgedessen ewig mit der Seele lieben! Wenn die Liebe nicht kommt, wenn selbst die Freundschaft schwächer wird, so ist das ein sicheres Zeichen, dass ihr absolut nicht zueinander passt. Ihr hättet sehr gelitten, wenn ihr angenommen hättet, euch zu lieben, und doch nur die Liebe geliebt hättet; ihr hättet euch bald getrennt und die Liebe negiert, was ja eine Abscheulichkeit ist. Es ist also sehr gut getan, zunächst die Freundschaft versucht zu haben und euch dann zu trennen, wenn ihr schlicht einseht, dass ihr desselben Geistes Kind seid. Wenn hingegen – und das ist die letzte in Betracht zu ziehende Möglichkeit – die Freundschaft bleibt und die Liebe nicht kommt, ist es da nicht schon reizvoll, der Freund einer hübschen Frau zu sein, immer in der Hoffnung, die süße Möglichkeit zu haben, eines Tages ihr Liebhaber zu werden? Egal, welchen Verlauf die Liebe nimmt, sie ist nicht wie jene romantischen Amouren, die wie Milch überkochen und dann kraftlos und trübselig in sich zusammensinken. Sie ist ein Gegenmittel gegen die Enttäuschung, diesen Abgrund, in dem alle zwanzigjährigen Herzen untergehen. Das ist nachgerade eine Linderung jener Qual, die verschmähte Liebhaber empfinden. Teufel auch, man schlägt nicht immer gleich drei Fliegen mit einer Klappe.«

Das habe ich Cézanne geschrieben. Nun, lieber Baille, bin ich nicht vernünftig? Meinst du nicht, eine Abhandlung über eine

Algebraformel zu lesen? Denn das ist nicht mehr bloß ein Traum, es ist Praxis; ich gebe zu, ich sehe meine Ausführungen nicht als unfehlbar an, solange sie nicht durch Erfahrung bewiesen sind. [...]

Ich füge nur noch eines hinzu: Ich habe zwanzig Briefe von Cézanne, zehn von Marguery und fünf von dir. Es fehlt dir nicht die Zeit, das ist unmöglich. Du bist mithin ein Faulpelz, und ich schwöre es vor Gott: Es ist das letzte Mal, dass ich mich beklage – aber, wie man so sagt, ich denke deshalb nicht weniger daran.

Ich will mein Gedicht[97] – siebenhundert Verse – Cézanne schicken. Ich sage ihm, dass er es dir übergeben soll; versuche deinerseits, es dir zu verschaffen. Auf bald.

Meine Empfehlungen an deine Eltern.

Ich drücke dir die Hand. Dein Freund

Emile Zola

25. Emile Zola an Paul Cézanne

Paris, 25. Juni 1860

Mein lieber Alter,

du kommst mir in deinem letzten Brief etwas mutlos vor; du sprichst von nichts Geringerem als davon, deinen Pinsel wegwerfen zu wollen. Du stöhnst unter der Einsamkeit, die dich umgibt, du langweilst dich. Ist dieser schreckliche Weltschmerz nicht unser aller Krankheit, ist sie nicht die Plage unseres Jahrhunderts? Und ist die Mutlosigkeit nicht eine Folge dieser Schwermut, die uns die Kehle zuschnürt? – Wenn ich bei dir wäre, würde ich, wie du ganz richtig sagst, versuchen, dich zu trösten, dich zu ermutigen. Ich würde dir sagen, dass wir keine Kinder mehr sind, dass die Zukunft uns für sich fordert, und dass es feige wäre, vor der Aufgabe, die man sich gestellt hat, zurückzuweichen, dass die große Weisheit darin besteht, das Leben so zu akzeptieren, wie es ist, es durch Träume zu verschönern, aber sich dessen wohl bewusst zu sein, dass es Träume sind, die man spinnt. Gott behüte mich davor, dein böser Geist zu sein, dein Unglück zu wollen, weil ich dir von Kunst und Träumen vorschwärme. Ich kann das jedoch nicht glauben; der Dämon kann sich nicht unter unserer Freundschaft verbergen und uns alle beide ins Unheil stürzen. Fasse wieder Mut, ergreife wieder deinen Pinsel und lass deiner Fantasie freien Lauf! Ich glaube an dich. Übrigens, wenn ich dich ins Verderben stoße, so soll dieses Verderben auf mich zurückfallen. Vor allem: Mut! Und denke, bevor du diesen Weg betrittst, an die Dornen, die vielleicht auf dich lauern. Sei ein Mann, lass das Träumen einen Augenblick sein und handle! Wenn ich dich schlecht berate, ich wiederhole es, so möge Gott mir beistehen! Ich glaube dir gut zu raten, dessen bin ich mir bewusst; und sollte man mich doch beschuldigen, so wäre es nicht das erste Mal, dass man mir Beleidigungen ins Gesicht schleudert, die ich nicht verdiene. Mein Herz würde bluten, aber ich würde wie Christus sagen: »Herr, vergib ihnen, denn sie wissen nicht, was sie tun.«

Lass mich dir ein wenig über mich selbst sprechen. Was ich dir eben gesagt habe, hat blutende Wunden in mir aufgerissen. – Ich trat mit einem Lächeln auf den Lippen, mit Liebe im Herzen in die Welt. Ich reichte der Menge die Hand, ohne das Böse zu kennen, ich fühlte mich würdig, zu lieben und geliebt zu werden; ich war überall auf der Suche nach Freunden. Ohne Stolz sowie ohne Bescheidenheit wandte ich mich an alle und achtete keinen zu hoch oder zu niedrig. Oh Hohn! Man schleuderte mir Sarkasmus und Verachtung ins Gesicht; ich hörte in meiner Nähe verächtliche Beinamen murmeln, ich sah die Menge sich abwenden und mit Fingern auf mich zeigen.[98] Eine Zeit lang ließ ich den Kopf hängen, ich fragte mich, welches Unrecht ich begangen haben könnte, ich, der ich so jung und dessen Gemüt so liebevoll war.

Aber als ich die Welt besser kannte, als ich einen klaren Blick auf meine Verleumder geworfen hatte, als ich sah, mit welchem Abschaum ich es zu tun hatte – gelobt sei Gott, da hob ich den Kopf und ein ungeheurer Stolz erfüllte mein Herz. Ich kam mir groß neben den Zwergen vor, die um mich herumwimmelten; ich sah, wie kleinlich ihre Ideen, wie einfältig ihre Persönlichkeit war, und ich, vor Wohlbehagen erschaudernd, erkor mir Stolz und Verachtung zu meiner Gottheit. Ich, der ich mich hätte reinwaschen können, wollte mich soweit nicht erniedrigen; ich fasste einen anderen Plan: Meine Überlegenheit sollte sie zermalmen, die Schlange, die man Neid nennt, sollte an ihnen nagen. Ich wandte mich an die Poesie, diese göttliche Trösterin; und wenn mir Gott einen Namen vorbehält, will ich ihnen diesen Namen mit Wonne ins Gesicht schleudern als erhabene Rechtfertigung ihrer dummen Verachtung. – Aber wenn ich diesen Grobianen gegenüber hochmütig bin, euch gegenüber, meine Freunde, bin ich es nicht; ich erkenne meine Schwäche, und statt aller anderen Eigenschaften besitze ich euch gegenüber nur die, euch zu lieben. Wie der Schiffbrüchige sich an die letzte oben schwimmende Planke hält, so habe ich mich an dich, mein alter Paul, geklammert. Du hast mich verstanden, dein Charakter war mir sympathisch; ich hatte einen Freund gefunden und danke dem Himmel dafür. Wiederholt fürchtete ich, dich zu verlieren; jetzt scheint mir das unmöglich. Wir kennen uns zu genau, um uns jemals voneinander zu lösen. Verzeih, dass ich dir über diese brennenden Fragen gesprochen habe; ich glaubte, es tun zu müssen, um unsere Freundschaft womöglich noch mehr zu festigen.

Den gestrigen Tag habe ich mit Chaillan zugebracht. Wie du schon bemerkt hast, hat dieser Bursche einen gewissen Grund an Poesie; nur hat ihm die richtige Leitung gefehlt. Morgen soll ich ihn in seiner Wohnung arbeiten sehen; er arbeitet eben an einem kleinen Bild, einer Barke im Sturm mit einem verängstigten Schiffer; auf sein Gebet hin erscheint im Hintergrund die Heilige Jungfrau, die mit einer Handbewegung den Sturm besänftigt. Das Sujet ist einer Radierung entlehnt, die man auf die erste Seite einer Liebesromanze setzt. Soweit die Vorstellung; was die Ausführung angeht, so ist sie armselig genug, besonders in den Farben und in der Harmonie der Tönungen. Der Gegenstand ist sehr schwer zu behandeln; dieser Nebel, das Meer, die Blitze, diese Erscheinung, dieses Chaos von Himmel und Wogen, all das stellt eine große Schwierigkeit dar, richtig wiedergegeben zu werden. Und da andererseits der Maler nicht das nötige Talent besitzt, dürfte, so fürchte ich, das Werk sehr mittelmäßig werden. Nach dem, was schon fertig ist, glaube ich, dass das Ganze den elenden Exvotos recht ähnlich sein wird, die an der Madeleine zu Aix hängen.[99] Donnerstag soll ich mit Chaillan bei einer provenzalischen Familie, die in Paris wohnt, anlässlich der Erstkommunion des Sohns des Hauses zu Abend essen. Was den gestrigen Tag angeht, glaube ich – verzeih's mir Gott –, dass wir uns ein wenig betrunken haben. Torkelnd begleitete ich ihn unter den zärtlichsten Kosenamen nach Hause, wo ich ihn mit Tausenden von Freundschaftsschwüren verließ. Er arbeitet unguibus et rostro und wünscht von ganzem Herzen, er könnte dich zur Gesellschaft haben.
Ich rechne immer darauf, dich bald zu sehen. Ich muss mit dir reden; Briefe sind ganz gut, aber man sagt darin nicht alles, was man sagen möchte. Ich habe Paris satt; ich gehe wenig aus, und wenn es möglich wäre, würde ich mich bei dir niederlassen. Meine Zukunft ist immer dieselbe: finster und so wolkenbedeckt, dass mein Auge sie vergeblich fragend betrachtet. Ich

weiß wirklich nicht, wohin ich gehe: Möge mich Gott geleiten! – Schreibe mir oft; das tröstet mich. Ich weiß, wie sehr du die Menge hasst, daher sprich mir nur von dir; und vor allem fürchte nie, mich zu langweilen. Nur Mut! Auf bald.
Meine Empfehlungen an deine Eltern.
Ich drücke dir die Hand. Dein Freund

Emile Zola

Marguery schreibt mir; ich habe keine Zeit, ihm zu antworten. Sage ihm nur, er soll alle Romanzentexte, die ich ihm geschickt habe, mit meinem Namen, Emile Zola, unterschreiben. Da diese Sachen einmal erscheinen sollen, wäre es lächerlich, ein Pseudonym zu gebrauchen. Vergiss es nicht, es scheint offenbar eilig zu sein.

26.
Emile Zola an Paul Cézanne

Paris, 25. Juni 1860[100]

Man hat schon so oft wiederholt, dass Vorworte nicht mehr gelesen würden, dass ein Schriftsteller es sich zweimal überlegt, bevor er unnütze Zeilen verfasst. Da es nun allerdings mein erstes Verbrechen dieser Art ist, und da ich sicher bin, dass du mich lesen wirst, lasse ich dem Gedicht, das ich dir schicke, einige Worte vorangehen.
Im Grunde genommen ist ein Vorwort etwas absolut Lächerliches. Der Schriftsteller scheint einem sagen zu wollen: »Gestatten Sie, Herr Leser, ich bin in meinem Werk derart unklar, derart unergründlich, dass sie blöd genug sein könnten, nicht zu verstehen, wenn ich hier keine einfache Erklärung lieferte.«

Also hat man völlig recht, Vorworte nicht zu lesen; das Werk muss genügen, um den Autor zu beurteilen. Jetzt lies bitte weiter.
Mit *Paolo* hatte ich mir ein doppeltes Ziel gesetzt: Ich wollte die platonische Liebe verherrlichen, sie anziehender als die sinnliche Liebe machen; dann wollte ich zeigen, dass in diesem Jahrhundert des Zweifels die reine Liebe als Glaube dienen kann, dass sie dem Liebenden den Glauben an einen Gott, an eine unsterbliche Seele geben kann. Was den Inhalt des Gedichts angeht, der ist historisch; du wirst diesen Paolo wiedererkennen, der seine Geliebte wie eine heilige Madonna verehrt. Einige Einzelheiten habe ich erfunden, andere sind wahr; selbstverständlich wird das Ganze in einer poetischen Gestalt dargeboten, die es in Wirklichkeit vielleicht nie gab.
Der erste Gesang, der vollkommendste von den dreien, ist kein in sich gesonderter Teil. Was die beiden anderen, viel weniger geglätteten Teile angeht, so empfehle ich dir einzig die Tirade an Don Juan, die den zweiten Teil abschließt, sowie das Gebet, mit dem der dritte Teil schließt.
Es wird mir vielleicht vorgeworfen werden, ich ahmte Musset nach. Darauf werde ich antworten, dass dieser Dichter mein Lieblingsdichter ist, dass ich jeden Tag einige Seiten seiner Werke lese und dass es daher nicht verwunderlich ist, wenn ich mir, ohne es zu wollen, seine Form und einige seiner Ideen angeeignet habe. Doch ich schwöre bei Gott, es war kein vorsätzliches Verbrechen, ich verabscheue das Plagiat und, wenn es mir auffällt, streiche im Gegenteil alles, was den Anschein einer Entlehnung haben könnte.
Im Übrigen schicke ich dir mein Werk so, wie es ist. Gewiss, man könnte es verbessern, doch lies es langsam, richte deine Aufmerksamkeit auf den Gedankengang, ohne dich an den Wiederholungen, den falschen Redewendungen, den Ohs, den Achs etc. etc. allzu sehr zu stoßen; dann wirst du vielleicht denken, dass meine Träume schöne Träume sind. Dieses Gedicht ist nicht

mein letztes Wort; wenn ich besser gestellt sein werde, wenn ich, was meine materielle Lage angeht, beruhigter bin, kann ich und muss ich etwas Besseres schaffen. Das sage ich ohne Eitelkeit, weil ich fühle, dass es so ist. Lass dieses Heft bitte Baille zukommen; die einfachste Weise wäre wohl, denke ich, es seinem Vater in einem verschlossenen Briefumschlag zu übergeben, der es ihm selbst bringen würde, wenn er nach Marseille fährt. Sagt mir beide ehrlich, was ihr von diesem neuen Werk denkt.

Emile Zola an Jean-Baptistin Baille [Auszüge]

[Paris,] 4. Juli 1860

Mein lieber Baille,

[...] Ich habe Cézanne mein Gedicht geschickt, wie ich es dir angekündigt habe. Dieses letzte Werk sündigt arg in den Einzelheiten; selbst ein Fehler im Versmaß ist mir in der Abschrift, die ich euch geschickt habe, unterlaufen. Ich erwarte dennoch dein Urteil, um die Fehler, auf die du mich aufmerksam machst, mit denen zu vergleichen, die ich schon kenne. [...] – Was das Stillschweigen Cézannes angeht, so müsste man sich da etwas einfallen lassen. Ich habe ihm aufgetragen, dir mein Gedicht zu schicken; du könntest ihm deinerseits schreiben, dass ich dir die Sendung angekündigt habe, und ihm einen Weg angeben, wie sie dir zukommen kann. Dieser Brief sollte ganz unverfänglich sein; du bleibst distanziert, sprichst nur von mir und anderem, und ohne Zweifel wäre ein Anknüpfungspunkt gefunden. Auf bald.
Meine Empfehlungen an deine Eltern.
Ich drücke dir die Hand. Dein Freund

E. Zola

Emile Zola an Jean-Baptistin Baille [Auszug]

Paris, 25. Juli 1860

Mein lieber Baille,

[...] Mein Beobachtungstalent ist vielleicht schwach, wirf indes einen Blick auf die, die ich liebe, und du wirst sehen, dass ich mir aus der Menge die Großherzigsten, die Intelligentesten herausgesucht habe. Paul, dessen Charakter so gut, so offenherzig ist, dessen Seele derart liebevoll, so sanft poetisch ist; dich, den Energischen, den Hartnäckigen, der ebenso liebt wie er arbeitet, du, mit deiner prachtvollen Intelligenz, die nicht so kleinlich ist, das Studium zu verachten, weil das Studium ihr leicht fällt! [...]

27.
Emile Zola an Paul Cézanne

[Paris, Juli 1860][101]

Mein lieber Paul,

gestatte mir, dass ich mich ein letztes Mal offen und klar ausspreche; mit unseren Angelegenheiten scheint alles so schlecht zu gehen, dass ich mich unglaublich darüber ärgere. – Ist die Malerei vielleicht nur eine Laune von dir, die dich eines schönen Tages, als du gerade dem Weltschmerz verfielst, bei den Haaren gekriegt hat? Ist sie nur ein Zeitvertreib, ein Gesprächsthema, ein Vorwand, um nicht Jura studieren zu müssen? Also, wenn es sich so verhält, verstehe ich dein Vorgehen: Dann tust du gut, die Dinge nicht bis zum Äußersten zu treiben und dir nicht neue Familienzwistigkeiten zu schaffen. Wenn aber die Malerei deine Berufung ist – und so habe ich sie immer aufgefasst –, wenn du dich für fähig hältst, etwas Gutes nach harter Arbeit zu schaffen, dann wirst du für mich zu einem Rätsel, einer Sphinx, ich weiß selbst nicht, was. Etwas Unmögliches und Undurchschaubares! Hier gibt es nur zwei Möglichkeiten: Entweder du willst nicht und erreichst dieses Ziel bewundernswürdig, oder du willst, und von dann an verstehe ich nichts mehr. Bald geben mir deine Briefe viel Hoffnung, bald nehmen sie mir jedwede; so in deinem letzten, in dem du, wie es mir scheint, beinahe deinen Träumen, die du doch so leicht Wirklichkeit werden lassen könntest, Adieu sagen willst. In diesem Brief kommt folgender Satz vor, den ich vergebens zu begreifen versucht habe: »Ich will sprechen, um nichts zu sagen, denn mein Vorgehen widerspricht meinen Worten.« Über den Sinn dieser Worte habe ich viele Hypothesen aufgestellt, aber keine hat mich befriedigt. Was ist also dein Vorgehen? Zweifellos das eines Faulpelzes, aber was ist daran erstaunlich? Man zwingt dich zu einer Arbeit, die du verabscheust. Du willst deinen Vater bitten, dich nach Paris fahren zu lassen, damit du Künstler werden kannst; ich sehe keinerlei Widerspruch zwischen dieser Bitte und deinen Handlungen. Du vernachlässigst das Recht, du gehst ins Museum, die Malerei ist die einzige Arbeit, die du gelten lässt; darin kann ich nur eine bewunderungswürdige Übereinstimmung zwischen deinen Wünschen und deinen Handlungen sehen. Soll ich es dir sagen? Aber werde bloß nicht böse – dir mangelt es an Charakter! Du hast Angst vor der Anstrengung, wie groß sie auch sei, sowohl in Gedanken wie auch in Taten; dein großer Grundsatz ist, alles ruhig gehen zu lassen, dich der Zeit und dem Zufall auszuliefern. Ich sage nicht, dass du unrecht hast; jeder sieht in seiner Weise und jeder glaubt es zumindest. Nur, diese Vorgehensweise hast du schon bei der Liebe befolgt; du wolltest, wie du sagtest, Zeit und eine passende Gelegenheit abwarten; du weißt besser als ich, dass weder das eine noch das andere eingetroffen ist. Das Wasser fließt immer weiter, und der Schwimmer ist eines Tages ganz erstaunt, nichts als glühenden Sand zu finden. Ich glaubte, dir hiernach ein letztes Mal wiederholen zu müssen, was ich dir schon oft gesagt habe: meine Benennung als Freund entschuldigt meine Offenheit. In vieler Hinsicht ähneln sich unsere Charaktere; aber, bei Gott, wäre ich an deiner Stelle, wäre ich nicht auf den Mund gefallen, würde alles für alles riskieren und nicht unklar zwischen zwei so verschiedenen Möglichkeiten wie Atelier und Anwaltskammer hin- und herschwanken. Ich beklage dich, denn du musst unter dieser Ungewissheit furchtbar leiden, und das wäre für mich ein neuer Grund, den Schleier zu lüften; eins oder das andere, sei entweder richtig Anwalt oder aber sei richtig Künstler; aber bleibe nicht ein namenloses Etwas, das einen mit Farben bekleckerten Talar trägt. Du bist – sei mir nicht böse – ein wenig nachlässig, und sicherlich liegen meine Briefe herum und deine Eltern lesen sie. Ich glaube nicht, dir schlechte Ratschläge zu erteilen; ich glaube als Freund und vernunftgemäß zu sprechen. Aber vielleicht sieht nicht jeder das so wie ich, und wenn sich das, was ich oben bemerkt habe, tatsächlich so verhält, muss ich mit deiner Familie nicht zum Besten stehen. Für sie bin ich zweifellos die gefährliche Liebschaft, der dir auf den Weg geworfene Pflasterstein, der dich zum Stolpern bringt. All das betrübt mich unsagbar; aber, wie ich dir bereits sagte, ich habe mich schon so oft falsch beurteilt gesehen, dass ein falsches Urteil mehr mich nicht in Erstaunen setzen kann. Bleibe mein Freund, das ist alles, was ich wünsche.

Ein anderer Absatz in deinem Brief hat mich betrübt. Du wirfst, sagst du, bisweilen deine Pinsel fort, wenn die Form deiner Vorstellung nicht entspricht. Weshalb diese Mutlosigkeit, diese Ungeduld? Nach jahrelangem Studium, nach tausendfachen

unnützen Anstrengungen könnte ich das begreifen. Wenn du dein Nichtskönnen, deine Unfähigkeit, es richtig hinzubekommen, erkennen würdest, dann tätest du klug daran, Farben, Palette und Pinsel mit Füßen zu treten. Aber du, der bislang nur Lust an der Arbeit empfunden hat, der du bisher deine Aufgabe noch nicht ernst und regelmäßig durchzuführen versucht hast, du hast kein Recht, dich für unfähig zu halten. Also nur Mut; alles, was du bis jetzt gemacht hast, ist nichts. Nur Mut, und bedenke, dass es, um ans Ziel zu gelangen, Jahre des Studiums und der Ausdauer bedarf. – Bin ich nicht in der gleichen Lage wie du? Begehrt nicht auch bei mir die Form unter meinen Fingern auf? Wir haben die Vorstellung; schreiten wir nur rüstig und mutig unsern Weg voran, und möge Gott uns geleiten! Übrigens liebe ich dieses geringe Zutrauen zu sich selbst. Sieh Chaillan an, er findet alles, was er macht, ausgezeichnet; das liegt daran, weil er nichts Besseres im Kopf hat, kein Ideal, das er zu erreichen bemüht ist. So wird er sich nie erheben, weil er sich bereits erhoben glaubt, weil er mit sich selbst zufrieden ist.
Du fragst mich nach Einzelheiten meines materiellen Lebens. Ich habe die Docks verlassen. Habe ich gut, habe ich schlecht daran getan? Das ist eine Frage, die sich nur relativ, je nach Temperament beantworten lässt. Ich kann nur eines antworten: Ich konnte dort nicht länger bleiben und daher bin ich gegangen. Was ich nun zu tun gedenke, werde ich dir später sagen, wenn es getan sein wird. Für den Augenblick gestaltet sich mein Leben folgendermaßen: Wir haben das Bild von Amphion[102] begonnen, in meinem kleinen Zimmer im siebten Stockwerk, ein mit einer Terrasse ausgeschmücktes Paradies, von wo wir ganz Paris auskundschaften, eine stille Zufluchtsstätte und voller Sonnenschein. Chaillan kommt gegen 1 Uhr. Pajot[103], ein junger Mann, von dem ich dir schon erzählt habe, folgt ihm auf dem Fuße; wir zünden unsere Pfeifen an und rauchen derart, dass wir uns nach einiger Zeit auf vier Schritt Entfernung nicht

mehr sehen können. Ich sage dir nichts von dem Lärm; diese Herren tanzen und singen und, meiner Treu, ich tu's ihnen nach! Ich wette, du suchst schon nach den Gläsern und Flaschen; du hast verdammt noch mal recht. Da stehen sie in der Ecke meines Schreibtischs, angefüllt mit einem Weißwein namens Saint-Georges, der nur zu sehr dem Südwein gleicht, sowohl durch den herrlichen Geschmack als auch durch seine Tücke. Vorgestern hat dieser Spitzbube Chaillan plötzlich überrascht und ihn hinterrücks mit einem Stoß derart betäubt, dass der brave Bursche jede Fliege, die vorbeikam, malte, seinen Zunderschwamm bis zum Verlöschen rauchte und schwor, er rauche einen vorzüglichen Tabak. Ich sitze zu meinem Bild halb nackt; die Sache hat ihre Unannehmlichkeiten, aber im Grunde ist es das erhabendste Schauspiel. Pajot schreibt nach meinem Diktat Verse, die mir gerade durch den Kopf gehen, bald komisch, bald ernst, aus dem Weihrauch unserer Pfeifen erblüht, inmitten des Gläserklangs. Es ist eine wahre Räucherbude, ein Bild, das keinen Namen hat; ich bedauere nur eins, nämlich, dass du nicht hier bist, um mit uns zu lachen. – Morgens schreibe ich immer ein wenig; abends, nach der Sitzung, lese ich einige Verse von Lamartine, Musset oder Victor Hugo. So verstreichen die Tage; diesen Winter langweile ich mich weit weniger, und dennoch ist es noch nicht die Daseinsweise, von der ich träume. Der Tumult ist nur zu gewissen Stunden gut; immer singen, immer lachen, das ermüdet. Ich arbeite nicht genug und mache mir deswegen Vorwürfe. Wenn du nach Paris kommst, wollen wir versuchen, unseren Tag einzuteilen, um so viel als möglich zu schuften, ohne darüber Pfeife, Wein und Lied zu vergessen.

Amphion nimmt unter dem Pinsel Chaillans ganz das Aussehen eines schlecht gelaunten Affen an. Alles in allem verliere ich immer mehr die Hoffnung, was die Kunst dieses Jungens angeht. Er ist ein sehr mittelmäßiger Kopist, wenn er aber erfinden soll, ist er vollständig untauglich. Er ist ein braves Kind und wird niemals mehr sein. Er arbeitet viel, bemüht sich und bereitet etwas vor, glaube ich: Ich habe, während ich dir schreibe, eine traurige Probe seiner Fortschritte vor Augen. – Auf der nächsten Seite schicke ich dir eine der Dichtungen,[104] von denen ich dir vorhin sprach, die inmitten unseres Lärms entstand und aus Mangel an Papier auf die Wand meines Zimmers geschrieben wurde.

Ich bekomme eben einen Brief von Baille. Ich verstehe da nichts mehr. Hier ist ein Satz daraus: »Es ist fast gewiss, dass Cézanne nach Paris kommt: Welche Freude!« Hat er das von dir? Hast du ihm letzthin, als er nach Aix kam, diese Hoffnung gemacht? Oder hat er geträumt, hat deine Wünsche allein schon für Tatsachen genommen? Ich wiederhole es, ich verstehe da nichts mehr. Ich fordere dich auf, mir in deinem nächsten Brief alles klipp und klar mitzuteilen; seit drei Monaten sage ich mir immerfort und je nach den Briefen, die ich von dir erhalte: Er wird kommen, er wird nicht kommen. Versuchen wir, um des Himmels willen, nicht die Wetterfahnen nachzuahmen! Die Frage ist viel zu wichtig, um von Weiß auf Schwarz zu wechseln. Also offen heraus: Wie stehen deine Sachen?

Ich schicke dir die folgenden Verse nicht etwa als etwas Besonderes; sie füllen meinen Brief aus und weiter nichts.

Meine Reise ist immer noch für den 15. September festgesetzt. Wir werden zusammen nach Trets[105] gehen, zu Fuß selbstverständlich. Chaillan verlangt das mit großem Geschrei.

Ich erwarte Houchard. Auf bald.

Meine Empfehlungen an deine Eltern. Ich drücke dir die Hand.

Dein Freund

Emile Zola

Wann ist das Examen? Hast du es bestanden? Wirst du es bestehen? Sage Marguery, dass ich ihn nicht vergesse, dass mein

Schweigen bloß am Mangel an Stoff liegt. Ich schreibe ihm aber bald.

28.
Emile Zola an Paul Cézanne

Paris, 1. August 1860

Mein lieber Paul,

als ich deine Briefe vom letzten Jahr wieder las, geriet ich an das kleine, zwischen Laster und Tugend schwankende Herkules-Gedicht;[106] das arme, verirrte Kind, das du zweifellos schon völlig vergessen hast, und das gleichfalls auch meinem Gedächtnis entschwunden war. Ich weiß nicht, aber ich habe großes Vergnügen bei dieser Lektüre empfunden; verschiedene Stellen, einzelne Verse haben mir ausnehmend gefallen. Ich bin überzeugt, dass du, wenn du es durchliest, ganz erstaunt sein und dich fragen wirst, ob du das selber geschrieben hast. Übrigens machen mir solche verlorenen Verse, wenn ich sie bisweilen in meinem alten Papierkram finde, den gleichen Eindruck. – Wie gesagt, diese vergessenen Verse kamen mir besser vor als früher, und ich begann, die Stirn in der Hand, nachzudenken. Was fehlt diesem guten Cézanne, fragte ich mich, zu einem großen Dichter? Die Reinheit. Er hat den Einfall, die Form ist lebendig, originell, aber was ihr schadet, was dem Ganzen schadet, das sind die Provinzialismen, die Sprachwidrigkeiten etc. Ja, mein Alter, du bist mehr Dichter als ich. Mein Vers ist vielleicht reiner als der deine, doch ist der deine sicherlich viel poetischer, viel wahrer; du schreibst mit dem Herzen, ich mit dem Verstand; du glaubst felsenfest an das, was du vorbringst; bei mir dagegen ist es oft nur ein Spiel, eine glänzende Lüge. Und glaube ja nicht, dass ich hier scherze; glaube vor allem nicht, dass ich dich lobe, oder dass ich mich selbst lobe; ich habe beobachtet und teile dir das Ergebnis mit, weiter nichts. – Der Künstler hat recht viele Ausdrucksmöglichkeiten: die Feder, den Pinsel, den Meißel, das Instrument. Du hast den Pinsel gewählt und du hast gut daran getan: Man muss seinem Weg folgen. Ich will dir also nicht raten, jetzt zur Feder zu greifen, die Farbe im Stich zu lassen und dich der Sprache zuzuwenden; man darf nur eine einzige Sache machen, will man sie gut machen. Nur musst du mir gestatten, den Schriftsteller, der in dir stirbt, zu beweinen. Ich wiederhole es, die Erde ist gut und fruchtbar; ein wenig Pflege, und die Ausbeute könnte herrlich werden. Die Reinheit, von der ich gesprochen habe, ist dir durchaus nicht fremd, und du weißt vielleicht mehr davon als ich. Aber weil du dich von deinem Temperament mitreißen lässt, weil du singst, um zu singen, unbekümmert, gebrauchst du die sonderbarsten Ausdrücke, die komischsten provenzalischen Wendungen. Es liegt mir fern, dir daraus einen Vorwurf zu machen, besonders nicht in Bezug auf unsere Briefe, im Gegenteil, das gefällt mir sogar. Du schreibst für mich, und ich danke dir dafür. Aber die Menge, mein guter Alter, ist viel anspruchsvoller; es genügt nicht, etwas zu sagen, man muss es gut sagen. Handelte es sich um einen Schwachkopf, um einen Einfaltspinsel, der mir schreibt, was würde mir daran liegen, ob seine Form ebenso schäbig wie sein Einfall ist. Aber bei dir, mein Träumer, mein Poet, stöhne ich, wenn ich deine Gedanken, diese schönen Prinzessinnen, so armselig gekleidet sehe. Diese schönen Damen sind seltsam, seltsam wie junge Landstreicherinnen mit irrem Blick, schmutzigen Füßen und blumengeschmücktem Kopf. Oh, gib mir doch für diesen großen Dichter, der in dir verloren geht, einen großen Maler, oder ich werde böse. Du, der du meine taumelnden Schritte auf den Parnass geleitet hast, du, der du mich bald verlassen hast, lass mich den werdenden Lamartine über dem künftigen Raphael vergessen. – Ich weiß nicht, wohin ich gerate. Ich wollte dir bloß in zwei Zeilen dein ehemaliges Gedicht in Erinnerung bringen und ein neues, reineres, abgerundeteres von dir erbitten. Ich wollte dir sagen, dass ich mich mit den wenigen Versen, die du mir in jedem deiner Briefe schickst, nicht zufrieden gebe; ich wollte dir raten, die Feder nicht ganz abzulegen und mir ab und zu von einer schönen Sylphide zu erzählen. Und sieh, ich weiß nicht, warum ich mich darin verliere, weshalb ich unnütz Papier vergeude! Verzeih mir, mein Alter, und stelle mich zufrieden. Sprich mir von der Aérienne, von irgendjemand, von irgendetwas in Versen und ausführlich. Selbstverständlich nach deinem Examen und ohne im Mindesten deine Studien im Museum zu vernachlässigen.

Das Wetter ist scheußlich: Nässe, Nässe und nochmals Nässe. Jemand hat geistreich bemerkt, dass der Winter nach Paris gekommen sei, um hier den Sommer zu verbringen. Tatsache ist, dass ich, während ich diesen Brief schreibe, von meinem Fenster aus sehe, wie sich die Wagen in den Bächen stauen und jeden bespritzen, wie die Grisetten auf Zehenspitzen von Pflasterstein zu Pflasterstein hüpfen und ganz aufgeregt ihre Röcke lüpfen, sehe die Menge vorbeihasten, die Regenschirme wie riesengroße Nachtfalter sich schwerfällig fortbewegen; und der Regen, spöttisch und frech, peitscht in die Gesichter der Vornehmen wie der Gemeinen, der hübschen Mädchen wie der hässlichen, des Blinden wie seines Hundes. Ein Bild der brüderlichen Gleichheit, das mich zuweilen erheitert. Ich liebe es – ist es der Trieb des Bösen? – ich liebe es, den Dummen, den Krämer im Dreck waten zu sehen. Und dann all die hübschen Dinge, die einen ein Regentag sehen lässt. Das zarte, runde Bein, das die Sonne meidet, zeigt sich keck; je stärker der Regenguss wird, desto höher steigen die Röcke, man zieht es bei Weitem vor – was zumindest sonderbar ist –, einen weißen, sehr reinen, fest anliegenden Strumpf zu beschmutzen als einen alten, bunten

Unterrock. Sicher, das ist eine Manier, die ich nicht tadle. Oh, ihr jungen Mädchen, lüpft, lüpft nur alle diese unbequemen Hüllen; wenn euch dieses Spiel gefällt, mir gefällt es umso mehr! – Aber egal, der graue Himmel stimmt mich traurig, macht mich krank. Ich werde griesgrämig, mürrisch wie er. Ich gehe noch weniger aus; ich langweile mich, ich gähne. Möge mir doch Gott mit einem Sonnenstrahl einen Strahl der Freude und Hoffnung schicken.

Diesen Morgen habe ich deinen Brief bekommen. Erlaube mir, dir meine Ansicht über die Themen mitzuteilen, die ihr, du und Baille, besprochen habt. Ich behaupte wie du, dass der Künstler sein Werk nicht umarbeiten soll. Ich erkläre, dass der Dichter, wenn er sein ganzes Werk wieder durchliest, da und dort einen Vers kürzen, da und dort die Form ändern kann, ohne an den Gedanken zu rühren. Darin sehe ich nichts Schlimmes, ich glaube sogar, dass es eine Notwendigkeit ist. Aber wenn er nach Wochen, nach Monaten, nach Jahren sein Werk umstößt, dort niederreißt, da aufbaut, so ist das meiner Ansicht nach eine Dummheit und vertane Zeit. Außer dass er ein Monument zerstört, das den Stempel seiner Zeit trägt, wird er aus einem mittelmäßigen, aber originellen Stück nichts als ein gekünsteltes, kaltes schaffen. Warum verwendet er nicht lieber die langen Stunden der unfruchtbaren Verbesserungen dazu, ein neues Gedicht zu machen, wo seine Erfahrung Wunder schaffen könnte? Ich für mein Teil habe immer vorgezogen, zwanzig neue Verse zu schreiben, als zwei zu verbessern. Das ist eine der undankbarsten Arbeiten, und ich glaube, dass sie die Entwicklung des Verstandes sehr behindert. Übrigens, wo würden wir hingeraten, wenn wir immer nur die Fehler, die uns mit der Zeit klar werden, verbessern wollten? Jede Ausgabe würde von der vohergehenden abweichen; es wäre ein unentwirrbares Babel, und die Gedanken müssten so viele Formen durchlaufen, das aus Weiß Schwarz würde. Also bin ich ganz deiner Ansicht: gewissenhaft arbeiten, das Beste leisten, das man leisten kann, ein wenig feilen, um die einzelnen Teile gut aneinander zu fügen und ein ansprechendes Ganzes zu schaffen, dann das Werk seinem Schicksal überlassen und am Schluss Sorge tragen, unten an der Schöpfung das Datum anzubringen. Es wird immer vernünftiger sein, das, was schlecht ist, schlecht zu lassen und es bei einem anderen Versuch besser zu machen. Wie du spreche ich hier vom Künstler im Allgemeinen: dem Dichter, Maler, Bildhauer und Musiker.

Was das Erstlingswerk eines Dichters angeht, gefällt mir die Ansicht Bailles. Es wäre einfältig zu behaupten, dass es besser ist, zuallererst ein Kunstwerk statt eines mittelmäßigen Buches zu veröffentlichen. Das versteht sich von selbst. Übrigens, wenn Baille in dieser Hinsicht dachte wie ich, soll er sich beruhigen. Ich weiß wohl, dass ich noch unklar und unreif bin, das ich meinen Weg suche. Andererseits fehlt mir alles Wissen, die Grammatik sowohl wie die Geschichte. Das, was ich bisher gemacht habe, ist sozusagen nur ein Versuch, ein Vorspiel. Ich rechne damit, es noch lange dabei zu belassen, nichts zu veröffentlichen, mich durch umfassende Studien vorzubereiten, um dann den Flügeln, die ich schon hinter mir schlagen spüre, freien Flug zu gewähren. Gewiss, das sind schöne Träume, und ich teile sie nur euch mit, damit, wenn ich falle, mein Fall weniger lächerlich und weniger geräuschvoll ist. Egal, träumen wir weiter, das schadet niemand und ist ein Trost. – Ich liebe die Dichtung der Dichtung wegen und nicht des Lorbeers. Niemand versteht meine Träume, Feder und Papier sind meine Vertrauten; ich liebe meine Verse wie gleichgesinnte Freunde, ich liebe sie ihretwegen und um dessentwillen, was sie sagen. Nicht dass ich mir aus dem Ruhm nichts machte, die Unsterblichkeit ist ein erhabenes Streben. Aber ich denke wie Baille, dass man die Frucht reifen lassen muss, bevor man sie pflückt, man muss sie von der Sonne vergolden und vom Tau benetzen lassen. Warten wir; wir werden es ja erleben! Und das gilt für dich wie für mich.

Baille, sagst du noch, sieht die Kunst wie ein heiliges Amt an: Das bedeutet, ganz als Dichter denken. Jawohl, die Kunst ist ein Kult, der Kult des Guten, Schönen, Gottes selbst. Unter den Versen verbirgt sich eine Seele wie das Gesicht unter der Maske. Alexandriner, Halbverse, Reime, das ist der Stoff, das Werkzeug, dessen sich jede Hand bedienen kann, aber über diesen derben Mitteln schwebt der durch das Herz befruchtete Einfall: der Einfall, diese Himmelsgabe, dieser Abdruck des Finger Gottes! Auch wird, wie du sagst, nicht jedermann zur Anbetung des Idols zugelassen; ich hätte vielleicht besser gesagt, zur Anbetung Gottes, denn Poesie und Göttlichkeit sind in meinen Augen gleichbedeutend. Nachdem ich den Dichter so hoch gestellt habe, wage ich gar nicht, dir zu sagen, dass ich einer bin; aber in aller Aufrichtigkeit kann ich fortfahren, dass ich mich bemühe, einer zu sein, und dass ich begreife, welche Erhabenheit ich anstrebe, was der Laie, der in dem Dichter nur eine Maschine für Reime und Zäsuren erblickt, nicht tut. – Was den Profit angeht, den man mit einem Werk erzielen kann, so stimme ich mit Baille nicht überein. Ich möchte nicht, dass man ein Werk unter dem Gesichtspunkt der Verkaufsmöglichkeit auffasst, aber wenn man es einmal geschaffen hat, soll man es verkaufen. Da der Dichter nicht, wie beispielsweise der Geistliche, von der Gesellschaft erhalten wird, da Hégésippe Moreau[107] und vor ihm Gilbert[108] im Armenhaus schier verhungert sind, soll er sich durch seine Arbeit sein Brot sichern; das ist nur ehrenhaft. Schließlich verkauft der Verleger das Werk an den Buchhändler, der Buchhändler an das Publikum: Also soll nur der arme Dichter vor Hunger sterben, er, der all diese Leute verdienen lässt? Das wäre weder vernünftig noch logisch. Nur darf sich der Dichter nicht vor seine Feder wie ein Ochse vor den Pflug spannen. Er darf nicht die Zeile für so und so viel schreiben, wie zum Beispiel Ponson du Terrail.[109] So ein Mensch ist ein Händler und kein Literat; er ist ein Winkelschreiner; je mehr er arbeitet, desto mehr verdient er. – Deshalb müsst ihr euer Gedicht, euren Roman als gewissenhafte Künstler schaffen, ja selbst, wenn nötig, zwei Jahre darauf verwenden; denkt nicht ans Geld, und dieser Gedanke darf nicht den Gedanken an die Kunst unterbinden; aber, zum Teufel, wenn ihr gut gearbeitet habt, verkauft euer Werk und begeht keinen tollen Edelmut, für den man euch im Übrigen keinerlei Dank wüsste. – Der Gedanke Bailles war vielleicht folgender: Der Anfänger, der noch keinen Namen hat, soll nicht trachten, Geld mit seinen Werken, die übrigens eine recht magere Ware sind, zu machen; er soll die Kunst nicht auf den Strich schicken, eher soll er seinen Unterhalt durch ein Handwerk verdienen, später kann er versuchen, seine jungen Gedichte würdig anzubringen, und warten, bis er berühmt wird und das Ansehen genießt, das die Leser allen großen Dichtern schaffen. Ich bin also vollständig seiner Ansicht, mehr als er annimmt, die Zukunft wird erweisen, was ich hier sagen will.

Was die dir bekannte große Frage angeht, so kann ich mich nur wiederholen und dir bereits erteilte Ratschläge erteilen.[110] Solange die beiden Anwälte nicht plädiert haben, steht die Sache immer auf demselben Punkt; bei allem dreht es sich um die Verhandlung. Wenn du also still bleibst, wie willst du aufsteigen und zum Schluss kommen? Das ist praktisch unmöglich. Und glaube mir, nicht der behält recht, der am lautesten schreit! Rede ganz ruhig und vernünftig – aber bei den Hörnern, Füßen, dem Schwanz und Nabel des Teufels, rede, rede doch endlich!!!

Da Baille vor dem 25. September nicht frei sein dürfte, werde ich erst um den 15. September nach Aix fahren, das heißt ungefähr in sechs Wochen.[111] So werden wir eine Woche allein verbringen können. Ich möchte so gerne gehen und in den Bergen herumklettern. Dann wollen wir auch plauschen und um die Wette rauchen. – Ich habe an Houchard geschrieben.

Meine Empfehlungen an deine Eltern.

Ich drücke dir die Hand. Dein Freund

Emile Zola

Emile Zola an Jean-Baptistin Baille [Auszüge]

[Paris, Ende August/Anfang September 1860]

Mein guter Alter,

[...] Dieser Tage ist ein bestimmter Plan in mir gereift. Nämlich, wenn du, ebenso wie auch Cézanne, in Paris bist, eine künstlerische Vereinigung, einen Klub zu bilden. Wir werden vier Gründer sein, ihr beide, ich, Pajot, ein junger Mann, für den ich deine Freundschaft erbitte. Wir wollen bei der Aufnahme neuer Mitglieder außerordentlich wählerisch sein; wir wollen sie erst nach gründlicher Kenntnis sowohl ihres Charakters als auch ihrer Anschauungen in unsere Mitte aufnehmen. Unsere zum Beispiel wöchentlichen Versammlungen sollen dazu dienen, uns gegenseitig unsere Gedanken, die Beobachtungen, die wir im Verlauf der Woche gemacht haben, mitzuteilen; die Künste würden selbstredend den Hauptgegenstand unserer Gespräche bilden, aber auch die Wissenschaften wären keineswegs ausgeschlossen. Das große Ziel unserer Vereinigung wäre, einen mächtigen Bund für die Zukunft zu bilden, uns gegenseitig zu unterstützen, welche Stellung auch immer uns erwartet. Wir sind jung, die Welt gehört uns. Wäre es nicht klug, uns, bevor wir uns hineinstürzen, die Hände zu drücken, ein neues Band zwischen uns zu knüpfen, damit wir, bevor wir uns in den Kampf begeben, einen Freund an unserer Seite spüren, diesen

Hoffnungsstrahl in der Nacht der Menschheit? Außer diesem künftigen Vorteil hätten wir den, allwöchentlich einen angenehmen Tag zu verbringen, zu leben und einige gute Pfeifen zu rauchen. Wenn du willst, werden wir persönlich über dieses Projekt weitersprechen. [...]
Ich habe einen reizenden Ausdruck in einem Brief von Cézanne gefunden: »Ich bin Pflegekind der Illusionen.« [...]

Emile Zola an Jean-Baptistin Baille [Auszüge]

Paris, 21. September 1860

Mein armer Alter,

[...] Sage meinem alten Cézanne, dass ich traurig bin und seine letzte Epistel nicht beantworten kann; dieser Brief ist für euch beide. Es ist fast überflüssig, dass er mir schreibt, bevor die Reisefrage entschieden ist. Er muss einen Brief von mir abwarten, der ihm entweder einen langen Plausch in Aussicht stellt oder ihm sagt, dass wir unsere banalen schriftlichen Gespräche wieder aufnehmen müssen. [...]
Trinkt und lacht, meine guten Freunde. Ich habe euch so viel zu sagen, so viel zu fragen – meine Pläne und die euren. Ich habe so viel zu sehen: die Panneaus von Paul[112], den Schnurrbart von Baille! Und dann – ist es denn gar so wenig, eine Pfeife mit euch zu rauchen, selbst ohne zu sprechen, einige Ausflüge zu machen, die Dinge, die Personen wiederzusehen, die mir meine frühe Jugend ins Gedächtnis rufen, die mir von euch und von unserem Kinderlachen erzählen? [...]

Wandgemälde für den Salon im Jas de Bouffan. Paul Cézanne, Die vier Jahreszeiten, *1860/61. Musée de la Ville de Paris.*

29.
Emile Zola an Paul Cézanne und an Jean-Baptistin Baille

Paris, 2. Oktober 1860

Meine lieben Freunde,

da ihr euer Lager im Cours Sextius[113] aufgeschlagen habt, da ihr dort euer Café habt, eure Tabakkneipe, einfach alles, so muss ich wohl meine Briefe bis auf Widerruf dorthin adressieren. Außerdem soll dieselbe Epistel aus Ersparnisgründen für euch beide dienen – Zeitersparnis, Geldersparnis.
Die Reisefrage schiebe ich bis ans Ende dieses Briefes auf. Da ich ihn erst in vier oder fünf Tagen abzuschicken gedenke, hoffe ich, euch bis dann etwas Konkretes darüber sagen zu können. Wenn ihr also Eile habt, lest die letzten Zeilen zuerst.
Heute will ich mich nur durch einen Plausch mit euch zerstreuen. Baille sagt mir irgendwo: »Verbringen wir doch die Zeit mit Briefen und Erinnerungen!« Das ist gut gesagt, und ich zolle ihm Beifall. Dante irrt, wenn er schreibt: »Nichts ist an einem Tag der Trauer schmerzlicher als die Erinnerung an ein Glück.«[114] Ich erwidere ihm kühn: »Nichts gibt dem Herzen mehr Ruhe, nichts macht das Lächeln unter Tränen leuchtender als der Duft der verlorenen Zeit.« – Ihr predigt mir Sparsamkeit; erinnert ihr euch an das vergangene Jahr, als das Geld aus Paris auf sich warten ließ? Und uns die Kaffeetassen und unsere Partie Dame zum Sofa luden? Wir sammelten untereinander und brachten einige elende Groschen zusammen, mit deren Hilfe der Abend totgeschlagen werden sollte. Baille war der Sparsame; wie heute wollte er aus uns Schatzmeister, Geizige machen, entschuldbarere und verschwenderischere Geizige als jene, die er erträumte. Aber der Wahrheit die Ehre, ich muss bekennen, dass das Ver-

gehen des Geizes bei ihm auf einen fürchterlichen Widersacher stieß, auf ein anderes sehr großes, sehr schweres, sehr verdammenswertes Vergehen: das der Naschhaftigkeit. Er führte uns bisweilen in Versuchung, der fromme Prediger – erinnerst du dich daran, Cézanne? Mich trieb er zu Illy und dich zu Leydet;[115] und wenn du dann ein Fläschchen mit irgendeiner Flüssigkeit anbrachtest und ich mich unter der Last von Windbeuteln bog, rieb er sich die Hände, leckte sich die Lippen und dirigierte uns nach einer Mansarde, dem Schauplatz unserer gastronomischen Orgien. Manches Mal träumte er im Café, nach einem pathetischen und sehr lärmenden Vortrag über die Enthaltsamkeit, von einer Bayrischen Creme, und ohne sie gerade zu bestellen, sprach er von eigentümlichen Halsschmerzen und bemühte sich, uns angesichts seines angegriffenen Schlundes mitleidig zu stimmen. Ungeheuerlich! Eine Bayrische Creme! Diese Labung kostete acht Sous und die halbe Portion sogar fünf. So geht's mit den Ersparnissen! So sind die Prediger! Sie predigen Wasser und Graubrot, aber in Wirklichkeit schlabbern sie Bayrische Cremes hinunter und stopfen sich mit Brioches voll. – Ich entsinne mich noch einer anderen Missetat Bailles, und da er nun einmal auf der Anklagebank sitzt, erheben wir schnell eine niederschmetternde Anklage gegen ihn. Es war auf dem Staudamm,[116] an dem Tag, als uns von den Herren Jesuiten[117] liebenswürdige Gastfreundschaft gewährt wurde. Wir hatten, wenn ich mich recht erinnere, eine Hammelkeule von einer gewissen Kragenweite mitgenommen. Wir setzen uns also zu Tisch, das heißt auf den Rasen neben dem Brunnen. Ich esse zuerst Schinken, dann suche ich die Hammelkeule: nichts, vollständige Leere. Ich suche die mehr und mehr unauffindbare Hammelkeule. Endlich entdecke ich den Knochen, dann, ganz am anderen Ende der Keule, sehe ich Baille noch an ein paar Fetzen Fleisch hängen. Ah, Herr Sparmeister, welch eine Unmenge Hammelfleisch hast du an diesem Tag gegessen! Ergo, ich gelange zu dem Schluss, dass ein Schlemmer der Antipode eines Geizhalses ist, und ebenso ein Sparmeister der Antipode unseres Freundes. Also, sei auf deiner Hut, Cézanne, während er dir predigt, wird er dir ganz sacht die Flaschen leeren, den Tabak wegrauchen, und wenn du die Gutmütigkeit besitzt, ihm Gehör und Augen zu leihen, wirst du, wenn er mit einer Rede fertig ist, vergebens und äußerst bestürzt nach all den Ingredienzen suchen, die zum Leben eines anständigen Mannes unbedingt notwendig sind. – Jetzt aber, Baille, mein Freund, jetzt kommt's: Ich möchte, wenn ich nach Aix gehe, nur dann sparsam sein, wenn ich dazu gezwungen bin; sonst aber verspreche ich dir Windbeutel, Bayrische Creme und Hammelkeulen – all das, worunter deine pädagogische Beredsamkeit wegschmilzt wie Schnee in der Maiensonne. Sparsamkeit ist ein Mythos bei euch und das freut mich. Wäre es denn nicht merkwürdig, wenn zwei junge zwanzigjährige Leute bei ihren Vergnügungen immer erst Sou für Sou berechnen wollen? Vivat! Lachen wir heute, es kommt ein Morgen mit Tränen oder Lächeln, und die große Weisheit ist, alles so zu nehmen, wie es kommt. Das ist, werdet ihr sagen, eine garstige Moral; ich finde sie jedoch bewunderungswürdig, wenn auch ein wenig leichtsinnig. Mir fällt dazu ein tiefgründiges Wort Cézannes ein. Wenn er Geld hatte, beeilte er sich für gewöhnlich, es auszugeben, bevor er zu Bett ging. Von mir wegen dieser Verschwendung befragt, sagte er mir: »Herrgott noch mal, möchtest du denn, dass mich meine Eltern beerben, wenn ich in dieser Nacht sterbe?« Oh, Baille, denke über diesen tiefgründigen Gedanken nach und betrachte meine Anklagen, meine Vergleiche, meinen Spott nur als Spiel eines Freundes, der sich sanft in fernen und freudigen Erinnerungen wiegt.

Marguery ist in Paris. Ich habe schon zwei Tage mit diesem großen Dramaturgen und berühmten Lustspieldichter verbracht. Was könnte ich euch sagen, was ihr nicht schon wüsstet? Das

Kind wächst heran, ändert sich aber nur selten. Unser ehemaliger Genosse ist immer noch derselbe prächtige Bursche, derselbe unfähige Romanautor, der sich in gutem Glauben und so treuherzig bewundert, dass man es ihm nicht übel nehmen kann. Nach euch halte ich ihn für meinen besten Freund; ich ziehe seine kindliche Naivität bei Weitem der hochmütigen Blasiertheit von Leuten wie de Julienne und Marquezi vor. Wir sind zusammen durch die Hauptstadt gelaufen und haben hier und da einige Kaffees hinuntergekippt. Dann habe ich ihn zur Verwaltung des *Journal du Dimanche*, »der Provence musicale«[118], geführt. Endlich habe ich ihm einen Einakter vorgelesen, den ich diesen Winter geschrieben habe und von dem ich euch schon erzählt hatte.[119] Er hat ihn gelobt und mir eifrigst geraten, ihn dem Odéon einzureichen. Es ist ja wahr, dass mir das vielleicht etwas Geld einbringen könnte; aber ich will mich nicht dazu entschließen, bevor ich mich nicht mit euch beraten habe, was ich zu tun beabsichtige, wenn ich nach Aix gehe.
Du versicherst mir, dass Cézanne im März herkommen wird – ich spreche jetzt zu Baille und nicht zu Paul, dem gegenüber ich mir geschworen habe, nicht mehr davon zu sprechen. Sprächest du nur wahr! Ich langweile mich tagelang schrecklich! Es wäre wirklich ein Trost, euch bei mir zu haben, eine ausgesprochene Ermutigung bei der schweren Aufgabe, die ich mir gestellt habe. Ich gehöre nicht zu denen, die sich ungestraft vor ihre Arbeit wie vor einen Karren spannen können und die auferlegte Last ruhig hinter sich herziehen. Ich brauche Zerstreuung, Lachen und Ernst. Ah, wenn ihr hier wärt! Ich rechne ja nicht darauf, ich hoffe es bloß. Das ist alles, was ein Mensch sagen kann.
In diesem Augenblick erhalte ich euren Brief und greife wieder nach diesen so oft vernachlässigten und wieder aufgenommenen Blättern. Ich kann euch nur für die Vorkehrungen danken, die ihr wegen unseres Familienbildes und der Papiere meiner

Mutter getroffen habt.[120] Selbst wenn ihr gegen meinen Willen gehandelt hättet, könnte ich euch nur danken, da allein eure Freundschaft euch dabei geleitet hat. Glücklicherweise war dieser Teilumzug ganz in meinem Sinn, und das Vergnügen, euch meine Interessen so sehr wahren zu sehen, wird durch keine Wolke getrübt. Noch einmal Danke! Was die anderen Gegenstände angeht, alles in allem schäbiges Mobiliar, so könnt ihr das ruhig an Ort und Stelle lassen. Was ihr fortgeschafft habt, ist mir teuer, und ich hätte es keinesfalls Zufälligkeiten überlassen mögen oder jenen Krallen, von denen Cézanne spricht. Doch das Übrige gebe ich leichten Herzens den Aasgeiern und Tigern preis: Ich wiederhole es, rührt nichts mehr an!
Übrigens muss ich euch einen Vorwurf machen: Eure Briefe sind unklar, und ich kann darin nichts Genaues finden. Unlängst habt ihr mich beschuldigt, mir mangele es an Offenherzigkeit. Diesen Vorwurf könnte ich euch mit mehr Recht zurückgeben. Welche Gegenstände sind verschwunden? Welche Personen verdächtigt ihr? Wenn ihr schon diese äußerste Maßregel meines Umzugs ergriffen habt, ohne dass ich diesen Wunsch geäußert hatte, ist die Schlussfolgerung logisch, dass euch ernste Ereignisse dazu veranlasst haben mussten. Aber noch einmal: Welches sind die Ereignisse? Fürchtet ihr vielleicht, mich zu brüskieren, wenn ihr sie mir mitteilt? Sprecht nur frei heraus, meine armen Freunde, ich fange an, die Welt zu kennen, und wenn mich von den anderen nichts in Erstaunen setzt, von euch beleidigt mich gewiss nichts. Also, bitte, erklärt mir alles in eurem nächsten Brief, damit ich das Unheil gut machen kann, wenn noch Zeit dazu ist.
Cézanne hat den Hausschlüssel; er soll ihn heilig verwahren und trachten, dass man vergisst, dass er ihn in Händen hat. Selbst wenn jemand ihn von ihm verlangen sollte, *gleichgültig, wer*, soll er sich weigern und sagen, wenn er sich aus der Verlegenheit ziehen will, dass er ihn verlegt hat. Schließlich empfehle

ich euch als letzten Ratschlag, möglichst wenig nach meiner Mansarde zu gehen, euch mit der Sache überhaupt nicht zu beschäftigen und die Dinge bis zum Tag meiner Ankunft in Ruhe zu lassen – so dieser Tag jemals anbricht. Was meine Siegel angeht, so seid ganz unbesorgt. Das sind jene Sachen, die ich nie vergesse und für die ich lange im Vorhinein Abhilfe schaffe.

Nun bleibt mir nur noch, über die Wahrscheinlichkeit meiner Reise zu sprechen. Baille hat mir geschrieben, dass er bis Anfang November bleiben wird. Wenn ich also vierzehn Tage mit euch zubringen soll, ist bis zum 15. Oktober noch nichts verloren. Meine Reise ist nicht bloß eine Vergnügungsreise; bestimmte Angelegenheiten, die es zu lange dauern würde, sie euch hier darzulegen, erfordern meine Anwesenheit in Aix: Das lässt mich noch stark hoffen, euch wiederzusehen. – Der Vorschlag Bailles beweist mir seine Liebe, und ich danke ihm dafür; aber ich darf nicht annehmen, und er selbst würde mir zustimmen, wenn ich ihm meine Gründe auseinandersetzen könnte. Es wird mir immer ein großes Vergnügen sein, eine Nacht bei ihm zuzubringen und bisweilen an seinem Tisch zu Mittag zu essen. Aber in seinem Haus – was sage ich da –, im Haus seiner Eltern zu wohnen, das heißt in einem Haus, wo eine Menge Menschen aus- und eingehen, daran darf ich noch nicht einmal denken, ohne gleichzeitig an die bösen Zungen einer Provinzstadt zu denken. Wenn ich mich im Übrigen entschließen würde, ein solcher Parasit zu werden, glaubt ihr, dass das meiner Börse helfen würde? Wenn ich nach Aix gehe, muss ich eine ausgiebige Summe mitnehmen, und hundert Francs mehr kommen dabei nicht infrage. Übrigens werden wir selbstverständlich sparsam sein. Auch werde ich, wenn ihr die Liebenswürdigkeit besitzt, mich zum Abendessen einzuladen, dankbarst annehmen; nur müsst ihr ebenso meine Einladungen annehmen.

Ich kann es gar nicht genug wiederholen, eure Briefe haben mir eine große Freude bereitet. Ich lese aus ihnen euer gutes Herz

heraus und danke euch erneut für alles, was ihr für mich tut und veranlasst, wenn euch auch eure Freundschaft blind macht. Bemühen wir uns also, klar zu sein und uns weder unnütze Hoffnung noch überflüssige Enttäuschung zu bereiten. *Noch gibt es keine Anzeichen, dass meine Reise nicht zustandekommt.* Hoffen wir also bis zum 15. dieses Monats. Wenn dieses Datum überschritten ist, braucht ihr nicht mehr auf mich zu rechnen. Wir wollen trachten, uns darüber hinwegzutrösten, wie Cézanne sagt, indem wir an unsere nächste Zusammenkunft denken und an das Unglück von Freunden, die für immer getrennt sind.
Ich werde euch bald schreiben und euch wahrscheinlich eine launige Fabel schicken, die ich eben beende.[121] Sie ist ein wenig schlüpfrig, aber was schadet das! Was euch angeht, so schreibt mir doch öfter, als ihr es tut, und vor allem keine Verklemmtheit, seid vor allem offen. Was mich angeht, so zähle ich darauf, meine Stellung und meine Projekte mündlich darzulegen oder, sollte ich das nicht tun können, es später brieflich zu tun. Ich bin jung, die Zukunft gehört mir, und ich brauche bloß Mut, um vorwärts zu kommen.
Trinkt und raucht auf mein Wohl! Vor allem lacht, wenn es möglich ist! Rabelais sagt, dass das Lachen des Menschen Vorrecht ist; befolgt also die Lehren dieses Meisters, der scherzend hinüberging.
Also wahrscheinlich auf bald. Meine Empfehlungen an eure Eltern.
Ich drücke euch die Hand. Euer Freund

Emile Zola

Baille wird gebeten, etwas leserlicher zu schreiben. – Ihr habt sehr schönes blaues Siegelwachs, ihr Sparmeister, das muss eine Menge kosten! – Ich weiß gar nicht mehr, wie ich schreibe.

Ich bin im Begriff, Kochen und Backen zu lernen, all das, was für die Sparsamkeit, die Baille predigt und nicht ausübt, und für die Naschhaftigkeit, die er ausübt und nicht predigt, notwendig ist. Ich habe ein Rezept für einen bestimmten Eierpunsch, über den ihr mir Bescheid geben sollt. Muss man nicht hienieden von allem ein wenig wissen?

30.
Emile Zola an Paul Cézanne und Jean-Baptistin Baille

[Paris, um den 10. Oktober 1860]

[...]
Ich möchte euch einige Verse schicken und ich habe den vorgehenden Scherz anstelle von langen Jeremiaden ausgewählt.[122] Übrigens, täuscht euch nicht, der beschwingte und geistreiche Vers von La Fontaine besitzt vielleicht mehr Verdienst als Lamartines Schwülstigkeit; es ist leichter, über mehr oder minder echte Wunden zu weinen, als in jenes gutherzige gallische Lachen unsrer Vorväter auszubrechen. Auch habe ich niemals mein geringes literarisches Talent tiefer empfunden als bei der Niederschrift der Geschichte, die ich euch schicke. Ich habe herausgefunden, wie sehr diese Gattung, die man gering schätzt, Talent und Feingefühl benötigt, um wenigstens erträglich zu sein. Damit will ich nur sagen, dass ich weit von der Annahme entfernt bin, ein Meisterwerk geschaffen zu haben; wenn es meine Absicht wäre, später einmal Fabeln zu veröffentlichen – was es nicht ist –, müsste ich noch, wie ich laut eingestehe, ausgedehnte Studien betreiben. – Was diesen Versuch angeht, nehmt ihn so, wie er gemeint ist, als schallendes Gelächter an einem Regentag.

Paul Cézanne, Ansicht der Domaine Saint-Joseph, *um 1888, Metropolitan Museum, New York.*

Oh, mein armer Cézanne, Baille behauptet, wir verstünden keinen Spaß, dabei ist er selber es, der sich über ein paar Erinnerungen aus der guten alten Zeit den Kopf zerbricht. Er behauptet, ich hätte ihn als Geizhals und Leckermaul verunglimpft, ich, der ich verkündet habe, dass er weder das eine noch das andere war, da ja bei ihm der Geiz im Widerstreit mit der Verfressenheit liegt, und dass sich die beiden Laster folglich gegenseitig aufheben. Im Übrigen ist all das ziemlich lange her, und ich ziehe es vor zu glauben, dass er vollkommen geworden ist. – Vollkommen! Nötigt dir das kein Lächeln ab? Was mich betrifft, so ist die Vollkommenheit eine derart ungeheuerliche Angelegenheit, dass ein vollkommener Mensch niemals mein Freund sein wird. Die Wörter sind sehr dehnbar und haben den Sinn, den man in ihnen finden möchte. Ich lasse meiner Feder freien Lauf, ohne die Ausdrücke allzu sehr abzuwägen. Ich beschwöre Baille, meine Briefe einfach so zu lesen und stets die augenfällige Bedeutung anzunehmen, ohne dort, wo keine sind, Spitzfindigkeiten zu suchen. Wenn er also meinen letzten Brief noch einmal liest, wird er, wie er selber sagt, darin zweifellos Paradoxien, platte Pointen, Schwulst entdecken, aber ich bezweifle, dass er dort antrifft, was er als ätzenden Spott und harte Wahrheit bezeichnet. Wenn ich im Übrigen doch ein solches Vergehen begangen haben sollte, wäre das mit der größten Unschuld der Welt geschehen, ohne es zu wissen und meistens, um euch zum Lachen zu bringen oder mich selber aufzuheitern. Guter Gott, trink ein Glas, mein lieber und altertümlicher Baille, und fasse alles, was ich sage, als die Sätze eines Träumers auf, der dich schätzt und liebt und der zugleich seine Freimütigkeit dir gegenüber beibehält.

Du berichtest mir von einer langen und gefährlichen Reise, aus der man leicht eine Novelle im Stil Mérys[123] machen könnte. Besonders liebe ich Cézanne im Hemd auf dem Flur, wie er der schönen Charlotte auflauert und sich gezwungen sieht, beim geringsten Schrittgeräusch zu verschwinden: Diese Art, sich die Beine in den Bauch zu stehen, ist gänzlich neu und wäre von ergreifender Wirkung. Die Rache an den Schuhen des Rosenkranzverkäufers ist gleichfalls so noch nie dagewesen und von einem beispiellos italienischen Kolorit. Nur eines beunruhigt mich: Was hat Baille während der ersten Episode gemacht? Hat er geschlafen? Hat er seine Pfeife geraucht? Hat er irgendein anderes Komplott im Dunklen ausgeheckt? – Dann, nach diesem Schmunzeln, der schreckliche Schrei am Ende, die Tropfsteinhöhle und ihre angsterregenden Schächte, Baille über der angsterregenden Kluft hängend, und Cézanne halb tot am Boden des Abgrunds hockend, das sind gewiss bewegende und reichlich interessante Seiten. – Übrigens habt ihr damit erkannt und bewiesen, dass ihr Eindrücke besser als irgendwer sonst beschreiben könnt. Warum schreibt ihr nicht über diese drei derart mit

Kontrasten und ergiebigen Stoffen angefüllten Tage, mit denen der Erzähler nach und nach alle Saiten des Herzens in Schwingung versetzen könnte? – Wäre ich doch bloß dabei gewesen, diese Gefahren hätten ein wenig die Gleichförmigkeit meines Tagesablaufs unterbrochen, und ich hätte zweifelsohne eine Zeit lang das Leben in mir kreisen fühlen, dieses Leben, dass mich jeden Tag in dem monotonen Kreislauf, den ich beschreibe, verlässt. Hoffen wir! Mein Herz dürstet nach Gefühlen; unser Unglück ist, dass wir nur unter Schmerzen zu leben verstehen; hoffen wir also in der Niedergeschlagenheit, da sich ja die Freude verabschiedet zu haben scheint. – Es ist wahrscheinlich der dauernde Regen, der mir schwarze Gedanken eingibt. Tatsache ist, seit acht Tagen langweile ich mich entsetzlich. Ich richte an jeden, an jedes Ding die gleiche Frage: Zu was bin ich hier unten nütze? Ich konnte mich noch nicht von der Notwendigkeit, der Nützlichkeit meines Daseins überzeugen, und das lässt mich verzweifeln. Ich kann euch hier nicht all den Blödsinn wiedergeben, der mir durch den Kopf ging, aber ich bitte euch inständig: Haltet mich nicht für einen Verrückten und bedauert mich, denn ich leide. Ich würde euch gerne sehen und mich so trösten. Schließlich versprecht ihr mir, selbst zu kommen, wenn ich nicht zu euch kommen kann, und ich werde mich bemühen, mein Ungemach geduldig zu ertragen. – Ist euch nie in den Sinn gekommen wegzugehen, auszuwandern, in der Ferne die Gemütsregungen zu suchen, die die gegenwärtige Gesellschaft nicht zu vermitteln weiß, beispielsweise mit Garibaldi auf die Schlachtfelder oder mit irgendeinem neuen Kolumbus auf Reisen in die Ferne zu ziehen? Was mich angeht, bin ich derart angewidert von meinem elenden Dasein, dass ich wirklich nicht weiß, wie das alles enden wird. – Also wirklich, ich bin traurig, und dieser Brief bekommt die Nachwirkungen davon zu spüren.

Auch Chaillan versinkt in Verzweiflung. Ich glaube, er beginnt zu ahnen, dass er ein Nichtskönner ist, und seine geliebten Trugbilder brechen ihm das Herz, indem sie sich in Luft auflösen. Da ist er nun zurück von seiner Reise ins Land der Hirngespinste. Ach, meine guten Freunde, die unsrige steht noch aus. Als fröhliche Matrosen lächeln wir der Morgenröte zu, wir verlassen den bekannten Boden in Richtung neuer Gegenden, und sorglos geben wir uns den Wellen hin. Wer weiß, was uns erwartet, wer weiß, ob die grüne Prärie, die wir in der Ferne erblicken, nicht bloß eine reine Fata Morgana ist, die ein Windstoß vertreiben wird? Wer weiß, wie die Wirklichkeit sein wird? Egal, nur Mut! Ich ziehe die Klippe der großen bequemen Straße vor, auf der sich die Menschheit befindet; ich ziehe es vor, ein mordsmäßiges Leben zu leben, als elend dahinzuvegetieren. Und dann noch dieser strahlende Leuchtturm, der am Horizont aufleuchtet, dieser Leuchtturm, den man Ruhm, Reichtum, Unsterblichkeit nennt, und den ich Existenz nenne. Dieser Leuchtturm ist kein bloßer Traum, und um ihn zu erreichen, muss man bloß mutig unter dem Atem Gottes voranschreiten. Schreiten wir also voran; das Leid, wie de Musset gesagt hat, das Leid macht den Menschen größer.

Mit großem Vergnügen werde ich Raynaud Jules sehen. Er wird mir mündlich Nachrichten von euch überbringen, und, da er dein Freund ist, laufe ich im Übrigen keinerlei Gefahr, der seine zu werden. Gebe ihm also meine Adresse und fordere ihn dringend auf, mich zu besuchen. Sag mir ein wenig genauer, zu welcher Zeit er eintreffen wird.

Mit meiner Reise steht es nicht zum Besten, aber wir haben den Fünfzehnten noch nicht erreicht. Ich werde euch um diese Zeit schreiben. – Chaillan wohnt jetzt in der Rue Vaugirard 3.

Meine Empfehlungen an eure Eltern.

Ich drücke euch die Hand. Euer Freund

Emile Zola

Schreibt mir *ganz oft*. – Gebt euch Mühe, mir ein wenig von Aix zu berichten, auch wenn ihr wenig ausgeht. So von der Fontaine de la Rotonde und den Inschriften, die man daran angebracht hat.[124] – Wenn der Name meines Vaters vergessen wurde, bin ich entschlossen, die Scheiben einzuschlagen.
Erzählt mir auch von den Leuten, die ich kenne, den jungen Mädchen und dem Jungvolk. Zwei oder drei Seiten pro Tag sind kein großer Aufwand, und ihr könnt wohl, trotz eurer Sparsamkeit, die 20 Centimes alle zwei oder drei Tage aufwenden.

31.
Emile Zola an Paul Cézanne und Jean-Baptistin Baille

Paris, 24. Oktober 1860

Meine lieben Freunde,

einige Tränen über meine Reise, und sprechen wir nicht mehr davon. Alles ist zum Verzweifeln, wird schlecht und schlechter. Zweimal habe ich zweihundertzwanzig Meilen zurückgelegt,[125] um euch die Hand zu drücken, jetzt ist es an euch, zu mir zu kommen, da ich trotz meines guten Willens und meiner Bemühungen nicht zu euch kommen kann. Ich habe alles versucht, ich habe mir keinerlei Vorwürfe zu machen, und müde dieses vergeblichen Kampfs, erwarte ich euch mit Ungeduld, eurer Zusage getreu, den einen im März, den anderen im Oktober 1861. Das ist ein neues schwarzes Blatt in meinem Leben. In meinen langen Tagen des Verdrusses im vorigen Winter dachte ich an die heutige Zeit, die jetzt so eintönig verläuft und die ich so strahlend erträumte, als einzigen Trost. Damals sagte ich mir, dass ich desto mehr lachen würde, je länger ich vorher gähnen musste. Die Monate sind verflossen; ich habe stets gegähnt und gähne noch. Je weiter ich komme, desto größer wird der Zweifel in mir. Wenn man mir vor sechs Wochen gesagt hätte: »Du wirst nicht in die Provence fahren«, so hätte ich ungläubig gelacht. Aber wenn man mir jetzt, wo mir eine meiner teuersten Hoffnungen entschwindet, sagen wollte: »Deine Freunde werden nicht kommen«, weiß ich nicht mehr so genau, ob ich mich ebenso ungläubig zeigen würde. Also getäuscht und immer wieder getäuscht, selbst in der Wirklichkeit! Da gelangt man doch schließlich dahin, nur das zu glauben, was man sieht. Ein *Hab ich* gilt mehr als zwei *Hätt ich*, denke ich mit dem Fabeldichter.[126] – Bewirkt doch die Erfüllung eurer Zusage, dass ich wieder hoffen kann; niemand wünscht sich das sehnlicher als ich. Ich erwarte euch also felsenfest; ich erwarte euch, nicht, um unausgesetzt zu lachen, sondern um Lachen und Tränen mit euch zu teilen und im Schutz einer aufrichtigen Freundschaft sicherer vorwärtszuschreiten.

Ich befinde mich in einem blöden Lebensabschnitt, in einer Zeit, wo man sogar unfähig ist, Kohl zu pflanzen. Seit einigen Tagen mache ich mir morgens in meinem Zimmer ein großes Feuer an und wärme mir verzweifelt, ohne an etwas zu denken, bis zum Abend meine Gelenke, stopfe und rauche meine Pfeife in der abscheulichsten Weise. Nicht ein neuer Gedanke, und noch viel weniger die Kraft, Gedanken älteren Datums auszudrücken; ich könnte mich schlagen, wenn es der Mühe wert wäre. Was mich hindert, mich darüber allzu sehr aufzuregen, ist die vollständige Klarheit, die ich über mich selbst habe; es ist nicht das erste Mal, dass ich einen solchen Anfall von Spleen durchmache. Und wie jedes Mal bin ich nur umso frischer und heiterer daraus hervorgegangen, ich warte geduldig, dass der böse Geist, der mich quält, müde wird und seine Tücke woandershin trägt. – All das ist bloß der Übergang, um euch artig eine meiner geistigen Ausgeburten des letzten Monats schlu-

cken zu lassen. Ich denke so: Da ich leider nicht persönlich mit euch sprechen kann, da tödlich langweilig wäre, was ich euch in diesen Tagen schreiben könnte, kann ich nichts Besseres tun, als euch einige Verse zu schicken, die in einer besseren Zeit gedichtet wurden.
Leckt euch nicht die Lippen in dem Glauben, dass ihr ein Meisterwerk zu lesen bekommt. Meine Alexandriner sind kaum gedrechselter als die vorliegende Prosa. Wägt das Gute, wägt das Schlechte ab; dann sagt euch, dass ich euer Freund bin, und vielleicht wird euch dann die beifolgende Jeremiade erträglich erscheinen. Bei einer Fackel blitzen manchmal inmitten von Rauchwolken leuchtende Funken auf; und sagt euch, dass sich vielleicht eines Tages ein guter Wind erheben wird, der den Rauch verjagen wird und die Flamme in ihrem Glanz aufleuchten lässt. Da das vorliegende Stück noch nicht korrigiert wurde, werde ich eure Kritik mit Freuden entgegennehmen; ich bitte euch sogar, da ihr nichts zu tun habt, mir alle Fehler, die euch darin auffallen – und sie sind zahlreich – aufzuzeigen.
In den vergangenen Wochen habe ich Bekanntschaft mit einem Schriftsteller, meinem Nachbarn Monsieur Pagès (du Tarn)[127], geschlossen – er hat die sonderbare Marotte, seinem Namen den eines Departements anzuhängen. Monsieur Pagès ist einer jener Tausenden von Unverstandenen, die in Paris das Pflaster abwetzen. Er ist in vorgerücktem Alter, hat aber in seiner Jugend unseren Lyrikern nahegestanden, die damals Brauseköpfe waren und seither mit Ruhm bekrönt worden sind. Auch muss man gesehen haben, wie er, der sich nicht durchsetzen konnte, die Lorbeerkränze dieser Parvenüs verachtet und wie der Fuchs in der Fabel behauptet, sie seien arg welk und bloß gut für Lumpenpack.[128] Victor Hugo, Musset, in seinen Augen armselige Dichter, wüssten bestenfalls ab und zu einen schönen Vers zu machen. Er erklärt ihre Erfolge mit der Werbung, besonders durch die Clique. Alles war ihnen gewogen, sagt er, und trotz-

dem ließen sie sich feiern. Dann fügt er mit einer geschickten Überleitung hinzu, dass alles gegen ihn gewesen sei, und scheint daraus den Schluss zu ziehen, dass er sich trotz seines Talentes, was sage ich, trotz seines Genies, nicht aus dem Dreck herausarbeiten konnte. Die Schlussfolgerung ist plump, und der Hellsichtige erkennt nur zu bald, dass seine Verachtung unserer Zeitgenossen aus gekränkter Eigenliebe herrührt. Indessen hat er nicht in Kontakt mit den Schriftstellern von 1830 leben können, ohne einige ihrer Ideen anzunehmen. Man hüte sich jedoch, ihm das zu sagen, er würde vor Ärger rot anlaufen und es als große Beleidigung auffassen. Dennoch kommt ihm die Tragödie des 17. Jahrhunderts ebenso absurd vor wie den Romantikern. Er hat noch vieles andere mit ihnen gemein, aber ich habe schon gesagt, er leugnet diese Verwandtschaft. Da er seither seine erste Ansicht aufgegeben hat, nämlich die den Alten nachgeahmte Tragödie, und heute das romantische Drama verwirft, so ist er genötigt, sich als Führer einer Schule hinzustellen und einem noch ganz unbeschrittenen Weg zu folgen. Sein Bestreben ist edel, und jeder Mensch, der wirklich Künstler ist, müsste das Ziel anstreben, das er sich steckt. Das Theater wieder neu zu beleben, weder Tragödie noch Drama, diese beiden gleich falschen Gattungen, zu schaffen, sondern ein Kunstwerk wirklicher menschlicher Leidenschaft und Vernunft zu gestalten, das seine Größe aus der Wahrheit schöpft – das ist, ich wiederhole es, ein edles Bestreben, aber auch eine schwere und fürchterliche Aufgabe. Was hat Monsieur Pagès (du Tarn) gemacht? Um den Romantikern einen Streich zu spielen, hat er erst einmal sein Stück »Tragödie« genannt, dann hat er seinen Figuren den klassischen Alexandriner in den Mund gelegt, der, wenn er nicht erhaben ist, eintönig und ermüdend wirkt. Da er andererseits seine Götter nicht verleugnen konnte und doch etwas Neues schaffen wollte, hat er seine Helden in schwarze Anzüge und seine Heldinnen in gestärkte

Röcke gesteckt. »Sehen Sie«, sagte er mir unlängst, »ich will niemand nachahmen. Ich nehme meine Figuren aus dem gegenwärtigen Jahrhundert; ich will, dass sie gebildet, gut erzogen sind und in der Lage, die Gespräche zu führen, die ich ihnen in den Mund lege. Was diese Gespräche angeht, so möchte ich, dass die Verse harmonisch, korrekt und würdevoll sind.« Der brave Mann bemerkt nicht, dass die Schule, die er ins Leben zu rufen meint, diejenige Casimir Delavignes ist. Klassik und Romantik in einen Topf zu werfen und daraus ein Tragödien-Schauspiel zu brauen, das die Vorzüge und Mängel beider Gattungen hat – ist das nicht tatsächlich das Ziel, das der Autor der *Vêpres siciliennes* [*Die sizilianische Vesper*] erreicht hat?[129] Nur wird Monsieur Pagès (du Tarn) niemals das schaffen, was jener geschaffen hat; der eine war ein wirklicher Dichter, gar das Haupt einer Schule, und alles, was er verfasst hat, trägt eine persönliche Note. Der andere, fürchte ich, wird niemals etwas anderes sein als ein blasser Nachahmer, ein elender Ährenleser, der in jedem Feld einige Ähren zusammenklaubt, um aus ihnen eine schlecht geratene und schlecht gebundene Garbe zu binden.

Übrigens beurteile ich ihn hier nur nach ein oder zwei Gesprächen, die ich mit ihm geführt habe. Bis jetzt hat er mir nur zwei Oden von einer beklagenswerten Schwäche anvertraut. Demnächst soll er mir seine große Tragödie vorlesen, sozusagen das Programm seiner Schule. Die Tragödie trägt den Titel *La Nouvelle Phèdre* [*Die neue Phädra*]. Ich bezweifle, dass es einer großen Einbildungskraft bedurfte, um den Plan dazu zu entwerfen; es muss mehr oder weniger nach Racine gearbeitet sein. Dieses Stück, wenngleich noch Manuskript, ist bekannt geworden; die Journalisten der Tagespresse haben sich darüber heiser geschrien, besonders der *Figaro* hat sich über Monsieur Pagès (du Tarn) lustig gemacht und über den kühnen und einzigartigen Titel, den er für sein Stück gewählt hat. Ich äußere mich noch nicht und warte es ab, die Tragödie meines Nachbarn kennenzulernen, um ein endgültiges Urteil über ihn zu fällen. – Es liegt mir fern, diesen braven Mann zu verachten. Bisweilen blitzt zwischen allen Irrtümern, die er vorbringt, ein wahrer, durchaus vernünftiger Gedanke auf. Ich habe gesagt, dass man die Ursache seiner sonderbaren Theorien und seiner absurden Geringschätzung in nichts anderem suchen soll als in dem verborgenen Hass, den jeder verkannte Mensch gegen den erfolggekrönten hegt. Da Monsieur Pagès (du Tarn) niemand nachahmen will und die eigenen Flügel nicht regen kann, muss er notwendigerweise und ganz prosaisch auf der gemeinen Erde bleiben. Ich glaube kaum, dass ich dieses Urteil, selbst wenn ich die *Nouvelle Phèdre* gelesen habe, modifizieren kann.

Ihr fragt euch vielleicht, meine lieben Freunde, ob ich ihm nichts von meinen Kompositionen gezeigt habe. Wenn ich mich darüber ausschweige, könntet ihr mit Recht glauben, dass ich euch vielleicht ein abfälliges Urteil meines geehrten Nachbarn verhehle. Da würdet ihr die Menschen schlecht kennen! Für Monsieur Pagès (du Tarn) bin ich nichts weiter als ein Anfänger, ein junger Tollkopf, den man wenig zu fürchten braucht und den man daher rückhaltlos loben kann. Er hat mir bei der Lektüre einiger Gedichte übermäßiges Lob gespendet, hat mir geraten, sie so rasch wie möglich zu veröffentlichen, und hat mir einen stürmischen Erfolg prophezeiht. Ich nehme dieses Lob für das, was es ist, und bin nicht so töricht, auf die Bewunderung des Monsieurs Pagès (du Tarn) hin zu einem Verleger zu traben. Man soll nie eine Frucht vor ihrer Reife pflücken. Seid ihr nicht auch dieser Ansicht, ihr, bei denen ich mich allein Rat einzuholen entschließen könnte? Wenn ihr wollt, werde ich euch in einem anderen Brief von der *Nouvelle Phèdre* berichten.

Ich bemerke, dass ich euch in dieser Epistel von bereits einer gewissen Länge über nichts anderes als über Verse, Autoren und andere literarische Dinge spreche. Jeder hat sein Steckenpferd; bisweilen schwinge ich mich auf das meine. Aber das macht nichts; Baille mag mir über Mathematik sprechen, Cézanne über Malerei, eure Briefe werden darum nicht weniger Interesse für mich haben, da sie von euch kommen.

Ich habe diesen Morgen einen Brief von Paul bekommen. Was ist mit Baille? Welche ernste Beschäftigung hat ihn seit vierzehn Tagen daran gehindert, ein paar Zeilen an mich zu richten? Wo bleiben die schönen Verheißungen, mir jede Woche schreiben zu wollen, wenn die schönen Tage der Freiheit anbrechen? Das lange, durch andere nützliche Arbeiten begründete Stillschweigen, soll es in diesen Zeiten des far niente von vorn beginnen? Baille, ich hätte wirklich Lust, diesen Brief, um dich zu strafen, an die Rue Matheron[130] zu adressieren. Cézanne schreibt mir, und du nicht ein Wort, nicht ein armseliges, kleines Wort! Ich gebe zu, dass sein Brief ohne dein Wissen an mich abging. Aber warum hast du es Cézanne nicht gleichgetan? Warum hast du seit zwei Wochen nicht an mich gedacht, an mich, der eure Episteln mit so viel Ungeduld erwartet? – Genug des Moralpredigens; sei in Zukunft vernünftig, und sprechen wir nicht mehr darüber. Antworte mir schleunigst.

Cézanne hat mir geschrieben, also muss ich ihm antworten. Die Beschreibung deiner Wichtigtuerin hat mich sehr belustigt. Chaillan behauptet, dass die Modelle hier erträglich sind, ohne indessen besonders frisch zu sein. Bei Tag zeichnet man sie und nachts streichelt man sie. (Das Wort »streicheln« ist ein wenig schwach.) So viel für die Tagessitzung, und so viel für die Nachtsitzung; man versichert zudem, dass sie sehr gefügig sind, besonders in den Nachtstunden. Was das Feigenblatt angeht, ist es in den Ateliers unbekannt; man kleidet sich gänzlich voreinander aus, und die Liebe zur Kunst verschleiert alles, was es an der Nacktheit Aufregendes geben könnte. Komm und du wirst sehen.

Kommt, kommt alle beide, meine Freunde, und ich werde euch meine langen Träumereien erzählen; und vielleicht gebt ihr dann zu, selbst Baille, der Realist, dass das Leben alles in allem so ist, wie man es nehmen will, und dass meine Art, es zu nehmen, nicht die schlechteste ist.

Dieser Brief ist zweifellos der letzte, den ich an euch gemeinsam richte. Bald werde ich wieder meinen vertraulichen Briefwechsel aufnehmen. Besonders Baille darf nicht vergessen, dass er mir eine umgehende Antwort schuldet. Ich bitte ihn abermals, mir von der Fontaine de la Rotonde und den Inschriften, die dort eingemeißelt wurden oder werden sollten, zu berichten.

Sowie besagter Baille ins Gymnasium zurückgekehrt sein wird, soll er mir die Adresse eines Vertrauensmannes angeben, damit ich ihm schreiben kann. Dieser Brief ist lang und sehr schlecht geschrieben. Lest ihn in kleinen Partien; ich fürchte, eine starke Dosis schläfert euch bloß ein.

Meine Empfehlungen an eure Eltern, ich drücke euch die Hände.

Euer ergebener Freund

Emile Zola

32.
An Paul Cézanne oder Jean-Baptistin Baille

[Paris, nach dem 24. Oktober 1860][131]

Gestern gab es eine Soiree bei mir. Ich füge dieses Blatt Papier meinem Brief bei, um dir von dieser Rarität zu berichten. Wir waren zwölf, meine Mutter, Pagès (du Tarn), Chaillan, Pajot und ich: die Übrigen zu nennen, lohnt nicht der Mühe. Der Zweck dieser Vereinigung war, einige Verse zu lesen und einige Sänger zu hören, die sich unter uns befanden; es war ganz künstlerisch, wie du siehst. Zur Bewirtung gab es drei Dutzend Biskuits und zwei Flaschen, einen Champagner und einen Malaga, dann den ersten Akt der *Nouvelle Phèdre* und den *Perrette* betitelten Einakter. Man hat sehr stark applaudiert. Galt das Lob dem Dichter oder dem Hausherrn, der so guten Malaga anbot? Ich überlasse die Lösung dieses Problems deinem Scharfsinn. Ich für meinen Teil halte mehr als die Hälfte der Personen, die mir zuhörten, für unfähig, mich zu beurteilen. Das sage ich nicht aus Stolz, es ist einfach Erfahrung und Wahrheit. Was mir am meisten Freude bereitet hat, war das Lob von Pajot, die gutmütige, dick aufgetragene Anerkennung von Chaillan, dann einiges wirkliches Lob von Pagès (du Tarn). Verzeih, dass ich zuerst von mir gesprochen habe; ich wollte erst mein Stück loswerden, um dann umso rückhaltloser über die *Nouvelle Phèdre* sprechen zu können. Es wurde nur der erste Akt vorgelesen und daher kann ich nur über diesen Teil sprechen. – Eine einzige Frage: Was langweilt mich an der Tragödie? Die Tragödie selbst, all diese alten Hilfsmittel, die altvertrauten emphatischen Tiraden, der schwere und regelmäßige Alexandriner etc. etc. Als mir Monsieur Pagès (du Tarn) sagte, dass er ein Vorkämpfer des Neuen sei, glaubte ich, er hätte mit all dem alten Kram aufgeräumt. Aber keineswegs! Das Neue beschränkt sich bei ihm auf einen Wechsel der Kostüme, schwarzer Rock statt römischer Toga, auf einen Wechsel des Namens, der Name Abel anstelle von Hippolyte. Andererseits sieht er nie eine Klippe: Wenn er, wie er sagt, die Tragödie des Menschen und nicht die der Könige und Helden schaffen will, und wenn er dabei einen bürgerlichen Vorwurf wählt, muss er nicht fürchten, die Begeisterung und das falsche Pathos in dem kleinlichen Kreis einer Familie noch lächerlicher zu machen? Theseus, Hippolyte können die Götter anrufen, von denen sie abstammen. Aber irgendein reich gewordener Krämer wird völlig lächerlich, wenn er die Arme zur großen Geste ausbreitet. Soll das heißen, dass diese Dramen, die sich undeutlich im Schatten eines Hauses abspielen, dass diese fürchterlichen Leidenschaften, die eine Familie zerstören, völlig uninteressant oder nicht würdig sind, auf die Bühne gebracht zu werden? Alles andere als das! Nur muss meiner Ansicht nach der Stil mit der Gattung übereinstimmen, und sicherlich ist der alte klassische Stil mit seinen Ausrufen, seinen Umschreibungen auf der Welt das Falscheste, was es im Mund einer kleinen Bürgersfrau geben kann. – Übrigens enthält dieser erste Akt wunderschöne Verse; die Situationen sind ganz nach Racine, aber das lag am Thema selbst. Fragte man mich nach meiner ehrlichen Meinung, so würde ich sagen, dass diese Tragödie literarisch, gut gereimt und viel leidenschaftlicher ist als die klassischen Tragödien und, wie ich glaube, entweder einen durchschlagenden Erfolg oder einen vollständigen Durchfall erleben muss; aber dass sie keineswegs berufen ist, eine Revolution in der Literatur hervorzurufen, wie der Autor zu glauben scheint, und dass sie nicht das letzte Wort in der dramatischen Kunst darstellt.

Ich höre aus Mangel an Platz auf. – Nur noch, dass Chaillan gesungen und sehr viel Beifall errungen hat; und dass ein Herr, der gerade da war, uns beide zu einer Soiree geladen hat, bei der Schauspieler vom Odéon einfinden werden; und dass man gegen Mitternacht schlafen gegangen ist. – Monsieur Pagès (du Tarn) fragt mich plötzlich: »Möchten Sie six vers de déspoir [sechs Verse, die von Verzweiflung handeln]?« – »Bei Gott«, antworte ich, »das wären six verres vides [sechs leere Gläser]«.[132]

Der gute Mann stand mit offenem Mund da.

Ich drücke dir die Hand. Dein Freund

E. Zola

Ich schicke dir drei Briefbogen, und zwar drei verschiedene Bogen. Das beweist, dass ich drei verschiedene Papiersorten hatte und jetzt gar keine mehr besitze.

33.
Emile Zola an Paul Cézanne

Paris, 5. Februar 1861

Mein lieber Freund,

ich weiß wirklich nicht, welches Schicksal mich bei der Wahl meiner Wohnungen verfolgt. In Aix habe ich als kleines Kind die Wohnung von Thiers[133] bewohnt. Ich komme nach Paris und mein erstes Zimmer ist das von Raspail,[134] dann muss ich heute – ich weiß selbst nicht, durch welchen Zufall – aus diesem herrlichen siebten Stockwerk, von dem ich dir letztes Frühjahr erzählt habe, ausziehen und wähle als neue Wohnung gerade die, in der Bernardin de Saint-Pierre[135] den größten Teil seiner Werke geschrieben hat. Ein wahres Juwel, dieses neue Zimmerchen: Es ist zwar klein, aber von der Sonne durchstrahlt und vor allem so originell wie möglich. Auf einer Wendeltreppe steigt man hinauf, es hat zwei Fenster, das eine nach Süden, das andere nach Norden. Mit einem Wort, ein Belvedere, das als Horizont fast die ganze große Stadt hat. Ich habe vergessen, dir zu sagen, dass sich meine neue Straße Neuve-Sainte-Etienne-du-Mont nennt und meine neue Nummer die 24 ist. Bitte adressiere deine Briefe an meine Mutter in derselben Straße Nr. 21. Also kein Saint-Viktor, aber ein Saint-Etienne! Eigentlich haben wir nur den Heiligen gewechselt. Gib diese Adresse Houchard; denn obwohl dieser werte Jüngling es noch nicht für nötig befunden hat, mir zu schreiben, könnte ihn ja vielleicht wie durch ein Wunder die Lust dazu anwandeln. Verfahre ebenso mit Marguery.
Ich schreibe dir nur, um dir diese Nachricht mitzuteilen, und weiß wirklich nicht, was ich noch hinzufügen soll. Egal welche Dummheit auch immer. Das ist dir auch gleichgültig. Zwischen Geschwätz und Geschwätz gibt es doch keine Wahl.

Das Leichteste für mich ist, deinen Brief zu beantworten. Ach nein, ich laufe nicht mehr durchs Land, ich verirre mich nicht mehr zwischen die Felsen von Tholonet, und vor allem pilgere ich nicht mehr mit der Flasche im Ranzen in das Land Bailles, diesem ehrwürdigen Land weinseliger Erinnerung. Andere Zeiten, andere Sitten, wie es die Volksweisheit ausdrückt. Ich bin derart sesshaft geworden, dass mich der geringste Gang ermüdet, ich, dieser viator[136], der beflügelt bis Peyrolles laufen konnte, nicht ohne eine Erfrischung da und eine Wegzehrung dort. Meine großen Freuden sind jetzt die Pfeife und der Traum, die Füße gegen das Feuer gestreckt, die Augen auf die Flamme gerichtet. So verbringe ich fast ganze Tage ohne Langeweile, schreibe nie, lese bisweilen einige Seiten Montaigne. Offen gestanden möchte ich mein Leben ändern und mich ein wenig aufrütteln, um diesen Staub des Nichtstuns, in dem ich versinke, abzuschütteln. Schon seit Langem denke ich, dass es an der Zeit ist, etwas zu produzieren. Ein ganzer Band, Episode auf Episode, Kapitel um Kapitel, ist in meinem Kopf geordnet.[137] Ich bin fest entschlossen, ans Werk zu gehen und diese Arbeit Ende nächsten Sommers zu vollenden. Ein anderes trauriges Resultat des Lebens, das ich führe, ist, dass ich furchtbar verfressen geworden bin. »Das warst du immer schon«, wirst du mir erwidern. Ich gebe es zu, aber nicht auf eine derart verdammenswerte Weise. Getränke, Essen, all das macht mir Freude, und es bereitet mir denselben Spaß, einen guten Bissen zu verschlingen, wie eine Frau zu besitzen. Ich zeige mich ganz nackt, glaube ich, und meine Blößen würden mir zweifellos schaden, schriebe ich an irgendeinen ernsten Philosophen, der offen predigt und im Geheimen sündigt. Aber zu dir, mein guter Alter, der du so offen und einfach bist, kann ich wohl ohne Verstellung sprechen und sicher sein, dass du mich nicht mit Moralpredigten halb taub machst.

Folglich sagen wir also, dass du im tiefen Winter auf der gefrorenen Erde sitzend malen wirst, ohne dich um die Kälte zu

scheren. Diese Nachricht hat mich entzückt; ich sage »entzückt«, nicht weil ich mich darüber freue, dass du einen schwere Erkältung oder mindestens Frostbeulen riskieren willst, sondern weil ich aus dieser Beständigkeit deine Liebe zur Kunst und den Eifer, den du an die Arbeit setzt, herleite. Ah, mein armer Lieber, wie weit bin ich davon entfernt, es dir nachzutun! Augenblicklich schreibe ich, da mein Ofen ausgegangen ist, aus Angst vor kalten Füßen in meinem Bett, was, wie du mir glauben kannst, wenig behaglich ist, denn ich halte die Kerze in einer Hand und mit der anderen kritzele ich mühsam. Übrigens bleibe ich am Morgen, wo ich dies oder jenes schreiben könnte, im Bett und döse, und zwar nur, weil ich zu faul bin, mein Feuer anzuzünden. Das ist ewig mein Lied: Ich würde gut arbeiten, hätte ich meinen Ofen angezündet, aber nichts ist so langweilig wie eine solche Vorbereitung. Und der Schluss ist immer derselbe: zu meiner Mutter zu gehen und mich dort aufzuwärmen und mir zu schwören, im Frühjahr vernünftiger zu sein. Vorausgesetzt, ich finde während der Hitze nicht einen anderen Grund zur Faulheit. Ein Faulpelz hat immer einen schönen Grund, seine Faulheit zu entschuldigen. Nichts ist leichter, als sich selbst zu beweisen, dass man ungeheuer recht hat.
Du wirst dich vielleicht fragen, wozu all dieses für dich so uninteressante, läppische Geschwätz gut sein soll. Ich habe eben eine strenge Schule, die der realen Liebe durchgemacht, und mein Geist ist so niedergeschlagen, dass ich auf gar keinen Gegenstand einzugehen vermag.[138] Ich habe dir, wenn du hierher kommst, sehr viel darüber zu berichten. Solche Dinge lassen sich nie in Briefen berichten. Das Ereignis an sich ist nichts, die Einzelheiten sind alles. Ich zweifle sogar, dir mündlich all die schmerzlichen und freudigen Empfindungen, die ich durchgemacht habe, mitteilen zu können. Das Resultat ist folgendes: Da ich jetzt die Erfahrung habe und den Weg kenne, kann ich meine Freunde auf diesem Weg sicher führen. Ein anderes Re-

sultat ist, dass ich über neue Ansichten hinsichtlich der Liebe verfüge und dass diese mir bei dem Werk, das ich zu schreiben gedenke, sehr nützlich sein können.

Das alles ist, ich wiederhole es, nichts als Verschwendung von Tinte und vergeudetes Papier. Wäre es nicht, um mit dir zu plaudern, so würde ich es mir übelnehmen, mit solchen Nichtigkeiten Zeit, die ich selbst ernsten Dingen oft entziehe, zu verplempern. Ich sehe nur eine Sache klar, nämlich dass du bald kommen musst und dass dann all mein Kummer vergehen wird; dann, in weiterer Ferne, dass ich eine Stellung annehmen werde, um am Tag mein Brot zu verdienen und abends weiter an meinen schönen Träumereien zu arbeiten. Und endlich, bunt durcheinander im Nebel, kaum erkennbar, meinen Hund, der mich ein wenig liebt, meine Geliebte, die mich nicht im Mindesten liebt, und diese Menge, diese egoistische, gleichgültige Menge, die zu mir spricht, die mich umgibt, die an mich herantritt, ohne auch nur im Geringsten die Ruhe meiner Einsamkeit zu stören.

Ich erwarte dich. – Dein Freund

Emile Zola

Sage Monsieur Peicard, dass ich mich seiner Posse eifrig annehme und den Schluss erwarte, um ihm zu schreiben. – Was Marguery angeht, so glaube ich, dass er mir einen Auftrag gegeben hat. Versichere ihm, dass er bald ausgeführt werden wird.

34.
Emile Zola an Paul Cézanne

Paris, 3. März [1861]

Mein lieber Paul,

ich weiß nicht, ich habe eine böse Vorahnung im Hinblick auf deine Reise, ich meine, was den mehr oder weniger nahen Zeitpunkt deines Kommens angeht. Dich in meiner Nähe zu haben, zusammen mit dir wie früher zu plauschen, die Pfeife zwischen den Zähnen und das Glas in der Hand, das scheint mir etwas so außerordentlich Köstliches, etwas so Unmögliches, dass es Augenblicke gibt, wo ich frage, ob ich mir das nicht bloß einbilde, und ob dieser schöne Traum sich auch tatsächlich verwirklichen soll. Unsere Hoffnungen schlagen so oft fehl, dass uns die Verwirklichung einer solchen in Staunen versetzt und man sie erst dann für möglich hält, wenn sie Gewissheit geworden ist. Ich weiß nicht, von welcher Seite der Sturm kommen wird, aber ich spüre einen Sturm über meinem Haupt. Du hast zwei Jahre gekämpft, um dahin zu gelangen, wo du jetzt bist; es scheint mir, dass dir nach all den Anstrengungen der Sieg ohne neuen Kampf nicht vollkommen zufallen wird. Da ist der edle Gibert, der deine Absichten bekämpft, der dir rät, in Aix zu bleiben, ein Lehrer, der gewiss mit Bedauern sieht, dass ihm ein Schüler entgleitet. Andererseits möchte sich dein Vater erkundigen und besagten Gibert befragen, ein Geheimkonzil, das gewiss zum Aufschub deiner Reise bis August führen würde. Mir graut vor all dem, ich zittere davor, einen Brief von dir zu erhalten, in dem du mir mit wiederholtem Bedauern eine Änderung des Datums mitteilst. Ich habe mich so daran gewöhnt, die letzte Märzwoche als Ende meines Kummers zu betrachten, dass es mir sehr schmerzlich wäre, da mein Vorrat an Geduld gerade bis dahin reicht, mich um diese Zeit allein zu sehen. Doch befolgen wir den Grundsatz: Lassen wir alles kommen, wie es kommt, und wir werden sehen, was uns der Lauf der Ereignisse Gutes oder Schlechtes bringt. Wenn es gefährlich ist, zu viel zu hoffen, so ist nichts dümmer, als an allem zu verzweifeln; im ersten Fall riskiert man nur die künftige Heiterkeit, während man im letzteren ohne Grund traurig wird.

Du stellst an mich eine sonderbare Frage. Gewiss kann man hier wie überall sonst arbeiten, wenn man den Willen dazu hat. Paris bietet dir übrigens einen Vorteil, den du nirgendwo sonst finden kannst: die Museen, wo du von elf bis vier Uhr die alten Meister studieren kannst. Du kannst dir deine Zeit folgendermaßen einteilen: Von sechs bis elf gehst du in irgendeinem Atelier nach dem lebenden Modell malen, du isst zu Mittag und dann wirst du von zwölf bis vier entweder im Louvre oder im Luxembourg die Meisterwerke, die dir gefallen, kopieren. Das ergibt neun Arbeitsstunden, ich glaube, dass das genügt, und dass du mit einer solchen Einteilung nicht lange brauchst, um gute Resultate zu erzielen. Du siehst, dass uns der ganze Abend frei bleibt und wir ihn, ohne unsere Studien irgendwie zu vernachlässigen, ganz nach unserem Belieben ausfüllen können. Dann wollen wir am Sonntag nach irgendwelchen Punkten der Umgebung ausschwärmen. Die Gegenden sind entzückend, und wenn dich dein Herz drängt, wirst du die Bäume, unter denen wir gefrühstückt haben, auf einem Stückchen Leinwand skizzieren. Ich schmiede jeden Tag zauberhafte Pläne, die ich verwirklichen will, wenn du da bist: das poetische Arbeiten, wie wir es lieben. Faul bin ich nur, wenn es sich um die gemeine Arbeit handelt, um die Arbeit, die nur den Körper beschäftigt und den Geist abtötet. Aber die Kunst, die die Seele ausfüllt, begeistert mich, und oft, wenn ich ganz nachlässig ausgestreckt daliege, arbeite ich am meisten. Es gibt eine Menge Leute, die das nicht begreifen, und ich werde nicht derjenige sein, der es sich aufbürdet, ihnen das verständlich zu machen. Übrigens sind wir keine Jungen mehr, wir müssen an die Zukunft denken. Arbeiten wir, arbeiten wir: Das ist das einzige Mittel, ans Ziel zu gelangen!

Was die pekuniäre Frage angeht, werden dir 125 Francs monatlich tatsächlich keinen großen Luxus gestatten. Ich will dir einen Überschlag machen, was du ausgeben darfst. Ein Zimmer für 20 Francs monatlich; ein Mittagessen für 18 Sous und abends ein Essen für 22 Sous, das macht 2 Francs täglich oder 60 Francs monatlich. Wenn du die 20 Francs fürs Zimmer dazurechnest, so sind es 80 Francs monatlich. Dann musst du noch dein Atelier bezahlen, das von Suisse, eines der billigeren, kostet, glaube ich, 10 Francs. Darüber hinaus veranschlage ich 10 Francs für Leinwand, Pinsel und Farben, das macht 100 Francs. Bleiben dir also noch 25 Francs für Wäsche, Licht und all die Kleinigkeiten, die so anfallen, deinen Tabak und kleine Extras. Du siehst, dass du knapp auskommen wirst, und ich versichere dir, dass ich nicht übertreibe, im Gegenteil, ich setze eher noch geringer an. Im Übrigen wird das eine gute Schule für dich sein, du wirst dabei lernen, was das Geld wert ist und wie sich ein Mensch von Geist immer aus der Affäre ziehen muss. Um dich nicht ganz zu entmutigen, wiederhole ich es nochmals, du kannst auskommen. Ich rate dir, diesen Überschlag deinem Vater zu unterbreiten, vielleicht veranlasst ihn die traurige Realität der Zahlen, seinen Geldbeutel ein wenig weiter zu öffnen. Andererseits wirst du dir hier selbst ein paar Quellen erschließen können. Die in den Ateliers entstandenen Studien, besonders die im Louvre gemachten Kopien, verkaufen sich sehr gut. Und wenn du nur eine pro Monat anfertigst, würde das immerhin die Summe für die diversen Extras ganz anständig erhöhen. Hauptsache ist, einen Händler zu finden, aber das ist bloß eine Frage der Suche. Komm nur her, wenn nur das tägliche Brot gesichert ist, kann man sich gefahrlos der Kunst widmen.

Das ist eine ganze Menge Prosa, viele materielle Einzelheiten; da aber alles dich selbst betrifft und zudem nützlich ist, hoffe ich, dass du es entschuldigst. Dieser verteufelte Körper ist bisweilen sehr hinderlich, man schleppt ihn überallhin mit, und überall stellt er entsetzliche Ansprüche. Er hat Hunger, ihm ist kalt – was weiß ich. Und immer ist die Seele, die sich gern bemerkbar machen würde, genötigt zu schweigen und sich in den Hintergrund zu drücken, damit dieser Tyrann befriedigt wird. Glücklicherweise findet man ein gewisses Vergnügen in der Befriedigung seiner Bedürfnisse.
Antworte mir wenigstens vor dem 15., um mich zu beruhigen und mir die neuen Hindernisse mitzuteilen, die eventuell auftauchen könnten. Auf jeden Fall hoffe ich, dass du mir am Vortag deiner Abreise schreibst und mir die Stunde deiner Ankunft bekannt gibst. Ich werde dich auf dem Bahnhof erwarten und dich sofort zum Mittagessen mit meiner hochgelehrten Anwesenheit beehren. Ich schreibe dir noch bis dahin. Baille hat mir geschrieben. Wenn du ihn vor deiner Abreise siehst, nimm ihm das Versprechen ab, im September zu uns zu stoßen.
Ich drücke dir die Hand, meine Empfehlungen an deine Eltern.
Dein Freund

Emile Zola

Emile Zola an Jean-Baptistin Baille [Auszug]

Paris, 17. März [1861]

Mein lieber Baptistin,

[...] Unlängst habe ich einen Brief von Cézanne erhalten, worin er mir mitteilt, dass seine kleine Schwester[139] krank ist und er kaum damit rechnet, vor den ersten Tagen des nächsten Monats in Paris einzutreffen. Du wirst ihn also noch während deiner Osterferien sehen können. Trinkt noch ein letztes Mal ein ordentliches Glas, raucht eine gute Pfeife, und schwöre ihm, dass du uns im nächsten September aufsuchen wirst. Wir werden also eine Pléiade aus seltenen und bleichen, aber dank unserer Vereinigung glänzenden Sternen bilden. Wie es unser Alter[140] ausdrückt: Kein Traum, keine Philosophie wird der unsrigen gleichkommen. Ich sehe diesen Zeitpunkt als einen glücklichen Zeitpunkt herannahen; und ich glaube mich darin nicht zu irren. [...]

Emile Zola an Jean Baptistin Baille [Auszüge]

Paris, 22. April [1861]

Mein lieber Freund,

ich danke dir für deinen Brief; er ist niederschmetternd, aber zweckdienlich und notwendig. Der traurige Eindruck, den er mir einflößte, ist einigermaßen abgeschwächt worden, da ich vage eine Ahnung von den Verdächtigungen hatte, die über mich im Umlauf waren. Ich spürte in der Familie Pauls einen Gegner, ja fast einen Feind. Unsere entgegengesetzten Weisen, das Leben zu sehen und aufzufassen, weckten eine geheime Ahnung in mir, dass Monsieur Cézanne sehr wenig Sympathie für mich empfinden musste. Was soll ich dir sagen? Ich wusste schon alles, was du mir mitteilst, aber ich wollte es mir nicht eingestehen. Vor allem konnte ich nicht glauben, dass man mich in diesem Punkt für so infam halten und in meiner brüderlichen Freundschaft nichts als schändliche Berechnung sehen würde. Ich bin offen und muss gestehen, dass eine Anschuldigung aus diesem Mund mich eher überrascht als verstimmt hat. Ich fange an, mich so sehr an diese kleinliche und neidische Welt zu gewöhnen, dass mir eine Beleidigung als etwas ganz Gewöhnliches vorkommt, fast nicht der Mühe wert, sich darüber aufzuregen, und höchstens, je nach der Person, die sie mir ins Gesicht schleudert, mehr oder weniger verblüffend. Ich bin gewöhnlich mein eigener Richter, und da ich innerlich meiner sehr sicher bin, lächle ich über das Urteil der anderen; ich habe mir eine ganze Philosophie zurechtgelegt, um mir nicht tausenderlei Ärgernisse in meinen Beziehungen zu anderen zu schaffen; ich schreite stolz und frei vorwärts, kümmere mich wenig um das Geschrei, bediene mich seiner lediglich bisweilen mit einer Art Künstlerliebe, um das menschliche Herz kennenzulernen. Es ist, glaube ich, die größte Weisheit, tugendhaft und sanft zu sein, das Gute, Schöne und Gerechte zu lieben, ohne seine Tugend und Sanftmut allen beweisen zu wollen, ohne sich aufzulehnen, wenn man des Lasters und der Böswilligkeit bezichtigt wird. Im gegenwärtigen Fall fällt es mir freilich schwer, den Weg zu verfolgen, den ich mir vorgezeichnet habe; als Freund von Paul möchte ich von seiner Familie, wenn auch nicht geliebt, so doch zumindest geachtet werden. Wenn irgendein gleichgültiger Mensch, den ich flüchtig gestreift habe, und den ich nie mehr sehen werde, Verleumdungen über mich anhören und ihnen Glauben schenken würde, ich ließe es ruhig hingehen, ohne auch nur zu versuchen, ihn umzustimmen. Aber hier liegt der Fall anders. Da ich trotz allem Pauls Bruder bleiben möchte, sehe ich mich genötigt, öfter mit seinem Vater zu verkehren, bin ich gezwungen, diesem Mann, der mich verachtet, bisweilen unter die Augen zu kommen und ihm nicht Verachtung mit Verachtung vergelten zu können. Andererseits möchte ich um keinen Preis Uneinigkeit in diese Familie bringen. Solange Monsieur Cézanne mich für einen gemeinen Intriganten hält und seinen Sohn mit mir verkehren sieht, wird er auf seinen Sohn böse sein. Das will ich nicht; aber schweigen kann ich auch nicht. Wenn Paul selbst seinem Vater nicht die Augen öffnen will, muss eben ich daran denken, es zu tun. Meine edle Verachtung wäre hier schlecht angebracht; ich darf im Denken des Vaters meines alten Freundes absolut keinen Zweifel über mich aufkommen lassen. Das hieße, ich wiederhole es, unsere Freundschaft oder jedes Gefühl zwischen Vater und Sohn zu zerstören.

Ich glaube, es gibt noch etwas anderes, was du mir wahrscheinlich aus Zuneigung verschweigst. Du tust so, als gälten die Missbilligungen der Familie Cézanne uns beiden; aber irgendetwas sagt mir, dass ich der schwerer beschuldigte Teil von uns beiden bin, vielleicht sogar der allein Beschuldigte. Wenn dem so ist – und ich glaube mich nicht zu irren –, danke ich dir, dass du die Hälfte der schweren Last auf dich genommen und dadurch versucht hast, den traurigen Eindruck deines Briefes abzuschwächen. Tausend Einzelheiten, Tausende von Erwägungen haben mich auf diesen Gedanken gebracht; erstens mein Mangel an Vermögen, dann der fast schon offen eingestandene Schriftstellerberuf, mein Aufenthalt in Paris etc. Endlich als letzter ausschlaggebender Grund: Wenn ein Dachziegel herabfällt, trifft er stets meinen Kopf. Wo es irgendeinen hervorstehenden Pflasterstein gibt, werde immer ich derjenige sein, der gegen ihn stößt. Ich werde noch anfangen, an das Schicksal zu glauben.

Der Fall liegt, glaube ich, so: Monsieur Cézanne hat sehen müssen, wie die Pläne, die er gefasst hatte, durch seinen Sohn vereitelt wurden. Der angehende Bankier kommt zu dem Schluss, Maler zu sein, spürt, wie ihm Adlerflügel wachsen, und will das Nest verlassen. Fassungslos über diese Veränderung, über diesen Drang nach Freiheit, sucht Monsieur Cézanne des Rätsels Lösung, denn dass man die Malerei dem Bankgeschäft vorzieht und die freie Himmelsluft seinem staubigen Büro, das kann er nicht fassen. Er will absolut nicht begreifen, dass es so gekommen ist, weil Gott es gewollt, weil Gott ihn zum Bankier und seinen Sohn zum Maler geschaffen hat. Aber nach langem Suchen entdeckt er endlich, dass alles nur von mir kommen kann, dass ich es war, der Paul so geschaffen hat, wie er heute ist, dass ich es war, der seiner Bank die teuerste Hoffnung geraubt hat. Wahrscheinlich war von schlechtem Umgang die Rede, und so wurde Emile Zola, der Schriftsteller, ein Intrigant, ein falscher Freund und was weiß ich nicht noch alles. Es ist umso trauriger, weil es so unsäglich lächerlich ist. Wenn es im guten Glauben geschah, dann ist es eine Dummheit; ist es Berechnung, dann ist es die ärgste Niedertracht. Glücklicherweise hat Paul wahrscheinlich meine Briefe aufbewahrt; wenn man die liest, kann man sehen, welcher Art meine Ratschläge waren und ob ich ihn jemals auf Abwege getrieben habe. Im Gegenteil, zu wiederholten Malen habe ich ihm alle Nachteile einer Reise nach Paris klargemacht und ihm geraten, vor allem auf seinen Vater Rücksicht zu nehmen. Übrigens brauche ich mich hier gar nicht zu rechtfertigen. Wenn auch nur ein Hauch der Verdächtigungen, die auf meinem Haupt lasten, mich in deinem Denken belasten würde, könntest du nicht die mindeste Zuneigung für mich hegen. Mein Vergehen könnte bestenfalls in meiner Leichtfertigkeit bestehen, aber ich habe diese Leichtfertigkeit nicht einmal gehabt. Die Ratschläge, die ich Paul bisweilen erteilte, gab ich nie ohne Vorbehalt. Da ich sah, dass sein Charakter sich nur schwer irgendeiner Anstellung würde anpassen können, sprach ich ihm von Kunst, von Poesie, und das eher aus persönlicher Veranlagung als aus Berechnung. Sicherlich wünschte ich, ihn bei mir zu haben; aber niemals habe ich ihn, wenn ich diesen Wunsch äußerte, zur Auflehnung ermuntert. Mit einem Wort: Alle meine Briefe beruhten einzig auf Freundschaft und enthielten nur, was mir mein Wesen eingab. Der Einfluss dieser Worte auf die Laufbahn Pauls kann mir nicht als Verbrechen angerechnet werden; ohne es zu wollen, habe ich seine Liebe zu den Künsten wachgerufen, sicherlich habe ich nur eine Saat aufgehen lassen, die schon vorhanden war, eine Wirkung, die auch jede andere äußere Ursache hervorgebracht hätte. Ich frage mich und ich antworte mir, dass ich an nichts schuld bin. Mein Verhalten war immer offen und einwandfrei. Ich habe Paul immer wie einen Bruder geliebt, habe immer ohne jeden Egoismus, ohne jedes persönliche Interesse an sein Glück gedacht; ich habe seinen Mut gestärkt, wenn ich sah, dass er schwach wurde, habe ihm immer vom Schönen, Gerechten und Guten gesprochen und war stets bestrebt, sein Herz zu erheben und ihn vor allem zu einem Menschen zu machen. So war meine Beziehung zu ihm; mit Stolz würde ich meine Briefe vorweisen und würde sie nochmals schreiben, wenn sie nicht schon geschrieben wären. Das ist es, was ich die Menge und vor allem dich wissen lassen will, wenn du es nicht bereits weißt. Es ist wahr, dass ich in diesen Briefen wenig von Geld gesprochen habe, ich habe ihn nicht auf irgendein Geschäft aufmerksam gemacht, bei dem man enorme Summen verdienen kann. Es ist wahr, dass meine Briefe ihm ganz einfach nur von meiner Freundschaft berichteten, von meinen Träumen und von ich weiß nicht wie vielen schönen Empfindungen, Münzen, die in keinem Geschäft der Welt gültig sind. Und deshalb bin ich wohl in den Augen von Monsieur Cézanne ein Intrigant.

Ich spotte, aber mir ist gar nicht danach zumute. Wie dem auch sei, hier ist mein Plan: Wenn ich mich mit Paul abgesprochen haben werde, rechne ich damit, Monsieur Cézanne unter vier Augen zu sehen und dann freiheraus eine Erklärung zu fordern. Du brauchst, was meine Mäßigung und die von mir verwendeten Ausdrücke angeht, keine Angst zu haben. Hier kann ich meine verletzte Eigenliebe in Ironie umsetzen; aber dem Vater unseres Freundes gegenüber werde ich nur sein, was ich sein darf, von einer straffen Logik und einer Offenheit, die sich auf Beweise stützt. Übrigens scheinst du mir selbst diese Auseinandersetzung anzuraten; ich weiß nicht, ob ich mich irre, aber ei-

nige Andeutungen in deinem Brief schienen es mir nahezulegen, all diesen Verleumdungen durch eine Aussprache ein Ende zu machen.
Ich sage dir das alles und weiß noch gar nicht recht, was ich tun werde. Ich erwarte Cézanne, und ich wünsche ihn zu sehen, bevor ich etwas beschließe. Früher oder später wird Pauls Vater gezwungen sein, mir wieder seine Achtung zu schenken. Wenn ihm die früheren Tatsachen nicht bekannt sind, werden ihn wohl die künftigen Ereignisse überzeugen.
Ich habe vielleicht ein wenig zu lange bei dem Thema verweilt und ich gestehe, dass ich es mit Bedauern verlasse, so sehr wünsche ich, die Geringfügigkeit meines Unrechts und die lächerliche Seite all dieser Verleumdungen zu beweisen. [...]
»Ich habe Paul gesehen!!!« Ich habe Paul gesehen, verstehst du das, du; verstehst du den ganzen Wohllaut dieser vier Worte? Er ist diesen Morgen, Sonntag,[141] eingetroffen und rief im Treppenhaus ein paar Mal nach mir. Ich lag halb wach; zitternd vor Freude öffnete ich die Tür und wir umarmten uns leidenschaftlich. Dann hat er mich ein wenig über die Antipathie seines Vaters mir gegenüber beruhigt; er meinte, du hättest, wahrscheinlich aus Übereifer, ein wenig übertrieben. Endlich sagte er mir, dass sein Vater mich zu sprechen wünscht, ich soll ihn heute oder morgen aufsuchen. Dann gingen wir zusammen mittagessen und haben in einer Menge Gärten eine Menge Pfeifen geraucht, dann habe ich ihn verlassen. Solange sein Vater hier ist, werden wir uns nur selten sehen können, aber in einem Monat wollen wir zusammenziehen. [...]

Emile Zola an Jean-Baptistin Baille [Auszug]

Paris, 1. [Juni] 1861

[...] Ich bin vergangenen Sonntag mit Paul in die Gemäldeausstellung gegangen.[142] Obwohl ich die Künste liebe, kann ich dir über diese letzte Kundgebung unserer Künstler kaum etwas berichten. Du kennst nicht ihre Namen, den Unterschied der Schule, die sie trennt, ihre früheren Werke, und so wäre selbst der kleinste Bericht uninteressant für dich. Warte, bis du in Paris bist, bis du dich für diesen oder jenen Meister begeisterst, dann können wir, wenn unser Gott derselbe ist, bewundern, diskutieren hingegen, wenn wir uns in entgegengesetzten Lagern befinden. – Ich sehe Paul ziemlich häufig. Er arbeitet viel, was uns bisweilen trennt; aber über diese Art der Nachlässigkeit klage ich nicht. Wir haben noch keine Ausflüge unternommen, oder vielmehr, die, die wir in Angriff genommen haben, sind der Feder nicht wert. Morgen, Sonntag, wollen wir nach Neuilly gehen und den Tag am Ufer der Seine verbringen, baden, trinken, rauchen etc. etc. Aber gerade da wird das Wetter trüb, weht der Wind und es wird kalt. Adieu, schöner Tag! Ich weiß nicht recht, wie wir ihn verbringen werden. – Paul wird mein Porträt malen. [...]

Emile Zola an Jean-Baptistin Baille [Auszug]

Paris, 10. Juni 1861

[...] Cézanne sehe ich selten. Ach, es ist nicht mehr wie in Aix, als wir achtzehn Jahre alt waren, dass wir frei und völlig sorglos in Bezug auf die Zukunft wären. Jetzt reißen uns die Anforderungen des Lebens, die getrennte Arbeit auseinander. Des Morgens geht Paul zu Suisse, ich bleibe zum Schreiben in meinem Zimmer. Um elf Uhr essen wir zu Mittag, jeder für sich. Bisweilen gehe ich mittags zu ihm, und dann arbeitet er an meinem Porträt. Für den Rest des Tages geht er zu Villevieille zum Zeichnen; er isst zu Abend und legt sich zeitig nieder, und ich sehe ihn nicht mehr. Hatte ich mir das so vorgestellt? Paul ist immer noch der prachtvolle, wunderliche Junge, den ich am Gymnasium gekannt habe. Als Beweis, dass er nichts von seiner Originalität einbüßt hat, brauche ich dir nur zu sagen, dass er, kaum dass er hier eingetroffen war, davon sprach, wieder nach Aix zurückzukehren; drei Jahre um seine Reise gekämpft zu haben und sich dann keinen Deut darum zu scheren! Ich gestehe, dass ich angesichts eines solchen Charakters, angesichts solch unvorhersehbarer und wenig vernünftiger Verhaltensänderungen verstumme und meine Logik für mich behalte. Cézanne etwas beweisen wollen, hieße die Türme von Notre-Dame überreden, eine Quadrille zu tanzen. [...] Und bedenke, dass die Zeit bei ihm zu Eigensinn geführt hat, ohne ihm einen vernünftigen Grund zum Eigensinn zu geben. Er ist aus einem Stück gehauen, hart und rau anzufassen; nichts beugt ihn, nichts kann ihm ein Zugeständnis abringen. Er möchte nicht einmal erörtern, was er denkt; er verabscheut die Diskussion, zunächst, weil das Sprechen ermüdet, und dann, weil er, falls sein Gegner recht behielte, seine Ansicht ändern müsste. Da ist er mitten ins Leben geworfen, mit ganz bestimmten Vorstellungen, die er nur nach seinem eigenen Urteil ändern will. Im Übrigen ist er der beste Junge der Welt, nur dass er aus Abscheu vor der Diskussion stets dasselbe sagt wie die anderen, aber dennoch einzig und allein nach seinem kleinen Kopf denkt. Wenn seine Lippen Ja sagen, sagt sein Verstand die meiste Zeit Nein. Wenn er zufällig eine Ansicht vorbringt, die der besprochenen entgegengesetzt ist, wird er wütend, und ohne prüfen zu wollen, brüllt er, man verstehe von der Sache nichts, und geht zu etwas anderem über. Versucht man doch einmal, mit einem derart starrsinnigen Burschen zu diskutieren – was sage ich da –, mit ihm einfach nur zu sprechen, wird man nicht einen Schritt breit Land gewinnen [...]. Ich hatte gehofft, dass die Jahre einiges an ihm gemildert hätten. Aber ich finde ihn genauso wieder, wie ich ihn verlassen habe. Mein Vorgehen ihm gegenüber ist schlicht Folgendes: seiner Fantasie niemals Einhalt tun, ihm bestenfalls nur ganz indirekte Ratschläge geben, mich zur Fortsetzung unserer Freundschaft nie auf seine Gutmütigkeit verlassen, ihn niemals zwingen, mir die Hand zu drücken; mit einem Wort, völlig in den Hintergrund zu treten, ihn immer heiter zu empfangen, ihn aufzusuchen, ohne ihm lästig zu fallen und, mich nach seinen Belieben zu fügen, je nachdem, ob er mehr oder weniger Nähe zwischen uns wünscht. Meine Redeweise überrascht dich vielleicht, dennoch ist sie logisch. Paul ist mir gegenüber wohlgesonnen, ein Freund, der mich zu verstehen und zu schätzen weiß. Da aber jeder seine Wesensart hat, muss ich mich, wenn ich seine Freundschaft nicht vertreiben will, aus Klugheit seinen Launen fügen. Dir gegenüber würde ich vielleicht im gleichen Fall Vernunftgründe anwenden, aber bei ihm hieße das, alles verlieren. Ich glaube nicht, dass da irgendeine Wolke zwischen uns steht; wir stehen uns immer noch sehr nahe, und alles, was ich dir sage, rührt ziemlich ungelegen von Zufälligkeiten, die uns mehr auseinanderbringen, als mir lieb ist. [...]

Emile Zola an Jean-Baptistin Baille [Auszug]

[Paris, Ende Juni/Anfang Juli 1861]

Mein lieber Baille,
[...] Was soll man von dieser Mischung aus Gutem und Bösem sagen, aus der ein Leben besteht? Welche Waage soll man neh-

men, um genau abzuwägen, was man loben, was man tadeln soll? Und vor allem, wie soll man alle Taten eines Menschen bewerten? Denn wenn man eine einzige übergeht, ist das Urteil ungerecht. Und wenn dieser Mensch noch nicht gestorben ist, welches gute oder schlechte Fazit kann man aus einem Leben ziehen, das noch Gutes und Schlechtes vollbringen kann? Das habe ich mir gesagt, als ich an meinen letzten Brief dachte, worin ich dir von Cézanne spreche. Ich hatte ihn zu beurteilen versucht, und meiner Aufrichtigkeit zum Trotz bedauere ich, eine Schlussfolgerung gezogen zu haben, die alles in allem doch nicht richtig ist. – Kaum zurück aus Marcoussis,[143] suchte Paul mich auf und war liebevoller denn je zu mir; seit dieser Zeit verbringen wir sechs Stunden täglich miteinander; unser Ort der Zusammenkunft ist sein kleines Zimmer; dort malt er mein Porträt; in der Zeit lese ich oder wir plaudern miteinander, dann, wenn uns die Arbeit zu den Ohren heraushängt, gehen wir gewöhnlich eine Pfeife im Jardin du Luxembourg rauchen. Unsere Gespräche drehen sich ein wenig um alles, besonders um die Malerei; unsere Erinnerungen beanspruchen dabei auch viel Platz; was die Zukunft angeht, die streifen wir nur mit einem Wort, im Vorübergehen, sei es in dem Wunsch unserer völligen Wiedervereinigung, sei es, um uns die fürchterliche Frage nach dem Erfolg zu stellen. Bisweilen hält mir Cézanne einen Vortrag über die Sparsamkeit, und zum Schluss zwingt er mich, eine Flasche Bier mit ihm trinken zu gehen. Ein andermal singt er stundenlang ein sowohl hinsichtlich der Musik als auch der Worte blödsinniges Couplet vor, bis ich laut erkläre, die Vorträge über Sparsamkeit doch vorzuziehen. Wir werden wenig gestört, ab und an überfallen uns einige Eindringlinge; Paul beginnt wie besessen zu malen; ich sitze ihm wie eine ägyptische Sphinx; und der Eindringling, von der vielen Arbeit ganz bestürzt, setzt sich einen Augenblick hin, wagt nicht, sich zu rühren, und entfernt sich mit einem ganz leisen »Guten

Tag«, indem er sachte die Tür schließt. – Ich möchte dir gern noch einige Einzelheiten mehr mitteilen. Cézanne hat viele Anfälle von Mutlosigkeit; trotz der ein wenig geheuchelten Verachtung für den Ruhm sehe ich doch, dass er sich gern durchsetzen möchte. Wenn er schlecht arbeitet, spricht er von nichts Geringerem, als nach Aix zurückzukehren und sich in einem Handlungshaus als Kommis anstellen zu lassen. Es bedarf dann großer Reden, um ihm die Dummheit einer solchen Rückkehr zu beweisen; er ist bald davon überzeugt und wieder an der Arbeit. Trotzdem lässt ihm der Gedanke keine Ruhe; bereits zweimal war er drauf und dran wegzufahren; ich fürchte jeden Augenblick, dass er mir noch davonläuft. Wenn du ihm schreibst, trachte ihm von unserer baldigen Zusammenkunft zu sprechen, und zwar in den verführerischsten Farben; das ist das einzige Mittel, ihn festzuhalten. Wir haben noch keinen Ausflug gemacht, das Geld hält uns davon ab; er ist nicht reich und ich noch weniger. Trotzdem hoffen wir, einen der nächsten Tage auszufliegen und irgendwo zu träumen. – Um dir alles noch einmal zusammenzufassen, sage ich dir, dass unser Dasein trotz seiner Einförmigkeit nicht das langweiligste ist; die Arbeit hindert uns am Gähnen; dann vergolden einige ausgetauschte Erinnerungen das Ganze mit einem Sonnenstrahl. Komm, und wir werden uns noch weniger langweilen.

Ich nehme diesen Brief wieder auf, um das, was ich dir weiter oben gesagt habe, durch ein Ereignis zu belegen, das sich gestern, Sonntag, zugetragen hat. Ich ging zu Paul, der mir mit großer Kaltblütigkeit erklärte, dass er gerade seinen Koffer packe, um morgen abzureisen. Einstweilen gingen wir ins Café. Ich habe ihm keinerlei Vorwurf gemacht; ich war derart erstaunt und völlig davon überzeugt, dass meine Logik wirkungslos bleiben würde, dass ich nicht den geringsten Einwand wagte. Indessen suchte ich nach einer List, um ihn zurückzuhalten; endlich glaubte ich sie gefunden zu haben und bat ihn, mein

Paul Cézanne, Porträt von Emile Zola, *um 1862, Musée Granet, Aix-en-Provence.*

Porträt anzufertigen. Er nahm diesen Gedanken mit Freuden auf, und für diesmal war keine Rede mehr von Rückkehr. Dies verwünschte Bild, das ihn meiner Absicht nach in Paris festhalten sollte, hat gestern dabei versagt, ihn am Gehen zu hindern. Nachdem er es zweimal von Neuem begonnen hatte und immer wieder mit sich unzufrieden war, wollte Paul damit zu Ende kommen und bat mich für gestern früh um eine letzte Sitzung. Ich gehe also gestern zu ihm hin; als ich eintrete, sehe ich den Koffer offen, die Schubladen zur Hälfte geleert; Paul wühlt mit finsterem Gesicht in seinen Sachen und wirft sie unordentlich in den Koffer. Dann sagt er mir ganz ruhig: »Ich fahre morgen.« – Nun, und mein Bild?, frage ich ihn. »Dein Bild«, antwortet er mir, »habe ich eben zerrissen. Ich wollte es heute Morgen retuschieren und als es immer schlechter und schlechter wurde, habe ich es vernichtet; und jetzt reise ich ab.« Ich hielt mich mit einer Entgegnung noch zurück. Wir gingen zusammen mittagessen und trennten uns erst am Abend. Im Verlauf des Tages kam er zu einer vernünftigeren Auffassung, und als er mich verließ, versprach er schließlich zu bleiben. Aber das ist sozusagen nur ein mieses Flickwerk; wenn er nicht diese Woche fährt, wird er nächste Woche fahren; du kannst darauf gefasst sein, ihn von einen auf den anderen Augenblick abreisen zu sehen. Ich glaube sogar, dass er gut daran tun wird. Paul mag zwar das Genie eines großen Malers besitzen, aber er wird nie das Genie haben, es zu werden.[144] Das geringste Hindernis bringt ihn zur Verzweiflung. Ich wiederhole es, er soll nur wegfahren, wenn er vielen Unannehmlichkeiten aus dem Weg gehen will. [...]

Emile Zola an Jean-Baptistin Baille [Auszug]

Paris, 18. Juli 1861

Mein lieber Freund,

[...] Seit einiger Zeit sehe ich Cézanne recht selten. Er arbeitet bei Villevieille, geht nach Marcoussis etc. Dennoch ist es mitnichten zum Bruch zwischen uns gekommen. [...]

35.
Emile Zola an Paul Cézanne

Paris, 20. Januar 1862

Mein lieber Paul,

es ist lange her, dass ich dir geschrieben habe, ich weiß überhaupt nicht, weshalb. Paris hat unserer Freundschaft nichts gebracht; vielleicht braucht sie, um munter zu gedeihen, die Sonne der Provence. Wahrscheinlich war es ein unglückliches Quiproquo, das zu einer Abkühlung in unseren Beziehungen geführt hat, irgendein falsch beurteilter Umstand oder aber irgendein böser Satz, der allzu wortwörtlich aufgefasst wurde. Ich weiß es nicht und will es auch gar nicht wissen; wenn man im Dreck wühlt, macht man sich die Hände schmutzig. Egal, ich betrachte dich immer noch als meinen Freund; ich erwarte, dass du mich einer niedrigen Handlung für unfähig hältst und dass du mich ebenso schätzt wie früher. Sollte dem nicht so sein, tätest du gut daran, dich auszusprechen und mir offen zu sagen, was du mir vorwirfst. Doch soll der Brief, den ich dir heute schreiben möchte, kein Brief der Aussprache sein. Ich will dir nur als Freund auf deinen Brief antworten und ein wenig mit dir plaudern, als ob deine Reise nach Paris gar nicht stattgefunden hätte.

Du rätst mir zu arbeiten, und du tust es mit solcher Eindringlichkeit, dass man meinen könnte, die Arbeit widere mich an. Ich möchte dich davon überzeugen, dass mein innigster Wunsch, mein täglicher Gedanke dahingeht, eine Stelle zu finden, dass allein die Unmöglichkeit, eine Beschäftigung zu finden, mich zu Hause festnagelt; dass, wenn ich krank bin, wenn ich fühle, dass ich allmählich nachlasse, dies nur deshalb geschieht, weil ich, der große zweiundzwanzigjährige Junge, sehen muss, dass ich nicht bloß die gegenwärtige Zeit versäume, sondern auch die zukünftige. Sag dir das jeden Tag, sag dir, dass ich nicht absichtlich in Faulheit versinke, und dass ich es vorziehen würde, Maurer zu sein, als müßig zu bleiben.

Baille hat dir nicht falsch berichtet, als er dir sagte, dass ich wahrscheinlich bald als Angestellter in die Firma Hachette[145] eintreten werde. Ich erwarte einen Brief, der mir eine vakante Stelle ankündigt. Unglücklicherweise ist bei diesem Brief mit einigem Verzug zu rechnen, und ebendieser Verzug tötet mich. Ich habe Lombard[146] erst ein einziges Mal gesehen. Auch wenn seine Wohnung bloß zwei Schritte von der meinen entfernt ist, gehe ich so selten aus, dass ich nicht recht weiß, wann ich seinen Besuch erwidern werde. Doch bin ich ihm einigen Dank schuldig. Er hat mir den Herausgeber einer Zeitschrift[147] geschickt,

der auf der Suche nach einem Dichter war. Durch dessen Vermittlung wurden unlängst einige Verse von mir veröffentlicht, die ersten, die das Licht der Hauptstadt erblickten. Wenn sich diese Zeitschrift hält, könnte ich darin den Grundstein zu einem guten Ruf legen.
Baille sehe ich regelmäßig jeden Sonntag und Mittwoch.[148] Wir lachen selten; es herrscht eine wahre Hundekälte, und die Vergnügungen von Paris, wenn es dort überhaupt Vergnügungen gibt, kosten unsinnige Summen. Wir sind daher darauf beschränkt, von der Vergangenheit und der Zukunft zu sprechen, weil die Gegenwart so kalt und arm ist. Vielleicht wird der Sommer ein wenig Heiterkeit bringen; wenn du, wie du es versprichst, im März kommst,[149] falls ich angestellt bin und uns das Glück hold ist, dann werden wir vielleicht ein wenig in der Gegenwart leben können, ohne viel zu bereuen und ohne allzu viel zu entbehren. Aber das sind gar viele Wenns; und eines genügt, damit alles scheitert.
Glaube aber nicht, dass ich vollständig verblödet bin. Ich bin zwar recht krank, aber noch nicht tot. Der Geist ist tätig und schafft Wunder. Ich glaube sogar, dass ich mit dem Leiden größer werde. Ich sehe, ich höre besser. Neue Sinne, die mir fehlten, um bestimmte Dinge in Augeschein zu nehmen, sind in mir erwacht. Es kommt mir vor, als ob ich jetzt gewisse Dinge des Lebens besser schildern könnte als vor einem Jahr. Mit einem Wort, mein Horizont erweitert sich, und wenn ich einmal werde schreiben können, wird mein Stil sicherer sein, denn ich werde schreiben, was ich empfunden habe. Hoffnung! Ich arbeite noch immer an meinem großen Gedicht.[150] Baille findet den Gedanken groß; wollte Gott, dass die Form dem Gedanken entspräche!
Und was machst du? Wie hast du dein Leben eingerichtet? Müssen wir unseren Träumen Adieu sagen, und wird die Dummheit unsere Pläne durchkreuzen?

Antworte mir einer dieser Tage, wie es dir passt. Sobald ich bei Hachette oder anderswo eingetreten sein werde, teile ich es dir mit.
Baille bittet mich, dir in seinem Namen die Hand zu drücken. Er hat so viel Arbeit, dass er dir gerade nicht schreiben kann.
Meine Empfehlungen an deine Eltern. Ich drücke dir die Hand.
Dein Freund

Emile Zola
Rue Soufflot 11

36.
Emile Zola an Paul Cézanne und Jean-Baptistin Baille

Paris, den 18. September 1862

Meine Freunde,[151]

die Sonne scheint, und ich bin eingesperrt.[152] Ich beobachte seit einer Stunde Maurer, die mir gegenüber arbeiten. Sie gehen, kommen, steigen herauf, steigen hinunter und wirken sehr glücklich. Ich, ich sitze und zähle die Minuten, die mich noch von sechs Uhr trennen. Ah, verwünschte Traurigkeit! Das ist jetzt der Refrain all meiner Lieder.
Ich habe zu meinem größten Kummer ein Gedicht über Jeanne d'Arc begonnen.[153] Noch nie hat mir ein Thema ähnliche Schwierigkeiten bereitet; umso mehr, als ich es aus einem Blickwinkel angepackt habe, das gewöhnliche Banalitäten ausschließt. Ich möchte eine einfache Jeanne d'Arc schaffen, die so spricht, wie ein junges Mädchen sprechen soll; keine hochtrabenden Worte, keine Ausrufungszeichen, kein mehr oder weniger deplatzierter

Lyrismus; eine in ihrer Einfachheit große Erzählung, ein maßvoller Vers, der deutlich ausdrückt, was er zum Ausdruck bringen will. Dies ist sicher kein geringeres Streben. Je weiter ich vorankomme, desto mehr wird Molière mein Meister. Sonne, Mond, Blumen, das ist alles recht schön, aber ein wahrer Gedanke, der ohne Emphase ausgedrückt wird, hat auch seinen Verdienst. Ich glaube entschieden, dass ich mich dem komischen Vers zuwende; ich werde sicherlich für das Theater arbeiten, aber ich will nichts für die Bühne schreiben, bevor ich achtundzwanzig oder dreißig Jahre alt bin. Bis dahin bringen wir es dazu, uns die müßigen Attribute, die effektvollen Tiraden, die in ihrer Verkoppelung heulenden Antithesen zu verleiden. Machen wir lyrische Gedichte, während wir auf Besseres warten.

Sicher, Jeanne quält mich, doch am Ende werde ich etwas aus dieser Idee machen, aber ich bin auf stürmische Abende gefasst. Wenn Baille kommt, werde ich ihm vielleicht schon einige fertige Teile dieses Gedichts vorlegen können; ich komme sehr langsam voran. Heute fühle ich mich hoffnungsvoll. Es gibt so viele Dummköpfe, dass es leicht ist, aus der Menge herauszutreten, wie wenig intelligent man auch ist. Haben wir Mut und arbeiten wir.

Dann kam mir heute Morgen auf dem Weg ins Büro, als ich in der Sonne meine Pfeife rauchte, ein freudiger Gedanke. Eines Tages, habe ich mir gesagt, vielleicht in einem Jahr, vielleicht in zehn, wird es mir vergönnt sein, eine Reise in die Provence zu machen. Mit welcher Freude werde ich den Baum wiedersehen, in dessen Schatten ich mich einst niederließ, den Pfad, auf dem wir, meine alten Freunde und ich, die Träume unserer sechzehn Jahre geträumt haben. Wir werden noch zusammen sein, und das wird unser Fest sein. Womöglich alt, jedenfalls schon im tätigen Leben, werden wir einen Monat lang unser Leben von ehemals wieder leben. Ah, die schönen Ausflüge, das endlose

Schwatzen! Und wie werden wir uns in dieser Vergangenheit von den Mühen der Gegenwart ausruhen! Wenn dieser Tag gekommen sein wird, na, dann werden wir vielleicht schon manche Stunde hinter uns gebracht haben, werden uns getrennt haben und in verschiedenen Welten vom Schicksal verschieden begünstigt leben, und dennoch werden wir nur eine Seele haben, um den vagen Duft unserer Jugend zu atmen. Oh, der schöne Tag! Und wie glücklich sind wir, Erinnerungen zu haben!

Wirklich, ich bin fröhlich inmitten meiner Wehmut von heute. Ich will diesen Abend bis Mitternacht arbeiten, und wenn ich heute wieder einen so guten Vers mache, wie ich ihn gestern gemacht habe, habe ich einen Vorrat an Heiterkeit für morgen. Armer Narr, der ich bin!

Ich bin wohl ein wenig einsam. Wirklich, im November muss sich mein Herz vermählen. Mit sechzehn Jahren ist ein Trugbild gut, mit zwanzig Jahren und wenn man mein Leben gelebt hat, braucht man eine Wirklichkeit. Die harte und versessene Arbeit genügt nicht, um vergessen zu machen. Ich bin der Ansicht, dass nichts den Appetit besser stillt, als viel zu essen. Ich habe großen Hunger.

Ich weiß nicht, was ich eben geschrieben habe, und schere mich auch kaum darum. Ich wollte euch einfach bloß sagen, dass ihr mich vernachlässigt, und ich musste wohl die vier Seiten ausfüllen, da das Papier weiß war und ich eine Feder hatte. Was macht ihr? Und weshalb dieses Schweigen? Wenn man befreundet ist, soll man nicht mit Weile eilen, sondern möglichst bisweilen eilen. Ich erwarte einen Brief, werdet ihr mich lange auf ihn warten lassen? Ich warte auch immer noch auf die Kopie von Paul. Gestern flog ein Vogel, der aus dem Süden kam, über meinen Kopf und ich rief ihm zu: »Vöglein, mein kleiner Freund, sahst du da unten auf der Straße nicht ein herumirrendes Gemälde?« »Ich habe nichts gesehen«, hat er mir geantwortet, »als den Straßenstaub. Geh und sei traurig, man hat dich vergessen.« Nicht wahr, er hat gelogen?

Emile Zola

37.
Emile Zola an Paul Cézanne

Paris, 29. September 1862

Mein lieber Freund,

der Glaube ist wiedergekehrt; ich glaube und hoffe. Ich habe mich wirklich an die Arbeit gemacht; jeden Abend sperre ich mich in meinem Zimmer ein und schreibe oder lese bis Mitternacht. Das beste Ergebnis dessen ist, dass ich teilweise meine Heiterkeit wiedergefunden habe. Ich habe mir Folgendes gesagt: Durch Arbeit gelangen die Dummen ans Ziel, warum bediene ich mich nicht dieses Mittels? Ich will Manuskript auf Manuskript in meinem Schreibtisch anhäufen; dann, eines Tages, werde ich einiges in den Zeitungen loslassen. Seit Bailles Abreise habe ich schon drei Novellen von ungefähr dreißig Seiten geschrieben;[154] ich hoffe, noch ein gutes Dutzend zu verbrechen, und werde dann versuchen, sie irgendwo verlegen zu lassen. – Ich bin in einer fröhlichen Periode; ich lache und langweile mich nicht mehr. Teile diese gute Nachricht Baille mit und sage ihm, dass seine Rückkunft mich von den Wunden der Vergangenheit heilen wird – denn, offen gestanden, die Vergangenheit hatte viel mit meiner Verzweiflung zu tun; sie machte mir beinahe die Zukunft zunichte; jetzt bin ich völlig darüber hinweg. Eine Hoffnung hat sicherlich dazu beigetragen, meinen Spleen zu verjagen, nämlich die, deine Hand bald drücken zu können.

Ich weiß wohl, dass das noch nicht ganz sicher ist, aber du gibst mir doch die Hoffnung, und das ist schon viel. Ich billige deinen Plan völlig, zum Arbeiten nach Paris zu kommen und dich dann in die Provence zurückzuziehen. Ich glaube, dass das die beste Art ist, sich den Einflüssen der Schulen zu entziehen und seine Originalität, so man denn eine hat, zu entfalten. Also, wenn du nach Paris kommst – umso besser für dich und uns! Wir wollen unser Leben einteilen, zweimal die Woche wollen wir einen Abend zusammen verbringen und alle anderen Abende arbeiten. Die Stunden, in denen wir uns sehen, werden keine verlorenen sein; nichts ermutigt mich so sehr, als einige Zeit mit einem Freund zu plaudern. Ich erwarte dich also.

Es war nicht nötig, das Paket, das du mir schicken solltest, zu frankieren; ich hatte schon damit gerechnet, das Porto selbst zu bezahlen. Aber jetzt gibt mir die Bemerkung, die du machst, zu denken. Wenn du sparst, will auch ich sparen. Du gibst also Baille die Leinwand, der sie mir bringen wird.
Was die Ansicht vom Staudamm angeht, so bedauere ich lebhaft, dass dich der Regen dort zu arbeiten hindert. Sowie die Sonne scheint, musst du zu den Felsen gehen und trachten, alles so rasch wie möglich fertig zu bekommen. Wenn du mit Baille nach Paris kommen solltest, bringe mir unbedingt eine Skizze mit, das wird mir genügen; wenn jedoch das Bild um diese Zeit fertig sein könnte, wäre es umso besser. Du hast noch einen ganzen Monat vor dir.
Ich habe Marguery gesehen. Wir sind gestern Abend bis Mitternacht zusammengeblieben. Der Anblick dieses schönen, dicken Burschen hat eine einzigartige Wirkung auf mich gehabt. Es war meine ganze Jugend, die plötzlich vor meinen Augen wieder erwachte. Die Zeit liegt so fern, so viele Eindrücke haben die Jahre der Jugend ausgelöscht, eine Viertelstunde lang zitterte ich fast vor Ergriffenheit. Was ihn angeht, so ist er geblieben,

wie ich ihn verlassen habe; Aix ist sonderbarerweise mit Dickwänsten gesegnet.
Das für den Wettbewerb um den Preis für Malerei vorgegebene Thema war in diesem Jahr »Coriolan, von seiner Mutter Vitturia beschworen«.[155] Acht Schüler wurden aufgenommen; sie haben acht Sudeleien verbrochen. Das an sich dumme Thema ist achtmal blödsinnig dargestellt worden. Es ist merkwürdig, wie schwach unsere historische Schule ist, und wie sehr sich dagegen unsere landschaftliche Schule verbessert. Man könnte in der Dichtkunst die gleiche Beobachtung machen: Das didaktische Genre ist tot; die Lyrik hat nie mehr Glanz als in unserem Jahrhundert besessen.
Ich glaube, dass Baille noch immer in Nizza ist. Ich werde ihm nächste Woche schreiben.
Schreibe mir, sobald du mir eine verbindliche Auskunft über deine Reise geben kannst. Denke an den Staudamm! Die Zeit drängt, ich kann meinen Brief nicht überlesen.
Auf bald. Ich drücke dir die Hand. Dein Freund

Emile Zola

Emile Zola: Vorwort zu *Mon Salon* (*Mein Salon*)

Meinem Freund Paul Cézanne

Es bereitet mir eine große Freude, mein Freund, mich allein mit dir zu unterhalten. Du kannst dir nicht vorstellen, wie sehr ich bei diesem Kampf gelitten habe, den ich soeben mit der Menge, mit Unbekannten, ausfocht; ich fühlte mich so wenig verstanden, ich spürte einen derartigen Hass um mich herum, dass mir vor Entmutigung oft die Feder aus der Hand fiel.

Doch heute kann ich mir das intime Vergnügen einer jener vortrefflichen Plaudereien leisten, die wir seit zehn Jahren miteinander haben. Diese paar Seiten sind für dich allein geschrieben. Ich weiß, dass du sie mit deinem Herzen lesen und mich morgen noch herzlicher lieben wirst.

Stell dir vor, dass wir uns allein in irgendeinem abgelegenen Winkel befinden, fern von allen Streitigkeiten, und dass wir uns wie alte Freunde unterhalten, die einander bis ins Herz hinein kennen und sich mit einem einfachen Blick verstehen.

Seit zehn Jahren sprechen wir über Kunst und Literatur. Wir haben zusammen gewohnt – erinnerst du dich noch daran? – und oft hat uns die Morgendämmerung überrascht, als wir noch diskutierten und eingehend die Vergangenheit erörterten, die Gegenwart hinterfragten, die Wahrheit zu entdecken und uns eine unfehlbare und vollkommene Religion zu schaffen versuchten. Wir haben eine entsetzliche Menge an Gedanken gewälzt, haben alle Systeme sondiert und verworfen und haben uns nach einer derart mühsamen Arbeit gesagt, dass es außer dem kraftvollen und individuellen Leben nichts als Lüge und Dummheit gibt.

Paul Cézanne, Der Zola-Staudamm, *1877/78, National Museum of Wales, Cardiff.*

Wie glücklich sind die, die Erinnerungen haben! Für mein Leben sehe ich in dir jenen blassen jungen Mann, von dem de Musset spricht. Du bist meine ganze Jugend; ich begegne dir in jeder meiner Freuden, in jedem meiner Leiden. Unsere Geister haben sich in ihrer Brüderlichkeit Seite an Seite entwickelt. Und heute, am Tag des Debüts, vertrauen wir uns, weil wir einander in Fleisch und Blut übergegangen sind.

Wir lebten jeder im Schatten des andern, abgesondert, wenig gesellig, und erfreuten uns an unseren Gedanken. Wir fühlten uns inmitten der entgegenkommenden und leichtfertigen Menge verloren. Wir suchten vor allen Dingen Menschen, wir wollten in jedem Werk, sei es ein Gemälde oder ein Gedicht, eine persönliche Note finden. Wir behaupteten, dass die großen Meister, die Genies, Schöpfer sind, deren jeder eine Welt mit allen Einzelheiten geschaffen hat, und wir wiesen die Gefolgsmänner, die Unfähigen zurück, deren Handwerk darin besteht, hier und dort ein Bröckchen Originalität aufzuklauben.

Weißt du, dass wir, ohne es zu wissen, Revolutionäre waren? Ich habe jetzt laut aussprechen können, was wir zehn Jahre lang ganz leise sagten. Der Lärm des Streites ist bis zu dir gedrungen, nicht wahr? Und du hast den schönen Empfang gesehen, den man unseren geliebten Gedanken bereitet hat. Ah, die armen Jungs, die so unverdorben mitten in der Provence unter der freigiebigen Sonne lebten und unter deren Oberflächen derartige Verrücktheiten und Unaufrichtigkeiten schwelten!

Denn – und das wusstest du bestimmt nicht – ich bin ein unaufrichtiger Mensch. Das Publikum hat bereits mehrere Dutzend Zwangsjacken für mich bestellt, um mich nach Charenton[156] bringen zu lassen. Ich lobe nur meine Verwandten und Freunde, ich bin ein Dummkopf und ein Bösewicht, ich lege es auf den Skandal an.

Das ist mitleiderregend, mein Freund, und sehr traurig. Wird die Geschichte also stets dieselbe sein? Muss man mithin stets mit den Wölfen heulen oder schweigen? Erinnerst du dich unserer langen Unterhaltungen? Wir sagten uns, dass sich auch die geringste neue Wahrheit nicht zeigen kann, ohne Wutausbrüche und Hohngelächter hervorzurufen. Und so bin ich nun an der Reihe, ausgepfiffen und beschimpft zu werden.

Ihr Maler, ihr seit bei Weitem empfindlicher als wir Schriftsteller. Ich habe über die mittelmäßigen und schlechten Bücher offen meine Meinung kundgetan, und die literarische Welt hat meine Ausfälle aufgenommen, ohne sich allzu sehr zu ärgern. Aber die Künstler haben eine dünnere Haut. Ich durfte sie noch nicht einmal mit dem Finger berühren, ohne dass sie vor Schmerz aufheulten. Es hat einen Aufstand gegeben. Einige ehrliche Burschen bedauerten mich und machten sich angesichts der Hassgefühle,[157] die ich auf mich gezogen hatte, Sorgen; sie befürchteten, glaube ich, dass man mich auf irgendeiner Straßenkreuzung abstechen könnte.

Und dabei habe ich lediglich völlig blauäugig meine Meinung geäußert. Ich glaube weit weniger umstürzlerisch gewesen zu sein als ein Kunstkritiker aus meinem Bekanntenkreis, der seinen dreitausend Lesern versicherte, Monsieur Baudry[158] sei der erste Maler der Epoche. Niemals habe ich eine ähnliche Ungeheuerlichkeit geäußert. Einen Moment lang machte ich mir um diesen Kunstkritiker Sorgen, ich zitterte, dass man ihn in seinem Bett ermorden würde, um ihn für solch einen blinden Eifer zu bestrafen. Man gab mir zu verstehen, er bewahre hinreißend Haltung. Es scheint, als gäbe es Dienste, die man leisten kann, und Wahrheiten, die man nicht äußern sollte.

Doch der Feldzug ist beendet, und ich bin in den Augen des Publikums der Verlierer. Man applaudiert und macht sich über mich lustig.

Ich wollte der Menge nicht ihr Spielzeug nehmen und habe daher *Mon Salon* veröffentlicht. In vierzehn Tagen wird sich der Lärm gelegt haben, bloß den Hitzigsten bleibt noch eine vage

Vorstellung von meinen Artikeln. Dann werde ich in den Köpfen noch lächerlicher und unaufrichtiger erscheinen. Die Lachenden werden die Belege nicht mehr vor Augen haben, der Wind wird die losen Blätter des *Événement*[159] davongetragen haben und man wird mir Worte in den Mund legen, die ich nie gesagt habe, man wird groben Unfug nachplappern, den ich niemals geäußert habe. Da ich nicht möchte, dass das geschieht, habe ich die im *Événement* unter dem Pseudonym Claude erschienenen Artikel hier vereint. Ich möchte, dass *Mon Salon* so bleibt, wie er ist und wie er nach dem Willen des Publikums wurde.

Da sind die beschmutzten und zerfetzten Seiten einer Studie, die ich nicht beenden konnte. Ich gebe sie als das, was sie sind, als Bruchstücke einer Analyse und Kritik. Ich unterbreite den Lesern kein Werk, sondern gewissermaßen die Teile eines Verfahrens.

Mein Freund, die Geschichte ist ausgezeichnet. Um nichts in der Welt würde ich diese Blätter vernichten wollen. An sich sind sie nicht allzu viel wert, aber sie waren der Prüfstein, mit dem ich das Publikum getestet habe. Jetzt wissen wir wenigstens, wie unbeliebt unsere werten Gedanken sind.

Darüber hinaus gefällt es mir, meine Ansichten hier ein zweites Mal auszubreiten. Ich habe Vertrauen in sie und ich weiß, dass mir in einigen Jahren alle Welt recht geben wird. Ich befürchte nicht, dass man sie mir eines Tages zum Vorwurf machen könnte.

Emile Zola, Paris, den 20. Mai 1866

Paul Cézanne, Porträt von Louis-Auguste Cézanne, Vater des Künstlers, L'Événement lesend, *1866, National Gallery of Art, Washington.*

Emile Zola an Numa Coste[160] [Auszug]

Paris, 14. Juni 1866

Mein lieber Coste,

[...] Ich fahre sogleich aufs Land, wo ich Paul wiederbegegnen werde. Baille fährt mit mir, und wir werden Paris eine Woche lang fernbleiben.
Ich habe die fünfzig Francs für Paul dabei, die Sie mir geschickt haben, und ich werde ihn Ihren Brief lesen lassen. Wir werden gemeinsam Abbitte leisten und unsere Schuld Ihnen gegenüber eingestehen. Das sollte Sie entwaffnen.[161]
Hier nun die Neuigkeiten.
Paul ist erwartungsgemäß abgewiesen worden, ebenso Solari[162] und all die anderen, die Sie kennen. Sie haben sich wieder an die Arbeit gemacht und sind überzeugt, zehn Jahre vor sich zu haben, bevor sie sich durchgesetzt haben werden. [...]

38.
Paul Cézanne an Emile Zola

[Bennecourt,] 30. Juni 1866

Mein lieber Emile,

ich habe deine beiden an mich gerichteten Briefe bekommen, in denen sechzig Francs waren, für die ich dir danke, weil ich noch niedergeschlagener bin, wenn ich über keinen Sou verfüge. Es passiert weiter nichts Lustiges, von dem du mir nicht ausführlich im letzten Brief berichtest. – Unmöglich, vom Wirt loszukommen.[163] Ich weiß nicht genau, an welchem Tag ich abreise, aber es wird Montag oder Dienstag sein. Ich habe wenig gearbeitet, das Fest in Gloton[164] war am vergangenen Sonntag, dem 24., und der Schwager des Wirts kam, mithin ein Haufen von Idioten. – Dumont wird mit mir abreisen.
Mit dem Gemälde geht es nicht schlecht vorwärts, doch tagsüber vergeht die Zeit nicht so rasch; ich muss mir einen Aquarellkasten kaufen, um arbeiten zu können, solange ich nichts an meinem Gemälde mache. Ich werde alle Figuren in meinem Gemälde ändern; Delphin[165] – wie ein Pferd – habe ich bereits eine andere Haltung gegeben, es sieht so aus, ich glaube, das ist besser.
Ich werde auch die beiden anderen noch ändern. Ich habe dem Schemel noch ein wenig Stillleben beigefügt, einen Korb mit blauem Tuch und ein paar grüne und schwarze Flaschen. Wenn ich länger daran arbeiten könnte, ginge es ziemlich rasch, doch bei kaum zwei Stunden am Tag trocknet es zu schnell, das ist recht ärgerlich.
Also wirklich, diese Leute dort müssten einem im Atelier Modell stehen. Ich habe ein Porträt vom alten Vater Rouvel im Freien angefangen, das nicht allzu übel vorankommt, aber ich

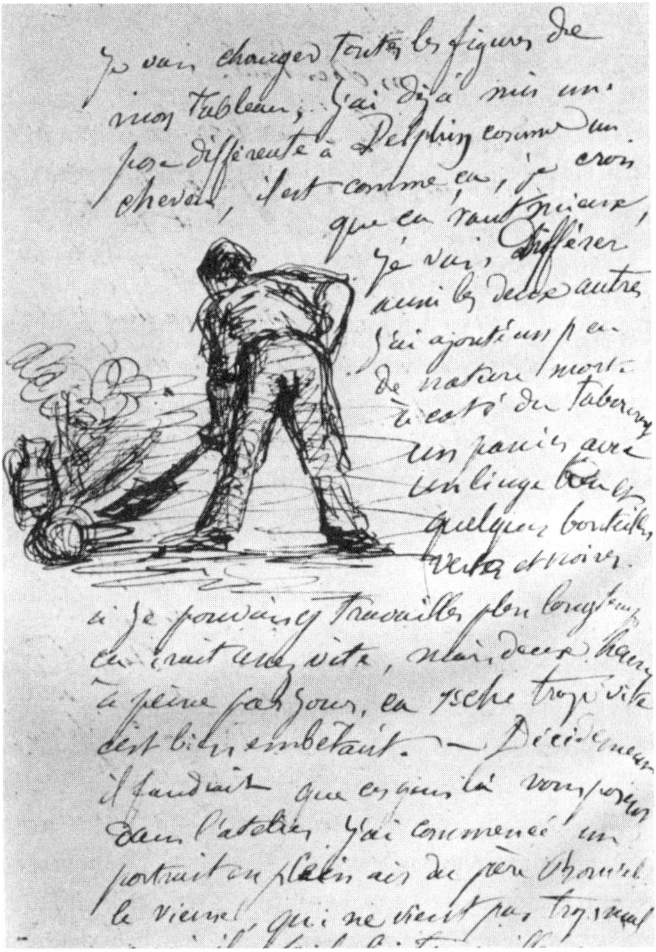
Je vais changer toutes les figures de mon tableau; j'ai déjà mis un peu différente à Delphin comme un cheval, il est comme ça, je crois que ça vaut mieux, je vais différer aussi les deux autres. J'ai ajouté un peu de nature morte à côté du tabouret, un panier avec un linge bleu, quelques bouteilles, verte et noire. Si je pouvais travailler plus longtemps ça irait assez vite, mais deux heures à peine par jour, ça sèche trop vite c'est bien embêtant. — Décidément il faudrait que ces gens là vinssent poser dans l'atelier. J'ai commencé un portrait en plein air du père Rouvel le vieux, qui ne vient pas trop mal

Zeichnung im Brief von Paul Cézanne an Emile Zola vom 30. Juni 1866.

muss es noch bearbeiten, vor allem den Hintergrund und die Kleidung, auf einer Leinwand zu 40, ein wenig größer als eine zu 25.[166]

Dienstagabend habe ich mit Delphin gefischt und gestern Abend mit bloßen Händen bei den Wasserlöchern. Gestern habe ich dabei wenigstens mehr als zwanzig in einem einzigen

Loch gefangen. Davon habe ich sechs, den einen nach dem anderen, erwischt und einmal drei auf einen Schlag, einen mit der Rechten und zwei mit der Linken; sie waren ziemlich prächtig.[167] Das alles ist leichter als Malen, aber es bringt einen nicht weit. Mein lieber Freund, auf bald, und meine Empfehlungen an Gabrielle[168] wie auch an dich

Paul Cézanne

Danke Baille, der mich aus der Geldnot rettet, in meinem Namen. Das Essen hier wird immer mäßiger und trichnanter[169], sie werden mir schließlich nur noch bei freundlicher Miene etwas zu essen geben. Schönen Gruß auch an deine Mutter, die ich vergessen habe, tausendmal verflixt!

Emile Zola an Numa Coste [Auszüge]

Paris, 26. Juli 1866

Mein lieber Coste,

[...] Vor drei Tagen war ich noch mit Cézanne und Valabrègue[170] in Bennecourt. Die beiden sind dort geblieben und werden nicht vor Anbruch des kommenden Monats zurückkehren. Der Ort ist, wie ich Ihnen bereits gesagt habe, eine veritable Kolonie. Wir haben Baille und Chaillan dorthin nachgezogen; wir werden auch Sie noch dorthin ziehen.
Gehen wir der Reihe nach vor.
Baille ist vergangenen Samstag nach Aix abgereist. Er wird am 2. oder 3. Oktober zurückkehren. Er hat für den Verlag Hachette einen Band über Physik abgeschlossen, von dem ich glaube, Ihnen schon berichtet zu haben. Das Werk wird Ende des Jahres erscheinen.[171]

[...] Cézanne arbeitet; er zeichnet sich immer mehr auf dem eigenständigen Weg aus, auf den ihn seine Natur geführt hat. Ich setze große Hoffnungen auf ihn. Im Übrigen rechnen wir damit, dass er zehn Jahre lang abgelehnt werden wird. Im Augenblick versucht er, große Werke zu schaffen, Ölgemälde von vier bis fünf Metern. Er wird demnächst nach Aix abreisen, vielleicht im August, vielleicht auch erst Ende September. Er wird dort mindestens zwei Monate zubringen. [...]

39. Paul Cézanne an Emile Zola

Undatiert [Aix, um den 19. Oktober 1866]

Mein lieber Emile,

seit einigen Tagen regnet es unaufhörlich. Guillemet ist Samstagabend angekommen, er hat ein paar Tage bei mir zugebracht und gestern – Dienstag – ist er in eine kleine, recht gute Behausung gezogen, die ihn fünfzig Francs im Monat kostet, Wäsche inbegriffen. Trotz des strömenden Regens ist die Gegend herrlich, und wir haben ein paar Studien angefertigt. – Wenn das Wetter wieder aufklart, wird er sich ernsthaft an die Arbeit machen. – Was mich angeht, so drückt mich der Müßiggang nieder, bereits seit vier oder fünf Tagen habe ich nichts getan. Ich habe gerade ein kleines Bild beendet, das mir, wie ich glaube, von allen am besten gelungen ist; es stellt meine Schwester Rose dar, die ihrer Puppe vorliest. Es ist nur einen Meter hoch, wenn du es möchtest, gebe ich es dir; es ist vom Rahmen her so groß wie das von Valabrègue. Ich will es zum Salon einreichen.[172]

Zeichnungen im Brief Paul Cézannes an Emile Zola vom 19. Oktober 1866.

Die Wohnung von Guillemet besteht aus einer Küche im Erdgeschoss und dem Wohnzimmer, das zum Garten hinausgeht, der das Landhaus umgibt. Er hat zwei Zimmer im ersten Stock mit Waschraum gemietet. Er hat nur den rechten Flügel des Hauses. Es befindet sich am Anfang der Route d'Italie, genau gegenüber dem kleinen Haus, wo ihr gewohnt habt und wo eine Pinie steht, du erinnerst dich bestimmt. Es ist neben der Mutter Constalin, die die Schenke betrieb.
Aber, sieh mal, die Bilder, die drinnen entstehen, im Atelier, sind nie so viel wert wie die im Freien gemalten Sachen. Wenn man Außenansichten darstellt, sind die Widerstände von Figuren im Gelände ganz erstaunlich, und die Landschaft ist herrlich. Ich sehe prächtige Dinge, und ich werde mich dazu entschließen müssen, nur noch Sachen im Freien zu malen.
Ich habe dir schon von einem Bild erzählt, das ich in Angriff nehmen werde, es soll Marion[173] und Valabrègue darstellen, wie sie zum Motiv aufbrechen (ein Landschaftsbild selbstverständlich).[174] – Die Skizze, die Guillemet gut gefunden hat und die ich nach der Natur angefertigt habe, lässt den ganzen Rest abfallen und schlecht erscheinen. Ich bin mir sicher, dass die Bilder alter Meister, die Sachen im Freien darstellen, bloß mit Geschick gemacht wurden, denn es scheint mir nicht das wahre und vor allem echte Erscheinungsbild zu haben, das die Natur bietet. Vater Gibert vom Museum hatte mich eingeladen, das Musée Bourguignon[175] zu besichtigen, und ich bin mit Baille, Marion und Valabrègue hingegangen. Ich habe alles schlecht gefunden. Das ist sehr beruhigend. Ich langweile mich sehr, lediglich die Arbeit beschäftigt ein wenig, in Gesellschaft schleppe ich mich weniger dahin. Ich sehe bloß Valabrègue, Marion und nun Guillemet.
Dies gibt dir eine vage Vorstellung von dem trockenen Gebäck, das ich dir offeriere! – Meine Schwester Rose ist in der Mitte, sitzt, hält ein kleines Buch, liest, ihre Puppe sitzt auf einem

Paul Cézanne, Marion und Valabrègue unterwegs zum Motiv, *Ölstudie, 1866, Privatsammlung.*

Stuhl, sie in einem Sessel. Hintergrund schwarz, heller Kopf, blaues Haarnetz, blaue Kinderschürze, dunkelgelbes Kleid, links ein wenig Stillleben: eine Schale, Kinderspielsachen.
Sag bitte Gabrielle Guten Tag, ebenso Solari und Baille, der mit seinem frater in Paris sein muss.
Ich denke, dass es dir jetzt, wo der Ärger über die Auseinandersetzung mit Villemessant vorüber ist,[176] besser gehen muss, und hoffe, dass deine Arbeit dich nicht zu sehr belastet. Mit Vergnügen erfahre ich von deiner Einführung in die große Zeitung.[177] – Wenn du Pissarro siehst, bestelle ihm ein paar Worte von mir. Aber ich wiederhole es dir noch einmal, bei mir herrscht ein wenig Flaute, doch ohne Grund. Wie du weißt, weiß ich selber

nicht, woher das kommt; es kehrt jeden Abend, wenn die Sonne untergeht, wieder, und dann regnet es auch noch. Das lässt mich schwarzsehen.
Ich denke, dass ich dir dieser Tage eine Wurst schicken werde, nur wird sie meine Mutter für mich einkaufen müssen, weil man mich sonst übers Ohr haut. Das wäre sehr ... ärgerlich.
Stell dir vor, ich lese fast nicht mehr. Ich weiß nicht, ob du meiner Ansicht sein wirst, und deswegen würde ich auch nichts anderes sagen, aber ich beginne festzustellen, dass l'art pour l'art ein derber Schabernack ist; das aber bloß unter uns.

Skizze meines künftigen Pleinair-Bildes.

(P.S.) – Bereits seit vier Tagen habe ich den Brief in der Tasche, und ich verspüre das dringende Bedürfnis, ihn dir zu schicken; Adieu, mein Lieber

Paul Cézanne

40.
Paul Cézanne an Emile Zola [Postskriptum in einem Brief Antoine Guillemets]

[Aix,] Freitag, 2. November [1866]

[...]

Mein lieber Emile,

ich nutze die Gelegenheit, dass Guillemet dir schreibt, und grüße dich, auch wenn ich dir nichts Neues zu berichten habe. Ich verkünde dir jedoch, dass, wie du befürchtet hast, mein gro-

L'Après-midi à Naples *ist wohl eine spätere Version von* Le Grog au vin. *Paul Cézanne,* Der Nachmittag in Neapel, *um 1875, National Gallery of Australia, Canberra.*

ßes Gemälde von Valab[règue] und Marion nichts geworden ist und dass, nachdem ich mich an einen *Familienabend* gewagt habe, überhaupt nichts dabei herausgekommen ist. Ich werde aber trotzdem dranbleiben, und vielleicht klappt es ein andermal. Wir haben einen dritten Spaziergang mit Guillemet hinter uns, es ist sehr schön. Ich drücke dir ebenso wie Gabrielle die Hand

Paul Cézanne

Grüße an Baille, der mir selbige in einem an Fortuné Marion, Geologe und Maler, adressierten Brief hat zukommen lassen.

Im Frühjahr 1867 wurde in der Zeitung *Le Figaro* ein Artikel aus der französischsprachigen Frankfurter Zeitung *L'Europe* zitiert, in dem der konservative Kritiker Arnold Mortier[178] zwei von der Jury der Akademieausstellung abgelehnte Bilder Cézannes ebenso ungerecht wie sachlich falsch verhöhnte.

»Man hat mir darüber hinaus noch von zwei zurückgewiesenen Bildern von Monsieur Sésame (mitnichten *Tausendundeine Nacht*) berichtet, demselben, der 1863 mit einem zwei gekreuzte Schweinsfüße darstellenden Gemälde im Salon des Refusés[179] – wo sonst! – für allgemeine Heiterkeit sorgte. Diesmal hat Monsieur Sésame zur Ausstellung zwei Kompositionen eingesandt, die, obgleich weniger bizarr, es dennoch verdienen, vom Salon ausgeschlossen zu werden. Diese Kompositionen sind beide *Le Grog au vin* [*Der Rumpunsch*] betitelt und das eine weist einen nackten Mann auf, dem eine Frau in Abendkleid gerade einen Rumpunsch bringt, das andere eine nackte Frau und einen als Lazzarone gekleideten Mann. Hier ist der Punsch verschüttet.«

Diese böswillig verzerrende Darstellung, die offenkundig auf Hörensagen beruht, provozierte am 12. April eine Gegendarstellung aus der Feder Zolas, in der er seinem Freund beisteht:[180]

Emile Zola an Francis Magnard

[Paris, um den 8. April 1867]

Verehrter Kollege,

tun Sie mir bitte den Gefallen, diese wenigen Zeilen der Richtigstellung einrücken zu lassen. Es handelt sich um einen meiner Freunde aus der Kindheit, einen jungen Maler, dessen starkes und ureigenes Talent ich außerordentlich schätze.

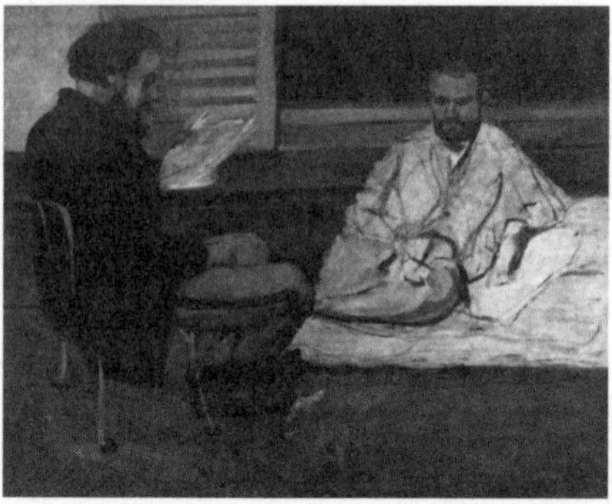

Paul Cézanne, Paul Alexis liest Emile Zola vor, *um 1870, Museu de Arte Moderna, Sao Paulo.*

Sie haben aus *L'Europe* ein Stückchen Prosa übernommen, in dem es um einen Monsieur Sésame geht, der 1863 im Salon des Refusés »zwei gekreuzte Schweinsfüße« ausgestellt haben soll und dem in diesem Jahr ein anderes Gemälde mit dem Titel *Le Grog au vin* zurückgewiesen worden sei.

Ich gestehe Ihnen, dass ich einige Mühe hatte, unter der Maske, die man ihm vors Gesicht gepappt hatte, einen meiner Schulkameraden wiederzuerkennen, Monsieur Paul Cézanne, der nicht den geringsten Schweinsfuß in seinem künstlerischen Gepäck hat, wenigstens bis jetzt nicht. Ich mache diese Einschränkung, denn ich sehe nicht, warum man nicht Schweinsfüße malen sollte, wie man Melonen und Mohrrüben malt.

Dieses Jahr wurden tatsächlich zwei Gemälde von Monsieur Paul Cézanne zurückgewiesen, wobei er sich durchaus in guter und zahlreicher Gesellschaft befand: *Le Grog au vin* und *Ivresse.* Es beliebte Monsieur Arnold Mortier, sich über die Motive dieser Gemälde lustig zu machen und sie unter ihm zur Ehre gereichender Beanspruchung seiner Fantasie zu beschreiben. Ich weiß sehr wohl, dass dies alles nur ein liebenswürdiger Jux ist, um den man sich nicht scheren sollte. Doch ich konnte noch nie jene eigenartige Kritikweise verstehen, die darin besteht, sich auf Zuruf über etwas lustig zu machen und das zu verhöhnen und zu verdammen, was man nicht einmal gesehen hat.

Lassen Sie mich wenigstens anmerken, dass die von Monsieur Arnold Mortier gegebenen Beschreibungen ungenau sind.
Sie selbst, verehrter Kollege, fügen in gutem Glauben Ihr Quäntchen Ironie hinzu: Sie seien »überzeugt, der Maler könne in seinen Gemälden eine philosophische Idee dargestellt haben«. Das ist eine völlig abwegige Überzeugung. Wenn Sie philosophische Künstler entdecken wollen, wenden Sie sich an die Deutschen, oder wenden Sie sich an die niedlichen französischen Träumer, aber gehen Sie davon aus, dass die analytischen Maler der neuen Schule, deren Anliegen ich hier die Ehre habe zu verteidigen, sich mit den mannigfaltigen Naturgegebenheiten zufriedengeben.
Übrigens liegt es einzig an Monsieur de Nieuwerkerke[181], wenn *Le Grog au vin* und *Ivresse* doch noch ausgestellt werden. Sie sollten wissen, dass eine große Anzahl von Malern soeben eine Petition unterzeichnet hat, die die Wiedereinführung des Salon des Refusés fordert. Vielleicht kann Monsieur Arnold Mortier dann eines Tages jene Gemälde sehen, die er so leichtfertig beurteilt und beschrieben hat. Derart merkwürdige Dinge passieren halt.
Wahr ist, dass Monsieur Paul Cézanne sich niemals Monsieur Sésame nennen wird und dass er, mag da kommen, was will, niemals der Schöpfer von »zwei gekreuzten Schweinsfüßen« sein wird.
Ihr ergebener Kollege

Emile Zola

Der Pariser Kunsthändler Ambroise Vollard hatte 1897 die persönliche Bekanntschaft mit Cézanne gemacht, der ihm bei wiederholter Gelegenheit Rede und Antwort stand. Im Jahr 1914 ließ Vollard diese Gespräche in sein Buch über den Maler einfließen, so auch eine Passage, in der davon die Rede ist, was Cézanne und Zola zu Zeiten des Deutsch-Französischen-Krieges widerfuhr:

»Hören Sie mal zu, Monsieur Vollard, während des Krieges habe ich viel am Motiv gearbeitet, in L'Estaque. Im Übrigen kann ich Ihnen aus den Jahren 70/71 kein außergewöhnliches Ereignis berichten. Ich teilte meine Zeit zwischen der Landschaft und dem Atelier auf. Doch wenn mir in diesen unsicheren Zeiten keine Abenteuer passierten, war es nicht dasselbe für meinen Freund Zola, der allerlei Missgeschicke durchmachte, besonders bei seiner endgültigen Rückkehr von Bordeaux nach Paris. Er hatte mir versprochen, mir sofort nach seiner Ankunft in Paris zu schreiben. Erst nach vier langen Monaten konnte er sein Versprechen halten!

Noch vor der Ablehnung der Regierung in Bordeaux, sich seiner Dienste zu versichern, hatte Zola beschlossen, wieder nach Paris zurückzukehren. Mitte März 1871 war der Arme dort eingetroffen; wenige Tage danach brach der Aufstand los. Zwei Monate lang fühlte er sich dort nicht wohl in seiner Haut: Tag und Nacht die Kanone, und zu guter Letzt pfiffen ihm in seinem Garten die Granaten über den Kopf hinweg. Schließlich, im Mai, als ihm drohte, in Geiselhaft genommen zu werden, hat er mithilfe eines preußischen Passes die Flucht ergriffen und sich in Bonnières verkrochen ... Zola ist ziemlich zäh! Als er sich nach der Kommune wieder geruhsam in Batignolles befand, hatten all diese schrecklichen Dinge, in die er verwickelt gewesen war, in seinen Augen bloß die Bedeutung eines bösen Traums.

Paul Cézanne, Die Bucht von Marseille von L Estaque aus gesehen, *um 1885, Metropolitan Museum, New York.*

›Wenn ich sehe‹, schrieb er mir, ›dass mein Pavillon unverändert dasteht und mein Garten der gleiche geblieben ist, dass kein Möbelstück, keine Pflanze gelitten hat, könnte ich glauben, dass die beiden Belagerungen Schauermärchen sind, die man sich ausgedacht hat, um die kleinen Kinder zu erschrecken.‹

Ich bedauere, Monsieur Vollard, dass ich den Brief nicht aufbewahrt habe. Ich hätte Ihnen eine Stelle gezeigt, wo Zola untröstlich ist, dass nicht alle Dummköpfe tot sind!

Mein armer Zola! Vor allem er hätte sich Sorgen machen müssen, wenn alle Dummköpfe gestorben wären. Denken sie nur, ausgerechnet an diesen Satz seines Briefes habe ich ihn zum Spaß erinnert, an einem der letzten Abende, an dem ich ihn gesehen habe! Er sagte mir, er käme gerade von einem Abendessen bei einer berühmten Persönlichkeit, der er durch Monsieur Frantz Jourdain[182] vorgestellt worden war. ›Immerhin‹, konnte ich mir nicht verkneifen, ihm zu sagen, ›wenn alle Dummköpfe verschwunden wären, wärst du gezwungen, zu Hause die Reste deines Schmorbratens Tête-à-Tête mit deiner Bürgersfrau zu verspeisen!‹

Nun, können Sie sich vorstellen, dass mein alter Freund keine frohe Miene machte? Sagen Sie doch, Monsieur Vollard, ob man nicht ein wenig scherzen darf, wenn man sich gemeinsam auf derselben Schulbank die Hosenböden durchgewetzt hat!«[183]

41.
Emile Zola an Paul Cézanne

Paris, 4. Juli 1871

Mein lieber Paul,

dein Brief hat mir große Freude bereitet, denn ich fing an, deinetwegen beunruhigt zu sein. Seit vier Monaten hatten wir keine Nachrichten mehr voneinander. Mitte des vergangenen Monats schrieb ich dir einen Brief nach L'Estaque[184], dann habe ich erfahren, dass du von dort weggefahren warst und mein Brief in die Irre gehen sollte. Ich hatte große Mühe, dich aufzuspüren, als du mir aus der Patsche geholfen hast.
Du fragst mich, was es bei mir Neues gibt. Hier ist meine Geschichte in wenigen Worten. Ich habe dir, glaube ich, kurz vor meiner Abfahrt aus Bordeaux geschrieben und versprochen, dir nach meiner Rückkehr nach Paris einen weiteren Brief zu schreiben. Ich traf am 14. März in Paris ein. Vier Tage später, am 18., kam es zum Aufstand und die Post wurde eingestellt, da dachte ich nicht mehr daran, dir ein Lebenszeichen zu geben. Zwei Monate lang habe ich im Feuerbrand gelebt: Tag und Nacht die Kanonen, und am Schluss pfiffen die Granaten über meinen Kopf hinweg in meinen Garten. Als mir am 10. Mai drohte, in Geiselhaft genommen zu werden, ergriff ich

schließlich mithilfe eines preußischen Passes die Flucht und fuhr nach Bonnières[185], um dort die schlimmsten Tage zu überstehen. Heute befinde ich mich ganz ruhig in Batignolles[186], wie beim Erwachen aus einem schlechten Traum. Mein Häuschen ist das alte, meinem Garten wurde nichts angetan, nicht ein Möbelstück, nicht eine Pflanze hat gelitten, und ich könnte glauben, dass diese beiden Belagerungen schlimme Possen sind, die erfunden wurden, um Kinder zu erschrecken.

Was diese bösen Erinnerungen für mich noch flüchtiger werden lässt, ist die Tatsache, dass ich keinen Moment lang aufgehört habe zu arbeiten. Seitdem ich Marseille verließ, habe ich mir meinen Unterhalt weitgehend verdient. Beide Male, als ich nach Paris zurückkehrte, kam ich mit mehr Geld wieder, als ich mitgenommen hatte. *La Cloche* und der *Sémaphore*, für die ich als Korrespondent tätig bin, haben mich eine nach der anderen ernährt, und das sogar gut. Das sage ich dir, damit mein Los kein Mitleid bei dir erweckt. Noch nie hatte ich mehr Hoffnung oder Lust an der Arbeit. Paris blüht wieder auf. Unsere Herrschaft, ich habe es dir schon oft gesagt, wird bald anbrechen.

Mein Roman *La Fortune des Rougon* [*Das Glück der Familie Rougon*] geht in Druck. Du kannst gar nicht glauben, wie viel Vergnügen mir das Korrekturlesen der Fahnen bereitet. Es ist wie mein erstes Buch, das erscheinen wird. Nach all diesen Erschütterungen spüre ich immer noch diesen jugendlichen Eifer, der mich fieberhaft die Bögen der *Contes à Ninon* [Erzählungen für Ninon] erwarten ließ. Mich erfüllt sehr wohl ein wenig Kummer, wenn ich sehe, dass all die Idioten nicht gestorben sind, doch tröste ich mich damit, das keiner der Unseren dahingegangen ist. Wir können den Kampf wieder aufnehmen.

Ich stehe ein wenig unter Zeitdruck und schreibe dir in Eile, einzig nur um dich über mein Los zu beruhigen. In den nächsten Tagen werde ich dir mehr berichten. Doch du, dem all die lieben langen Tage zur Verfügung stehen, warte nicht monate-

Paul Cézanne, Paul Alexis liest in Zolas Haus, *um 1870, Privatsammlung.*

lang mit einer Antwort. Da du nun weißt, dass ich in Batignolles bin und deine Briefe nicht in die Irre gehen werden, schreib mir vorbehaltlos. Teile mir Einzelheiten mit. Ich bin fast genauso einsam wie du und deine Briefe helfen mir sehr dabei, zu leben. Meine Empfehlungen an deine Familie. Wir drücken dir herzlich die Hand.

Dein sehr ergebener

Emile Zola

In Zolas Roman *Le Ventre de Paris* (*Der Bauch von Paris*) von 1872, dessen Handlung um die berühmten Pariser Großmarkthallen – Les Halles – kreist, hat der angehende Maler Claude Lantier als 16-Jähriger seinen ersten größeren Auftritt; sein Aussehen dürfte von den impressionistischen Malerfreunden des Autors, besonders aber von Cézanne beeinflusst worden sein:

»Es war ein dürrer, bärtiger Bursche mit groben Knochen, einem mächtigen Kopf, feiner Nase und hellen Augen. Er trug einen schwarzen, fuchsig gewordenen Filzhut, der seine Form verloren hatte, und war tief in einen riesigen Überzieher eingeknöpft, der einst zart kastanienbraun gewesen war und den der Regen in langen breiten grünlichen Streifen verfärbt hatte. Ein wenig gebeugt und von dem üblichen Schauer nervöser Unruhe geschüttelt, blieb er wie festgewurzelt in seinen groben Schnürstiefeln stehen, und seine zu kurzen Hosen ließen seine blauen Strümpfe sehen.«[187]

Die innere künstlerische Unrast hat diese Romanfigur eindeutig von Paul Cézanne geerbt:

»Er [Claude Lantier] ereiferte sich über die Malerei, sagte, das sei ein Hundeberuf zum Gotterbarmen, schwor, er werde sein Leben lang keinen Pinsel mehr anrühren. Am Nachmittag hatte er mit einem Fußtritt einen Studienkopf vernichtet [...]. Er war diesen Aufwallungen eines Künstlers unterworfen, der gegenüber den dauerhaften und lebensvollen Werken, von denen er träumte, versagte. Dann existierte nichts mehr für ihn; er irrte durch die Straßen, sah schwarz und erwartete den nächsten Tag wie eine Auferstehung. Gewöhnlich, sagte er, fühle er sich morgens gut aufgelegt und abends schrecklich unglücklich; jeder seiner Tage sei eine lange, verzweifelte Anstrengung.«[188]

Mit seinen Gemälden will Lantier »ein künstlerisches Manifest« schaffen, »den Positivismus der Kunst, die moderne, ganz und gar experimentelle und materialistische Kunst [...], eine Satire auf die idealistische Malerei, eine der alten Schule versetzte Ohrfeige.«[189] Gerade in der Gegenüberstellung der modernen Architektur der ab 1852 erbauten Großmarkthallen und der gotischen Stadtteilkirche Saint-Eustache – *Le Ventre de Paris* war explizit ein Gegenentwurf zu Victor Hugos romantischer Kathedralenverklärung in *Notre-Dame de Paris* (*Der Glöckner von Notre Dame*, 1831) – wird diese zur »erst schüchterne[n] Offenbarung des zwanzigsten Jahrhunderts«: »Sehen Sie«, lässt Zola seinen Claude Lantier dem Ex-Deportierten und Revoluzzer Florent[190] erklären, »das ist die moderne Kunst, der Realismus, der Naturalismus, wie Sie es nennen wollen, die gegenüber der alten Kunst heranwachsen [...].«[191] In Zolas Vorarbeiten zu *Le Ventre de Paris* kann man einen noch deutlicheren Hinweis zur Verwandtschaft der Figur des Claude Lantier mit Paul Cézanne finden. »Er ist schüchtern. Ihn zum Typus der Zukunft ausschmücken, nach dem Abbild von C[ézanne] ...«[192]

Seit 1871 verfasste Zola für die Zeitung *Sémaphore de Marseille* seine Artikelserie *Lettres de Paris*, die über Ereignisse in der Hauptstadt berichtete. Am 18. April 1874 schrieb er kurz über die erste Gruppenausstellung der Impressionisten im Atelier des Fotografiepioniers Nadar. Seinen »Landsmann« Cézanne erwähnte er etwas ausführlicher, weil er bei der südfranzösischen Leserschaft mit einem gewissen Lokalpatriotismus rechnete:

»Die Salons versammeln sich, die Theater versuchen, ihre nächste Sommerpause festzulegen. Man wartet nur noch auf die Eröffnung der Gemäldeausstellung, um Paris zu verlassen. Die Ausstellung ist die letzte mondäne und künstlerische Feierlichkeit. Aber, während Sie darauf warten, dass der offizielle

Salon am 1. Mai seine Pforten öffnet, möchte ich Sie auf einen von dreißig Künstlern unternommenen Versuch aufmerksam machen. Sie haben sich zu einer Genossenschaft zusammengeschlossen, um ihre Werke ausstellen und verkaufen zu können. Ihre sehr gut aufgestellten Statuten sind zu kompliziert, um sie Ihnen hier zu schildern. Übrigens kann man die Bemühungen der Gesellschaft seit heute beurteilen, denn sie hat soeben ihre erste Ausstellung am Boulevard des Capucines im Atelier von Nadar eröffnet. Ich komme gerade aus dieser Ausstellung und kann dem frischen Mut dieser Maler und Bildhauer nur Beifall zollen; ohne gegen den vorschriftsmäßigen Salon Einspruch erheben zu wollen, glaubten sie, dass es genügen würde, sich zusammenzutun, um beim Publikum bekannt zu werden und in direkten Kontakt mit den Käufern zu treten. Ich möchte von den Gemälden, die mich beeindruckt haben, besonders auf eine sehr bemerkenswerte Landschaft von Monsieur Paul Cézanne hinweisen, einem Ihrer Landsmänner aus Aix, der eine große Originalität an den Tag legt; Monsieur Paul Cézanne, der sich seit Langem abmüht, besitzt die echte Anlage zu einem großen Künstler. Darüber hinaus weise ich Sie auf die *Études de danseuses* von Monsieur Degas, die Landschaften von Monsieur Pissarro, Monsieur Monet, Monsieur Béliard und Monsieur Sisley hin; schließlich noch auf verschiedene sehr interessante Gemälde von Mademoiselle Morisot und Monsieur Renoir, Monsieur Bracquemond, Monsieur Colin und Monsieur Boudin. Das Glück sei mit den Jungen!«[193]

Und noch ein weiteres Mal, am 19. April 1877, berichtete Zola im Sémaphore de Marseille von einer Gruppenausstellung der impressionistischen Maler, an der Cézanne teilnahm:

»Ich habe Ihnen noch gar nicht von der Ausstellung der impressionistischen Maler berichtet. Bereits zum dritten Mal bieten diese Maler ihre Werke dem Publikum außerhalb des offiziellen Salons dar. Ursprünglich war es ihr Wunsch gewesen, sich dem Urteil der Jury, die alle neuartigen Ansätze vom Salon fernhält, zu entziehen. Es stellte sich heraus, dass sie auf diese Weise eine homogene Gruppe bildeten, hatten doch die einen wie die anderen beinahe dieselbe Naturauffassung; und daraufhin wurden sie mit dem Sammelbegriff ›Impressionisten‹ belegt. Man hat sie Impressionisten genannt, um sich über sie lustig zu machen, und sie sind mit großer Geste Impressionisten geblieben. Ich glaube, das ist jetzt hier nicht der rechte Ort, um herauszubekommen, was dieses Wort genau ausdrücken soll. Es ist wie alle Etiketten ein gutes Etikett. In Frankreich haben Schulen keinen Erfolg, bevor sie nicht benannt wurden, und sei es mit einem sonderbaren Wort. Ich glaube, man hat unter impressionistischen Malern Maler zu verstehen, die die Wirklichkeit abbilden und die sich rühmen, die eigentliche Impression der Natur wiederzugeben, die sie nicht in all ihren Einzelheiten studieren, sondern in ihrer Gesamtheit. Gewiss, auf zwanzig Schritt Entfernung kann weder die Augen noch die Nase einer Person deutlich erkennen. Um sie so, wie man sie wahrnimmt, darzustellen, darf man sie nicht mit Hautfalten malen, sondern in ihrer ganzen Lebendigkeit mitsamt dem sie umgebenden Lufthauch – eben eine Malerei der Impression und keine Malerei von Einzelheiten. Aber glücklicherweise gibt es in dieser Gruppe noch andere Dinge außer diesen Theorien; ich möchte behaupten, es sind echte Maler, höchst talentierte Künstler. Ihnen ist, wie gesagt, eine ähnliche Auffassung gemein. Sie nehmen die Natur hell und heiter wahr, ohne die Bitumenfarbe und Sienaerde der romantischen Maler. Sie malen Pleinair, eine Revolution, deren Folgen ungeheuer sind. Sie haben helle Farbgebungen, eine außergewöhnliche Harmonie der Töne sowie eine sehr große Originalität des Blickwinkels. Dennoch ist einem jeden von ihnen ein sehr eigenes und ausgeprägtes Talent eigen. In dieser Kolumne kann ich sie nicht so eingehend würdigen, wie es ihnen zustünde. Daher gebe ich mich damit zufrieden, sie zu nennen: Monsieur Claude Monet ist wohl die markanteste Persönlichkeit dieser Gruppe. Er hat dieses Jahr prachtvolle Bahnhofsinterieurs ausgestellt. Darin vernimmt man das Rattern von Zügen, die hineinschnaufen, und sieht die Rauchschwaden in den weiten Hallen. Dort, in diesen modernen Anlagen von ansehnlicher Größe, ist heute die Malerei. Unsere Künstler müssen die Poesie der Bahnhöfe entdecken, so wie ihre Väter die Poesie der Wälder und Blumen entdeckt haben. Anschließend erwähne ich Monsieur Paul Cézanne, der ganz gewiss der größte Kolorist der Gruppe ist. Es gibt von ihm in der Ausstellung wunderschöne Landschaftsbilder aus der Provence. Die Spießbürger mögen angesichts der so kraftvollen und lebensprallen Gemälde dieses Malers lächeln, nichtsdestoweniger lassen sie im Grunde einen sehr großen Maler erkennen. An dem Tag, an dem Monsieur Paul Cézanne sich vollständig gefunden haben wird, wird er absolut erstklassige Werke schaffen. [...] Es ist das Vorrecht von Künstlern mit Talent, ihr Zeitalter zu begeistern. Gewiss wird zwangsläufig etwas aus der heute von den impressionistischen Malern gebildeten Gruppe hervorgehen. In einigen Jahren wird man sehen, wie sich ihr Einfluss auf den offiziellen Salon auswirkt. Dort liegt die Zukunft unserer Schule; der Anstoß wurde gegeben, die Meister müssen bloß noch die neue Handschrift umsetzen. Ein Beweis dafür, dass die impressionistischen Maler eine Bewegung bilden, ist, dass das lauthals lachende Publikum massenhaft in ihre Ausstellung strömt. Man zählt täglich mehr als fünfhundert Besucher. Wer über die Verhältnisse kennt, weiß, das ist ein Erfolg. Nicht allein die Auslagen der Ausstellung sind gedeckt, nein, es wird vielleicht sogar Profit gemacht. Wir wünschen den impressionistischen Malern viel Erfolg und das sie die Ohren steif halten mögen!«[194]

42.
Paul Cézanne an Emile Zola

[Paris,] 24. August 1877

Mein lieber Zola,

ich danke dir herzlich für deine Güte mir gegenüber. Ich möchte dich bitten, meine Mutter wissen zu lassen, dass ich nichts brauche, denn ich denke daran, den Winter in Marseille zu verbringen. Wenn sie sich Anfang Dezember damit befassen könnte, mir in Marseille eine ganz kleine Wohnung mit zwei Räumen zu suchen, nicht teuer, aber in einem Viertel, wo einem nicht allzu sehr der Hals abgeschnitten wird, würde sie mir eine große Freude bereiten. Sie könnte ein Bett dorthin bringen lassen und was man zum Schlafen so braucht, auch zwei Stühle, die sie aus L'Estaque mitnehmen könnte, um allzu große Ausgaben zu vermeiden. – Das Wetter hier, musst du wissen, die Temperatur wird recht häufig durch segensreiche Regengüsse erfrischt (Stil des Gaut aus Aix).
Ich gehe tagtäglich in den Park von Issy, wo ich einige Studien anfertige. Und ich bin nicht ganz unzufrieden, doch es scheint, als herrsche im impressionistischen Lager abgrundtiefe Verzweiflung. Das Gold fließt nicht gerade in ihre Taschen, und die Studien vergilben an Ort und Stelle. Wir leben in recht schwierigen Zeiten und ich weiß nicht, wann die arme Malerei ein wenig von ihrem Glanz zurückbekommen wird.
Ist Marguery auf diesem letzten Ausflug nach Tholonet weniger verzweifelt gewesen? Und hast du nicht Houchard, Aurélien gesehen? Außer zwei oder drei Malern habe ich absolut niemanden gesehen.
Wirst du zum Festessen der *Cigale* gehen?[195] Seit anderthalb Monaten erscheint der neue Roman von Daudet in *Le Temps*;

gelbe Plakate, die selbst in Issy aufgehängt werden, haben mich davon in Kenntnis gesetzt. Ich weiß auch, dass Alexis im Gymnase aufgeführt wird.[196]
Tun die Seebäder Madame Zola gut, und du selbst, durchpflügst du die salzigen Fluten? – Ich versichere euch allen meine Hochachtung und drücke [dir] herzlich die Hand. Auf Wiedersehen also bis zu eurer Rückkehr von den sonnenbeschienenen Gestaden.
Ich bin eurer Güte dankbarer Maler

Paul Cézanne

43. Paul Cézanne an Emile Zola

[Paris,] 28. August 1877

Mein lieber Emile,

ich nehme dich erneut in Anspruch, um meiner Mutter sagen zu lassen, dass sie sich keine Sorgen machen soll. Ich habe meine Pläne geändert. In der Tat scheint das Zustandekommen jener Kombination einige Schwierigkeiten mit sich zu bringen. Daher verzichte ich darauf.
Trotzdem rechne ich immer noch damit, mich im Dezember oder vielmehr in den ersten Tagen des Januars nach Aix zu begeben.
Ich danke dir ganz aufrichtig. Ich füge hier Grüße an deine Familie an. Als ich gestern Abend in die Rue Clauzel zu meinem Farbenhändler[197] ging, habe ich dort den werten Emperaire angetroffen.

Paul Cézanne

Paul Cézanne, Porträt von Victor Choquet im Sitzen, *um 1877, Columbus Museum of Art, Columbus.*

44.
Paul Cézanne an Emile Zola

[L'Estaque,] 23. März 1878

Mein lieber Emile,

ich sehe mich beinahe schon gezwungen, mir selber Geldmittel zu verschaffen, sofern ich dazu überhaupt fähig bin. Die Situation zwischen meinem Vater wird immer gespannter, und mir droht, meinen gesamten Unterhalt einzubüßen. Ein Brief, den mir Monsieur Choquet[198] schrieb und in dem von *Madame Cézanne und*

dem kleinen Paul[199] die Rede war, hat meinem Vater meine Lage endgültig enthüllt, der übrigens bereits auf der Lauer lag, voller Mutmaßungen, und der nichts Dringenderes zu tun hatte, als den an mich adressierten Brief als Erster aufzumachen und zu lesen, obwohl er die Anschrift trug: *Mons. Paul Cézanne – Kunstmaler*.
Ich bitte dich also bei deinem mir entgegengebrachten Wohlwollen, mich in deiner Umgebung und kraft deines Einflusses irgendwo unterzubringen, wenn du die Sache für möglich hältst. Noch ist nicht alles zwischen mir und meinem Vater zu Ende, aber ich glaube, es werden keine vierzehn Tage vergehen, bis meine Lage völlig geklärt ist.
Schreib mir (indem du den Brief adressierst an: Paul Cézanne postlagernd), welchen Entschluss du im Hinblick auf meine Bitte fassen wirst. Ich biete Madame Zola meine aufrichtigen Grüße dar und drücke dir herzlich die Hand

Paul Cézanne

Ich schreibe dir aus L'Estaque, doch kehre ich heute Abend nach Aix zurück.

Paul Cézanne, Die schwarze Uhr, *um 1870, Privatsammlung.*

45.
Paul Cézanne an Emile Zola

[Aix,] 28. März [1878]

Mein lieber Emile,

wie du denke ich, dass ich nicht zu voreilig auf den väterlichen Wechsel verzichten darf.
Doch angesichts all der Fallstricke, die mir gelegt werden und denen ich bis jetzt entgangen bin, sehe ich voraus, dass es bei der großen Auseinandersetzung um Geld gehen wird und um den Gebrauch, den ich davon machen darf. Es ist mehr als wahrscheinlich, dass ich nur 100 Francs von meinem Vater bekommen werde, obwohl er mir 200 versprochen hatte, als ich in Paris war. Also werde ich auf deine Güte zurückgreifen müssen, umso mehr, als der Kleine seit vierzehn Tagen krank und von einem Schleimfieber befallen ist. Ich treffe sämtliche Vorsichtsmaßregeln, damit mein Vater nicht an sichere Beweise gelangt.
Entschuldige bitte, wenn ich dich auf Folgendes hinweise: doch muss das Papier deiner Umschläge und Briefbögen zu schwer sein; auf der Post musste ich 25 Centimes Nachporto bezahlen – und dein Brief enthielt bloß eine Doppelseite. Würdest du so gut sein, wenn du mir schreibst, bloß ein in der Mitte gefaltetes Blatt zu nehmen?
Falls mein Vater mir folglich nicht genug gibt, dann wende ich mich in der ersten Woche des kommenden Monats an dich, und ich gebe dir auch Hortenses Adresse, der du es liebenswürdigerweise zukommen lassen wirst.
Ich grüße Madame Zola und drücke dir die Hand

Paul Cézanne

Wahrscheinlich wird eine Ausstellung der Impressionisten stattfinden; ich werde dich dann bitten, dort das Stillleben hinzugeben, das du in deinem Esszimmer hast.[200] Ich erhielt in dieser Sache eine formelle Einladung für den 25. dieses Monats, Rue Lafitte – Ich habe mich natürlich nicht dort eingefunden.
Ist *Une Page d'amour* [Ein Blatt Liebe] schon als Buch erschienen?

46.
Paul Cézanne an Emile Zola

[Aix,] Mittwochabend 1878

Mein lieber Emile,

ich danke dir herzlich dafür, dass du mir dein letztes Buch geschickt hast, und für die Widmung. Ich bin mit der Lektüre noch nicht vorangekommen. – Meine Mutter ist übermäßig krank und hütet seit zehn Tagen das Bett, ihr Zustand ist ausgesprochen ernst. – Ich habe die Lektüre am Ende der Beschreibung des Sonnenuntergangs über Paris und der Entfaltung der wechselseitigen Leidenschaft von Hélène und Henri abgebrochen.
Es steht mir nicht zu, dein Buch zu loben, denn du kannst wie Courbet erwidern, dass der selbstbewusste Künstler sich ein ungleich treffenderes Lob ausstellt als alles, was von außen kommt. Was ich dir also darüber sagen will, dient allein dazu, dir begreiflich zu machen, was ich von dem Werk erfassen kann. Mir scheint, dass es ein zarter gezeichnetes Gemälde als das vorangegangene ist, doch ist das Talent oder die schöpferische Kraft stets dieselbe. Und dann, wenn ich keine Häresie begehe, ist der Verlauf der Leidenschaft bei dem Helden von einer sehr folge-

Paul Cézanne, Selbstporträt mit Palette, *um 1890, Stiftung Sammlung E. G. Bührle, Zürich.*

Paul Cézanne, Madame Cézanne im roten Sessel, *1877, Museum of Fine Arts, Boston.*

richtigen Abstufung. Diese von mir gemachte Beobachtung scheint mir auch darin zutreffend, dass die Schauplätze in ihrer Darstellung von der Leidenschaft durchdrungen sind, welche die Figuren antreibt, und daher eine stärkere Einheit mit den Akteuren bilden und weniger teilnahmslos im Ganzen stehen. Sie scheinen sozusagen lebendig zu werden und an den Leiden der Lebewesen teilzuhaben. – Im Übrigen wird es laut der Hinweise der Zeitungen mindestens ein literarischer Erfolg.
Ich drücke dir die Hand und bitte dich, Madame Zola meine Empfehlungen auszurichten.

Paul Cézanne

Du wirst zweifellos bemerken, dass meine Briefe nicht gerade genau auf die deinen antworten, aber das liegt daran, dass ich dir häufig schreibe, ohne dich gelesen zu haben, da ich mich nicht auf eine regelmäßige Weise zur Post begeben kann.

P. S.
– Gedanke im letzten Augenblick: Du hältst dich bei deinen Figuren genau an die Vorschrift von Horaz: Qualis ab incepte processerit, et sibi constet.[201]
Aber darauf pfeifst du wahrscheinlich, und das ist noch eine jener Wiederholungen der Dinge hier auf Erden.

47.
Paul Cézanne an Emile Zola

[Aix,] 4. April 1878

Mein lieber Emile,

ich bitte dich, sechzig Francs für Hortense an folgende Adresse zu schicken:

Madame Cézanne, Rue de Rome 183, Marseille.

Trotz verbindlicher Vereinbarungen habe ich von meinem Vater nur 100 Francs bekommen können, wobei ich noch befürchtete, dass er mir überhaupt nichts gibt. Er erfährt von verschiedenen Personen, dass ich ein Kind habe, und versucht, mich mit allen möglichen Mitteln zu überrumpeln. Er will es mir vom Hals schaffen, sagt er. – Ich füge dem nichts hinzu. – Es würde zu lang dauern, dir den Trottel zu schildern, aber das Äußere trügt bei ihm, das kannst du mir aufs Wort glauben. – Wenn es dir möglich sein wird, wenn du mir schreiben kannst, wirst du mir damit eine Freude machen. Ich will versuchen, nach Marseille zu gehen; Dienstag vor acht Tagen habe ich mich aus dem Haus geschlichen, um den Kleinen [besuchen] zu gehen, es geht ihm besser, und ich war gezwungen, zu Fuß nach Aix zurückzugehen, da der in meinem Fahrplan angegebene Zug falsch war, und ich musste beim Abendessen anwesend sein – ich bin eine Stunde zu spät da gewesen.
Ich empfehle mich Madame Zola, dir drücke ich die Hand

Paul Cézanne

48.
Paul Cézanne an Emile Zola

[Aix,] 14. April 1878

Mein lieber Emile,

ich komme gerade aus Marseille zurück, was dir die lange Verspätung erklären wird, mit der ich dir antworte. Ich konnte deinen Brief erst vergangenen Donnerstag entgegennehmen. Ich danke dir für zwei Sendungen. Ich schreibe unter dem Blick des Vaters.

Auf dem Weg nach Marseille wurde ich von Monsieur Gibert begleitet. Leute wie er sehen nicht schlecht, aber sie haben Professorenaugen. Wenn man mit der Eisenbahn am Landsitz von Alexis vorbeifährt, dann kommt gen Osten ein umwerfendes Motiv zum Vorschein: Sainte-Victoire und die Felsen, die Beaurecueil überragen. Ich sagte: »Was für ein schönes Motiv«, er antwortete: »Die Linien sind viel zu ausgewogen.« – Was den *Assommoir* [*Der Totschläger*] angeht, von dem er übrigens als Erster zu mir sprach, so hat er sehr einsichtige und lobende Dinge gesagt, aber immer nur aus dem Blickwinkel der Machart! Dann, nach einer langen Pause: »Man sollte«, fuhr er fort, »tüchtig studiert haben, von der Ecole normale[202] abgegangen sein.« Ich hatte ihm von Richepin[203] gesprochen, er sagte: »Das hat keine Zukunft.« – Wie inkonsequent: Jener ist doch dort abgegangen. – Und dabei ist er ohne jeden Zweifel derjenige, der sich in einer Stadt von 20.000 Seelen am meisten und am besten mit Kunst beschäftigt.

– Ich werde sehr weise sein, gewieft werde ich nicht sein.

Ich wünsche dir eine gute Gesundheit, ich empfehle mich Madame Zola und danke dir

Paul Cézanne

Die Schüler von Villevieille beleidigen mich im Vorrübergehen. – Ich werde mir die Haare schneiden lassen, sie sind womöglich zu lang. Ich arbeite; wenig Ergebnisse, und zu weit entfernt vom Allgemeinverständlichen.

49.
Paul Cézanne an Emile Zola

[Aix,] Mai 1878

Mein lieber Emile,

da du mir wohl noch einmal zu Hilfe eilen willst, bitte ich dich, sechzig Francs an Hortense zu schicken, an die gleiche Adresse, Rue de Rome 183.
Ich danke dir schon vorab, ich sehe ein, dass du in diesem Augenblick gänzlich von deinem neuen Band in Anspruch genommen sein musst, doch später, sobald du kannst, wenn du mir von der künstlerischen und literarischen Situation erzählen willst, wirst du mir eine Freude bereiten. Da werde ich der Provinz noch weiter entrückt und dichter an Paris dran sein.
Vielen Dank, ich bitte, Madame Zola meine Empfehlungen auszurichten.

Paul Cézanne

50.
Paul Cézanne an Emile Zola

[Aix,] 8. Mai 1878

Mein lieber Emile,

ich danke dir für die neue Sendung. Ich versichere dir, dass sie mir eine sehr große Hilfe ist und mich von der Sorge befreit. Meine Mutter ist jetzt außer Gefahr, bereits seit zwei Tagen steht sie wieder auf, was ihr Linderung verschafft und sie die Nacht besser überstehen lässt. Acht Tage lang war sie sehr erschöpft. – Doch jetzt hoffe ich, dass das schöne Wetter und die Pflege ihr wieder ganz auf die Beine helfen werden.
Ich habe deinen Brief erst gestern, Mittwochabend, abgeholt, was den langen Zeitabstand erklärt, der zwischen deiner Sendung und meiner Antwort vergangen ist.
Ich danke dir für die Nachricht über mein kleines Gemälde.[204] Ich verstehe ganz gut, dass es aufgrund meines Ausgangspunktes nicht angenommen werden konnte, er ist zu weit vom angestrebten Ziel entfernt, das heißt, von der Darstellung der Natur.
Ich habe gerade *Une page d'amour* beendet. Du hattest völlig recht, mir zu sagen, dass man es nicht in Serienform lesen könne. – Mir war der Bogen in keiner Weise klar geworden, es erschien abgehackt, wo doch im Gegenteil die Durchführung des Romans von einer großen Könnerschaft ist. Es gibt darin ein großes dramatisches Gespür. – Außerdem hatte ich übersehen, dass sich die Handlung in einem beschränkten, verdichteten Rahmen abspielte. – Es ist wirklich bedauerlich, dass Kunstsachen nicht höher geschätzt werden und dass es, um das Publikum zu gewinnen, einer Höhung[205] bedarf, die eigentlich nicht Teil des Ganzen ist, ohne Schaden anzurichten, das ist wahr.

Ich habe meiner Mutter deinen Brief vorgelesen, und sie schließt sich mir an, wenn ich euch grüße.
Meine Empfehlungen an deine ganze Familie

Paul Cézanne

51.
Paul Cézanne an Emile Zola

[Aix,] 1. Juni 1878

Mein lieber Emile,

hier meine monatliche Bitte, die erneut an dich ergeht. Ich hoffe, dass sie dir nicht zu lästig fällt und dass sie dir nicht zu taktlos erscheint. Aber dein Angebot hilft mir derart aus der Bedrängnis, dass ich noch einmal darauf zurückgreife. Meine liebe Familie, an sich ganz vortrefflich für einen unglücklichen Maler, der nie etwas zustande zu bringen wusste, ist womöglich ein wenig geizig, ein kleiner, in der Provinz durchaus entschuldbarer Fehler.
Hier kommt nun die unvermeidliche Folge einer solchen Präambel: Ich bitte dich, Hortense freundlicherweise sechzig Fancs zu schicken, der es im Übrigen deswegen nicht schlechter geht. Bei Lambert, dem demokratischen Buchhändler, erstehe ich den bebilderten *Assommoir*. Die *Égalité* in Marseille bringt ihn als Fortsetzungsroman.
Ich arbeite stets etwas. Die Politiker nehmen einen erschreckenden Platz ein. Und Alexis, wie geht es dem?
Ich drücke dir die Hand und empfehle mich Madame Zola

Paul Cézanne

52.
Paul Cézanne an Emile Zola

[Aix,] Dienstag, Juli 1878

Mein lieber Emile,

ich bitte dich, wenn du noch so gut sein willst, sechzig Francs an Hortense zu senden. Sie ist umgezogen, ihre Adresse ist zurzeit Vieux Chemin de Rome 12.
Ich denke darüber nach, in zehn Tagen nach L'Estaque zu gehen.
Girard, genannt Belle,[206] ist aus dem Sanatorium entlassen, in das er aufgrund seiner vorübergehenden Hirnstörung eingesperrt worden ist.
Es scheint, dass man sich in Marseille nicht schlecht geschlagen hat. Ein gewisser Coste der Jüngere, Stadtverordneter, hat sich hervorgetan, indem er seinen Stock auf geistlichen Schultern tanzen ließ.
Hier beginnt es drückend heiß zu werden. Arbeitest du im Augenblick? Hat am 30. Mai eine Ordensvergabe stattgefunden?[207] Die örtlichen Zeitungen berichten nichts, doch denke ich, am heutigen Tag den *Bien Public* von Montag zu bekommen.

Ich drücke dir die Hand und bitte Madame Zola, meine Empfehlungen anzunehmen

Paul Cézanne

Emile Zola, Fotografie des Hauses in Médan, um 1900.

53.
Paul Cézanne an Emile Zola

[L'Estaque,] 16. Juli 1878

Mein lieber Emile,

ich bin seit circa acht Tagen in L'Estaque. Von Monsieur Girard geschnappt, habe ich aus seinem Mund erfahren, dass du Besuch von seinem Schwiegervater bekommen wirst, der sich diese Woche Freitag nach Paris begeben wird. Wir haben das Haus in L'Estaque gekündigt; ich bin augenblicklich ganz in der Nähe von Girard, bei Isnard. Wenn du daran denkst, schreib mir ein Wort, um mich wissen zu lassen, wie deine Dinge hinsichtlich der Ordensverleihung stehen, die ich im *Petit Marseillais* nicht angekündigt fand. – Ich hoffe, dass es dennoch ein Fait accompli ist.

Die großen Hitzewellen haben angefangen.
Ich danke dir für die neuerliche Geldsendung, die du so gut warst, Hortense zukommen zu lassen.
Seitdem habe ich von dem Ende des *Bien Public* gehört. Hast du ein neues Blatt, in dem du eine Lanze für dein Theater brechen wirst? Es ist bedauerlich, dass das, was diese Zeitung sein wollte, nicht erreicht werden konnte.
Ich übermittle Madame Zola meine Empfehlungen und grüße dich.
Ich sah Guillaumin, den Gärtner, der aus Cannes zurück ist, wo sein Dienstherr eine Baumschule anlegen wird.

Paul Cézanne

54.
Paul Cézanne an Emile Zola

[L'Estaque,] 29. Juli 1878

Mein lieber Emile,

bevor ich Paris verließ, habe ich den Schlüssel meiner Wohnung einem gewissen Guillaume, einem Schuster, dagelassen. Nun muss Folgendes passiert sein: Dieser Kerl muss anlässlich der Ausstellung[208] Provinzler zu Besuch gehabt und bei mir untergebracht haben. – Mein Hauswirt nun, sehr verärgert, dass man nicht zuvor seine Erlaubnis eingeholt hat, schickt mir zusammen mit der Quittung für das letzte Quartal einen ziemlich kühlen Brief, worin er mich wissen lässt, dass in meiner Wohnung fremde Leuten wohnen würden. Mein Vater liest den besagten Brief und schließt daraus, dass ich in Paris Frauen

Unterschlupf gewähre. Das fängt schon an, die Züge einer Posse à la Clairville[209] anzunehmen. – Ansonsten ging alles gut, ich versuchte, mich in Marseille niederzulassen, um dort den Winter zuzubringen, zu arbeiten und im nächsten Frühjahr wieder nach Paris zu gehen, im März zum Beispiel. Zu dieser Jahreszeit trübt die Atmosphäre ein, und ich dachte, dann kann ich meine Zeit weniger gut im Freien nutzen. Andererseits befände ich mich zur Gemäldeausstellung in Paris.
Ich gratuliere dir zu deiner Anschaffung[210], deine Zustimmung vorausgesetzt, werde ich die Gelegenheit nutzen, um die Gegend besser kennenzulernen; und sollte das Leben dort für mich nicht unerträglich sein, sei es in La Roche[-Guyon] oder Bennecourt oder ein wenig mehr hier oder da, so würde ich versuchen, dort ein oder zwei Jahre zuzubringen, wie ich es in Auvers tat.
Ich bitte dich, wie bisher sechzig Francs an Hortense zu schicken, obwohl ich ziemlich ernsthaft daran denke, dich von dieser monatlichen Abgabe zu befreien. Kann ich im September oder Oktober eine einmonatige Reise nach Paris zustande bringen, werde ich es tun.
Ich habe meiner Mutter deine Empfehlung mitgeteilt, was ihr große Freude bereitet hat, ich bin nämlich mit ihr hier.
Ich drücke dir die Hand, Grüße an Madame und an deine Mutter, die wahrscheinlich bei dir ist. Und schöne Bootspartien!

Paul Cézanne

Hortense wohnt immer noch: Vieux Chemin de Rome 12, Marseille.

55.
Paul Cézanne an Emile Zola

[L'Estaque,] 27. August 1878

Mein lieber Emile,

ich mache diesen Monat noch einmal Gebrauch von deinem Entgegenkommen, wenn du Hortense bis zum 10. September noch einmal sechzig Francs in den Vieux Chemin de Rome 12 senden kannst.
Ich konnte noch keine Unterkunft in Marseille finden, da ich keine teure will. Ich rechne damit, dort den ganzen Winter zuzubringen, wenn mein Vater einverstanden ist, mir Geld zu geben. Auf diese Weise könnte ich einige Studien fortführen, die ich in L'Estaque mache, wo ich so spät wie nur möglich abziehen werde.
Ich danke dir im Voraus und bitte dich sowie auch deine gesamte Familie, meine aufrichtigsten Grüße anzunehmen

Paul Cézanne

56.
Paul Cézanne an Emile Zola

Undatiert [L'Estaque, Spätsommer oder Herbst 1878]

Mein lieber Emile,

Hortense, die nach Aix gegangen war, hat Achille Emperaire getroffen. Seine Familie befindet sich in einer besonders bedrängten Lage, drei Kinder, der Winter, kein Geld etc., du kannst dir den Rest denken. – Daher bitte ich dich: 1) da Achilles Bruder mit seinem ehemaligen Vorgesetzten bei der Tabakverwaltung auf schlechtem Fuß steht, so gut zu sein, die sein Gesuch betreffenden Akten zurückzuziehen, falls nicht innerhalb kurzer Frist etwas für ihn zu erlangen ist; 2) zu sehen, ob du irgendeine Stellung finden oder den Weg dorthin ebnen könntest, zum Beispiel bei den Docks; 3) Achille hofft gleichfalls auf dich wegen einer Beschäftigung, egal wie bescheiden sie auch sein mag.

Wenn du also etwas für ihn tun kannst, sei so gut, es zu tun; du weißt, wie sehr er es verdient, ein so überaus anständiger Kerl wie er, der von aller Welt übergangen und von den Geschäftstüchtigen allesamt im Stich gelassen wird. Nun denn.

Übrigens, auch abgesehen davon wollte ich dir schreiben, denn mir scheint, dass ich seit Langem keine Neuigkeiten von dir gehört habe. – Ich sehe ein, dass sich nichts wirklich Neues plötzlich ergeben haben wird. – Du machst mir sicher die Freude, mir ein Weniges zu schreiben, das wird etwas Abwechslung in diese lange Reihe von für mich einförmigen Tagen bringen.

Meine Lage ist immer noch dieselbe wie zuvor.

Meine Empfehlung an deine Frau und deine Mutter, ich bitte dich.

Ganz der deine.

Schreib mir an Monsieur A. Fiquet etc. ...

Paul Cézanne

57.
Paul Cézanne an Emile Zola

[L'Estaque,] 14. September 1878

Mein lieber Emile,

ich kann dir in diesem Augenblick in einer ruhigeren Geistesverfassung schreiben, und wenn ich einige kleine Missgeschicke überstehen konnte, ohne allzu sehr darunter zu leiden, so dank der guten und festen Rettungsplanke, die du mir ausgelegt hast. Doch hier zu guter Letzt das Unglück, das mich befiel.
Der Vater von Hortense schreibt seiner Tochter in die Rue de l'Ouest [in Paris] mit der Benennung Madame Cézanne. Mein Hauswirt eilt, den Brief zum Jas de Bouffan weiterzuleiten. Mein Vater bricht ihn auf und liest ihn, die Folge kannst du dir denken. Ich leugne lautstark, und da zum größten Glück im Brief der Name von Hortense nicht vorkommt, beteuere ich, dass er an irgendeine x-beliebige Frau gerichtet sei.
Ich habe dein Theaterbuch[211] erhalten, ich habe bis jetzt bloß fünf Akte gelesen, drei von den *Héritiers Rabourdin* [Rabourdin und seine Erben] und zwei von *Le Bouton de rose* [Die Rosenknospe]; das ist sehr interessant, vor allem, wie ich finde, *Le Bouton de Rose.* Die *Héritiers Rabourdin* haben einige Familienähnlichkeit mit Molière, den ich vergangenen Winter wieder las. Ich zweifle nicht daran, dass du im Theater blendend bestehen wirst. Da ich von dir noch nichts Derartiges gelesen hatte, konnte ich mir nicht vorstellen, dass es so lebendig und der Dialog so gut gemacht sei.
Ich bin dem besagten Huot begegnet, dem Architekten, der ein großes Loblied auf dein gesamtes Werk der *Rougon-Macquart* angestimmt und mir gesagt hat, dass es von den Leuten, die etwas davon verstünden, sehr geschätzt werde.

Er hat mich gefragt, ob ich dich sehen würde; ich sagte: Manchmal – ob du mir schreiben würdest; ich sagte: Unlängst. Verblüffung, und ich bin in seiner Achtung gestiegen. Er gab mir seine Visitenkarte mit der Aufforderung, ihn aufzusuchen. Du siehst also, es dient doch zu etwas, Freunde zu haben, und man wird von mir nicht sagen, was die Eiche zum Schilfrohr sagte: »Ja, ständest du wenigstens gedeckt von meinem Laube«[212] etc. ... Meine Mutter dankt dir und ist sehr gerührt darüber, dass du sie in so guter Erinnerung behältst. Pelouze ist aus Paris wieder zurück: Es klappt nichts. Bring mich bei Alexis in Erinnerung und sage ihm, dass Geschäftshäuser und künstlerischer Ruhm auf Arbeit gründen. Meine Empfehlungen an Madame Zola, und dir danke ich herzlich

Paul Cézanne

Nota bene: Papa hat diesen Monat 300 Francs für mich herausgerückt. Unerhört. Ich glaube, er hat ein Auge auf ein reizendes kleines Dienstmädchen geworfen, das wir in Aix haben; ich und Mama sind in L'Estaque. Was für Feststellungen!

58. Paul Cézanne an Emile Zola

L'Estaque, 24. September 1878

Mein lieber Emile,

ich erhalte deinen Brief just in dem Augenblick, wo ich mir eine Suppe mit Fadennudeln und Öl zubereite, die Lantier so liebt.[213] Ich werde während des ganzen Winters in L'Estaque sein, ich arbeite dort. – Mama ist vor acht Tagen zur Weinlese, zum Einmachen und zum Umzug nach Aix abgereist, sie werden in der

Stadt wohnen – hinter Marguery oder in etwa so. – Ich bin allein in L'Estaque, abends gehe ich nach Marseille schlafen und komme am nächsten Morgen zurück.
Marseille ist in Frankreich die Hauptstadt des Öls, ebenso wie Paris die der Butter ist: Du machst dir keine Vorstellung von der Vermessenheit dieser wilden Bevölkerung, sie hat nur einen Instinkt, den des Geldes; man sagt, dass sie sehr viel davon einnehmen, aber sie sind ziemlich hässlich – die Schnellstraßen verwischen, äußerlich gesehen, die hervorspringenden Seiten der Menschen. In einigen hundert Jahren wird es zwecklos sein zu leben, alles wird eingeebnet sein. Aber das Wenige, was bleibt, ist dem Herzen und dem Blick noch lieb.
Ich sah von Weitem, wie Monsieur Marion die Naturwissenschaftliche Fakultät betrat. (Ob ich ihn aufsuchen werde, muss wohl erwogen werden.) Er kann in der Kunst nicht ehrlich sein, vielleicht ohne, dass er etwas dafür kann.
Als ich sagte, dass mich deine Komödie *Héritiers Rabourdin* an Molière erinnerte, hatte ich das Vorwort noch nicht gelesen. Übrigens ist es Regnard, an den es als Andenken erinnern würde. – Wenn ich Dancourt in die Hand bekomme, werde ich ihn lesen. – Ich bin beinahe fertig mit der Lektüre von *Thérèse Raquin*. An dem Tag, an dem du ein sehr persönliches und typisches Grundthema in den Griff bekommen wirst, wird wahrscheinlich der Erfolg nachfolgen, so wie beim Roman *L'Assommoir*. In der Tat wird man dir wenig gerecht, denn gefallen die Dramen nicht als Dramen an sich, so könnte man immerhin die Stärke und die Verbindung der Personen untereinander sowie den Fluss des Geschaffenen würdigen.
Ich drücke dir die Hand und danke dir sehr. Ich empfehle mich Madame Zola, Alexis ebenso

Paul Cézanne

Denk an den Darnagas[214] und den Karnickelschwanz.

59.
Paul Cézanne an Emile Zola

[L'Estaque,] Montag, 4. November 1878

Mein lieber Emile,

ich schicke dir diesen Brief nach Paris, in der Annahme, dass du deine Rückkehr in die Stadt bereits bewerkstelligt hast. Hier der Anlass für meinen Brief: Hortense ist wegen eines Notfalls in Paris, ich bitte dich, ihr hundert Francs zukommen zu lassen, wenn du mir diesen Vorschuss freundlicherweise gewähren kannst, ich stecke in der Klemme, hoffe aber, wieder aus ihr herauszukommen. – Setze mich davon in Kenntnis, ob du mir diesen neuen Dienst leisten kannst. Sollte es nicht gehen, werde ich versuchen umzukehren. Ob so oder so, ich danke dir, und wenn du mir schreibst, berichte mir ein wenig von der Kunst. Ich beabsichtige noch immer, nächstes Jahr für ein paar Monate nach Paris zurückzukehren, so gegen Februar oder März.
Ich las soeben im *Petit Journal*, dass man *L'Assommoir* aufführen wird. Von wem ist diese Bearbeitung, denn ich glaube nicht, dass sie von dir ist?
Hierhin solltest du das Geld hinsenden, falls du es kannst: Monsieur Antoine Guillaume, Rue de Vaugirard 105, der es an Hortense weiterleiten wird.
Ich grüße dich sowie auch Madame Zola und Alexis

Paul Cézanne

60.
Paul Cézanne an Emile Zola

L'Estaque, 20. November [1878]

Mein lieber Emile,

es ist bereits einige Zeit her, dass ich Nachrichten aus Paris bekam, die mich davon in Kenntnis setzen, dass du mir freundlicherweise die hundert Francs vorgeschossen hast, um die ich dich bat. Seitdem ist eine Woche vergangen und ich habe keine Nachrichten mehr aus Paris. Ich habe den Kleinen hier bei mir in L'Estaque, aber das Wetter ist seit einigen Tagen grässlich.
Du bist wahrscheinlich mit Arbeit überhäuft. Ich warte auf eine Wetterbesserung, um meine Malstudien wieder aufnehmen zu können.
Ich habe mir ein ziemlich merkwürdiges Buch gekauft, ein Gespinst von Beobachtungen, die von einer Feinheit sind, dass sie mir, wie ich spüre, oft entgleiten, doch was für Anekdoten und Tatsachenberichte! – Und die vorbildlichen Leute nennen den Autor widersprüchlich. – Es ist ein Buch von Stendhal: *Histoire de la peinture en Italie* [*Geschichte der Malerei in Italien*}, du hast es wahrscheinlich gelesen, andernfalls gestatte ich mir, dich darauf aufmerksam zu machen. – Ich hatte es bereits 1869 gelesen, aber ich hatte es schlecht gelesen, jetzt lese ich es zum dritten Mal. – Ich habe gerade den Schluss des bebilderten *L'Assommoir* gekauft. Auch bessere Bilder hätten dem Verleger wahrscheinlich nicht besser gedient. Wenn ich mündlich mit dir reden werde, will ich dich fragen, ob deine Ansicht über die Malerei als Ausdrucksmittel der Empfindung nicht dieselbe ist wie meine. – Behalte mich in freundlicher Erinnerung, ich bin immer noch in L'Estaque.

Vergiss nicht meine Grüße an Madame Zola, dir und Alexis drücke ich die Hand

Paul Cézanne

61.
Paul Cézanne an Emile Zola

[L'Estaque,] 19. Dezember 1878

Mein lieber Emile,

ich muss vermutlich tatsächlich vergessen haben, dir zu sagen, dass ich schon seit September aus der Rue du Vieux Chemin de Rome fortgezogen bin. Ich wohne gegenwärtig, oder zumindest Hortense, in der Rue Ferrari 32. – Was mich angeht, bin ich immer noch in L'Estaque, wo ich deinen letzten Brief erhalten habe.

Hortense ist vor vier Tagen aus Paris zurückgekehrt, was mich ein wenig beruhigt, denn ich hatte den Kleinen bei mir und mein Vater hätte uns ertappen können. Man könnte behaupten, es gebe so etwas wie eine Verschwörung, um meinem Vater meine Lage zu enthüllen, auch mein Nichtsnutz von Hauswirt mischt sich ein. – Es ist also schon mehr als einen Monat her, dass Hortense das Geld bekam, das ich bat, ihr zu senden, und ich danke dir dafür, sie hatte es dringend nötig. Sie hat ein kleines Abenteuer in Paris gehabt. – Ich vertraue es nicht dem Papier an und werde es dir bei meiner Rückkehr berichten, es ist übrigens kein großes Ding. – Also, ich glaube, ich bleibe noch einige Monate hier und werde etwa Anfang März nach Paris abfahren. – Hier hoffte ich die vollständigste Ruhe zu genießen, doch ein Mangel an Einverständnis zwischen mir und der väterlichen Autorität führt im Gegenteil dazu, dass ich umso ge-

plagter bin. Mein Erzeuger ist von dem Gedanken besessen, mich zu befreien. – Dafür gibt es nur ein geeignetes Mittel, nämlich mir zwei- oder dreitausend Francs mehr pro Jahr draufzulegen und es nicht auf nach meinem Tod zu verschieben, mich zu seinem Erben zu machen, denn ich werde sicherlich noch vor ihm enden.
Wie du sagst, gibt es hier einige höchst reizvolle Ansichten. Es käme bloß darauf an, sie wiederzugeben, was kaum mein Ding ist; mir ist die Natur etwas zu spät aufgefallen, was jedoch nicht ausschließt, dass sie trotzdem von größtem Interesse ist.
Ich wünsche euch allen fröhliche Weihnachten.
– Nächsten Dienstag werde ich zwei Tage in Aix zubringen.
– Du hast mir nichts über deine jägerischen Heldentaten berichtet, sollte etwa dein Feuer und das deiner Flinte von nicht allzu langer Dauer gewesen sein? Ich drücke dir die Hand

Paul Cézanne

Wenn du mir schreiben willst, bitte immer nach L'Estaque.

62.
Paul Cézanne an Emile Zola

L'Estaque, Februar 1879

Mein lieber Emile,

ich hätte dir bereits vor einiger Zeit schreiben sollen, denn ich erfuhr durch den *Figaro* und das *Petit Journal* vom großen Erfolg des *L'Assommoir* und wollte dir dazu gratulieren.[215] – Ich denke, nicht mehr als vierzehn Tage in L'Estaque zu verbringen, anschließend werde ich nach Aix gehen, von wo aus ich nach

Paris aufbreche. Wenn du etwas aus dem hiesigen Landesteil brauchen solltest, stehe ich zu deiner Verfügung, wie auch für jedweden anderen Auftrag.
Meine Mutter schließt sich mir an, um dir wie auch Madame Zola und deiner Mutter Grüße zu senden.
Ich drücke dir die Hand

Paul Cézanne

63.
Paul Cézanne an Emile Zola

Melun, 3. Juni 1879

Mein lieber Emile,

da ist schon wieder der Monat Juni angebrochen, soll ich dich jetzt besuchen, wie du in letzter Zeit so ungefähr angedeutet hast? Ich fahre am achten dieses Monats nach Paris, und wenn du mir vor diesem Zeitpunkt schreibst, werde ich die Gelegenheit ergreifen, um dich auf deinem Landsitz in Médan aufzusuchen. – Wenn du im Gegenteil denkst, dass ich diesen kleinen Ausflug verschieben soll, lass es mich gleichfalls wissen.
Ich habe am 10. Mai bei dir in der Rue de Boulogne vorbeigeschaut, aber mir wurde ausgerichtet, dass du bereits ein paar Tage zuvor aufs Land gefahren seist.
Vielleicht hast du mitbekommen, dass ich einen kleinen einschmeichelnden Besuch bei Guillemet gemacht habe, der mich, wie man sagt, bei der Jury unterstützt hat, bloß leider ohne Gegenliebe seitens dieser hartherzigen Richter.[216]
Bei dieser Gelegenheit danke ich dir, dass du mir deine Broschüre über die *Republique et l'Art* [Die Republik und die Kunst]

geschickt hast. Da trifft es sich gut, dass Cabaner[217] mir ähnliche Dinge über die Lage gesagt hat, nur noch trostlosere. Nun gut, ich habe die Broschüre von hier, aus Melun, an Guillaumin geschickt, der sie zu lesen wünschte.
Werden wir schöne Tage haben? Das Wetter scheint es nicht zu versprechen. Ich habe das Wasser angefasst, wobei es mir durchaus nicht zu kalt vorkam.
Einen Gruß an Madame Zola sowie auch an dich. Ich habe Nachrichten von allem, was du machst und gemacht hast, aus dem *Petit Journal* und der *Lanterne.*
Ich drücke dir die Hand

Paul Cézanne

64.
Paul Cézanne an Emile Zola

[Melun,] Donnerstag, 5. Juni 1879

Mein lieber Emile,

es ist also abgemacht für Dienstag zwischen 4 und 4 Uhr 30. Ich werde am Montag im Laufe des Tages nach Paris fahren und ich werde dich am folgenden Tag in der Rue de Boulogne aufsuchen. Ich drücke dir die Hand

Paul Cézanne

Emile Zola, Fotografie des Hauses in Médan vom Bahngleis aus, um 1900.

65. Paul Cézanne an Emile Zola

Melun, 23. Juni 1879

Mein lieber Emile,

ich bin ohne Probleme am Bahnhof von Triel eingetroffen, und als ich an deinem Schloss vorbeigefahren bin, hat dir mein aus der Waggontür geschwenkter Arm bestimmt meine Anwesenheit im Zug, den ich nicht verpasst hatte, verraten.[218] Seither habe ich, ich glaube am Freitag, den Brief erhalten, der mir an deine Adresse geschickt worden war, ich danke dir dafür, es war ein Brief von Hortense. In meiner Abwesenheit ist hier dein Band *Mes Haines* [Meine Hasstiraden] eingetroffen, und heute kaufte ich soeben die Ausgabe des *Voltaire*, um deinen Artikel über Vallès zu lesen.
Ich las ihn gerade eben, und ich finde ihn fabelhaft. Das Buch über Jacques Vingtgras[219] hatte in mir große Sympathie für den Verfasser wachgerufen. – Ich hoffe, er wird zufrieden sein.

Ich bitte dich, Madame Zola, deiner Mutter und deiner Frau meine Empfehlungen auszurichten.
Ich drücke dir die Hand
Und beste Gesundheit

Paul Cézanne

Falls Alexis bei dir ist – Salut. – Wenn sich eine Gelegenheit ergibt, lass mich mal wissen, in welcher Tiefe im Brunnen Wasser entdeckt wurde.

66.
Paul Cézanne an Emile Zola

[Melun,] 24. September 1879

Mein lieber Emile,

hier der Grund, der mich zum Schreiben veranlasst, denn es hat sich kein Ereignis zugetragen, seit ich dich im Juni verlassen habe, was mich zu einem Brief hätte veranlassen können, obwohl du in deinem letzten Brief die Güte besessen hast, mir zu sagen, ich solle dir meine Neuigkeiten vermelden. Der morgige Tag gleicht so sehr dem gestrigen, dass ich nicht weiß, was ich dir berichten soll. Doch hier ist, was ich begehre: *L'Assommoir* zu sehen. Darf ich dich um drei Plätze bitten? – Aber das ist noch nicht alles, es gibt darüber hinaus noch eine Schwierigkeit, und zwar der bestimmte Zeitpunkt, für den ich das alles von dir erbitte, das heißt für den 6. Oktober. Sei doch bitte so gut und prüfe, ob das, was ich von dir erbitte, nicht zu große Probleme bereitet. Denn du bist ja noch nicht einmal in Paris. Ich komme auch nicht dorthin, und ich fürchte, dass es nicht leicht

sein wird, den Zeitpunkt, an dem ich nach Paris gehen werde, dem Erlangen der Eintrittskarte anzupassen. – Sag mir also, wenn es Schwierigkeiten gibt, und habe keine Angst, mich abzuweisen, denn ich begreife nur zu gut, dass du mit derartigen Bitten schon sehr bestürmt worden sein musst. Ich habe durch das *Petit Journal* mitbekommen, dass Alexis mit Erfolg aufgeführt worden ist.
Ich strebe immer noch an, meinen Weg in der Malerei zu finden. Die Natur bereitet mir die allergrößten Schwierigkeiten. Doch geht es mir, nach einer Bronchitis, einer Neuauflage von 77, die mich einen Monat lang erschüttert hat, nicht gar zu schlecht. Ich wünsche dir, dass dir alle Scherereien dieser Art fernbleiben. Ich hoffe, dass dieses Schreiben dich und die Deinen bei guter Gesundheit antreffen wird. – Mein Vater hat seinen Teilhaber verloren, es ist schon einige Zeit her, aber ihnen geht es glücklicherweise allen gut.
Ich drücke dir die Hand und bitte dich, Madame Zola, deiner Frau, und deiner Mutter meine aufrichtigen Grüße auszurichten.

Dein ergebener

Paul Cézanne

67.
Paul Cézanne an Emile Zola

[Melun,] 27. September 1879

Mein lieber Emile,

ich danke dir von ganzem Herzen. Schick mir die Karten nach Melun. Ich fahre erst morgens am 6. nach Paris.

Ich nehme gerne deine Einladung nach Médan an. Besonders für diese Zeit, in der die Landschaft wirklich staunenswürdig ist. – Es scheint, als ob es dort mehr Stille gibt. Es gibt Empfindungen, die ich nicht ausdrücken kann, es ist besser, sie zu fühlen. Den Deinen einen Gruß und meinen Dank. Ich drücke dir die Hand.
Dein ergebener

Paul Cézanne

68.
Paul Cézanne an Emile Zola

Melun, 9. Oktober 1879

Mein lieber Emile,

ich habe mir *L'Assommoir* angesehen, was mich sehr zufriedengestellt hat. Ich hatte einen Platz, wie er besser nicht sein konnte, und ich habe gar nicht geschlafen, obwohl ich mich normalerweise kurz nach acht Uhr hinlege. Das Interesse lässt nicht im Geringsten nach, doch möchte ich, nachdem ich dieses Stück gesehen habe, zu sagen wagen, wie verblüffend mir die Schauspieler vorkamen, dass sie einer Unmenge von Stücken, die dies bloß den Namen nach sind, zum Erfolg verhelfen müssten. Die literarische Form dürfte bei ihnen nicht vonnöten sein. Das Ende von Copeau ist wirklich einzigartig, und die Schauspielerin, die Gervaise darstellt, ist ganz besonders ansprechend. Im Übrigen spielen jedoch alle sehr gut. Großen Eindruck schindet die Erfordernis, aus der großen Virginie eine Verräterin wie im Melodrama zu machen, diese zwangsläufige Konzession muss die Manen Bouchardies versöhnt haben, die sich ohne dies wohl nicht mehr zurechtgefunden hätten.

Auf einer großen Leinwand, die den ganzen Theatervorhang verdeckt, sah ich das baldige Erscheinen von *Nana* für den 15. angekündigt.
Ich danke dir herzlich, und wenn meine Kollegen mit dem Anstreicherpinsel fertig sein werden, schreib mir bitte.
Ich bitte dich, Madame Zola, deiner Mutter und dir selbst meine Empfehlungen auszurichten.

Ich drücke dir die Hand

Paul Cézanne

69.
Paul Cézanne an Emile Zola

Melun, 18. Dezember 1879

Mein lieber Emile,

ich habe deine beiden letzten Briefe erhalten, der eine verkündete mir den Berg an Schnee, der andere das völlige Ausbleiben von Tauwetter. Das glaube ich dir gerne. Hinsichtlich des Frosts bleibt mir nur übrig, dich zu beneiden.
– Am Mittwoch waren es hier bis zu 25 Grad. [sic] Und was noch unerfreulicher ist, ich kann mir kein Brennmaterial beschaffen. Am Samstag werde ich vermutlich keine Kohlen mehr haben, dann bin ich gezwungen, in Paris Zuflucht zu suchen. Dies ist ein ziemlich verblüffender Winter. Ich habe einige Schwierigkeiten, mich gedanklich wieder in den Juli zu versetzen, die Kälte gemahnt einen zu sehr an die Wirklichkeit.
Es bleibt also dabei für den Januar, jedoch nur, wenn ich dich nicht störe. Wenn ich nach Paris fahre, werde ich dir meine Adresse übermitteln.

Ich drücke dir die Hand und bitte dich, Madame Zola und deiner Mutter meine Empfehlungen auszurichten.

Paul Cézanne

70.
Paul Cézanne an Emile Zola

Undatiert [Melun, Februar 1880]

Mein lieber Emile,

ich bin ein bisschen spät dran, dir für den letzten Band zu danken, den du mir geschickt hast. Doch die Verlockung der Novität hat mich veranlasst, mich darüber herzumachen, und gestern habe ich die Lektüre von *Nana* beendet. – Es ist ein großartiges Buch, aber ich fürchte, dass es die Zeitungen aufgrund einer gemeinsamen vorgefassten Übereinkunft überhaupt nicht erwähnt haben. Tatsächlich habe ich in keiner der drei Zeitungen, die ich lese, weder einen Artikel noch eine Anzeige erblickt. Nun, dieser Befund hat mich ein wenig verdrossen, denn das wäre ein Indiz für ein übergroßes Desinteresse an Kunstdingen, oder aber ein prüdes und gewolltes Anzeichen einer Zurückhaltung, die man gewissen anderen Themen gegenüber nicht hegt.
Es kann aber auch sein, dass der Lärm, den das Erscheinen des Buches *Nana* hervorgerufen haben dürfte, nicht bis zu mir gedrungen ist, und das wäre dann die Schuld unserer Drecksblätter, was mir in diesem Fall ein großer Trost wäre.
Ich empfehle mich Madame Zola und richte dir meinen Dank aus. Ich werde dich im März besuchen.

Paul Cézanne

71.
Paul Cézanne an Emile Zola

Melun, 25. Februar 1880

Mein lieber Emile,

ich habe heute Morgen das Buch erhalten, das Alexis soeben veröffentlicht hat. Ich möchte ihm danken, und da ich seine Adresse nicht weiß, stütze ich mich auf dein Entgegenkommen, damit du ihn wissen lässt, dass ich sehr gerührt bin vom Zeichen der Sympathie, das er mir hat bezeigen wollen. Dieser Band vergrößert die literarische Sammlung, die du mir beschert hast, und ich habe eine Zeit lang genug, um mich zu zerstreuen und meine Winterabende auszufüllen. Übrigens hoffe ich, dass ich Alexis sehen werde, wenn ich wieder zurück in Paris bin, und dass ich ihm dann auch selber danken kann.
Unser Freund Antony Valabrègue hat beim Verleger Lemerre einen bezaubernden Band *Petits poèmes parisiens* veröffentlicht. Du hast bestimmt ein Exemplar. Meine Zeitung sagt Gutes darüber.
Doch scheint es, dass Mademoiselle de Reismes[220] aus Pontoise oder Umgebung dich ziemlich heruntergemacht hat. Pons, der von Sainte-Beuve, würde sagen, dass sie gut daran täte, Strümpfe zu stricken.
Ich drücke dir liebevoll die Hand und bitte Madame Zola, meine respektvollen Grüße annehmen zu wollen.
Dein ergebener Freund

Paul Cézanne

72.
Paul Cézanne an Emile Zola

[Paris,] 1. April 1880

Mein lieber Emile,

nachdem ich heute Morgen deinen Brief vom 1. April erhalten habe, der den von Guillemet enthielt, stürze ich nach Paris und bringe bei Guillaumin in Erfahrung, dass die »Impressionisten« eröffnet sind.[221] – Ich laufe hin. Alexis rennt mir in die Arme, Doktor Gachet lädt uns zum Abendessen ein, ich hindere Alexis daran, dir seine Aufwartung zu machen. Darf ich mir gestatten, uns zum Abendessen für Samstagabend einzuladen? Sollte das Gegenteil der Fall sein, sei so gut, mich davon in Kenntnis zu setzen. Ich halte mich in der Rue de l'Ouest 32 in Plaisance auf. Ich bin voller Dankbarkeit dein alter Schulkamerad von 1854.

Ich bitte dich, Madame Zola meine Empfehlungen auszurichten

Paul Cézanne

73.
Paul Cézanne an Emile Zola

[Paris,] 10. Mai 1880

Mein lieber Emile,

ich schicke dir inliegend die Kopie eines Briefes, den Renoir und Monet an den Minister der Schönen Künste schicken werden, um gegen ihre schlechte Hängung zu protestieren und für

nächstes Jahr eine Ausstellung der Gruppe echter Impressionisten zu beanspruchen. Hier nun, wozu ich aufgefordert wurde, von dir zu erbitten:
Dies wäre, jenen Brief an den *Voltaire* weiterzuleiten und ihm einige Worte über die früheren Veranstaltungen der Gruppe vorangehen oder folgen zu lassen. Diese wenigen Worte sollten sich darauf konzentrieren, die Bedeutung der Impressionisten und die Welle tatsächlicher Schaulust, die sie verursachten, darzulegen.
Ich brauche nicht hinzuzufügen, dass der Weg, der dir geeignet zu sein scheint, dieser Bitte zu entsprechen, nicht im Geringsten das Wohlwollen, das du mir entgegenbringst, noch die guten Beziehungen, die du so gut warst, zwischen uns bestehen zu lassen, beeinflussen wird. Denn ich bin mehr als einmal in die Lage geraten, dir Bitten vorzutragen, die dir auf die Nerven gehen können. Ich erfülle die Aufgabe eines Sprachrohrs und weiter nichts.
Gestern habe ich die höchst unglückselige Begebenheit vom Tod Flauberts erfahren. – Auch befürchte ich, dass dieser Brief bei dir bloß inmitten vieler Sorgen hineinplatzt.
Ich bitte Madame Zola und deine Mutter, meine aufrichtigen Empfehlungen [annehmen zu wollen]. Ich drücke dir herzlich die Hand

Paul Cézanne

Selbstverständlich entsprach Zola der Bitte seines Freundes und bezog in einer Artikelserie, die vom 18. bis zum 22. Juni 1880 in der Zeitschrift *Voltaire* erschien, Stellung zum »Naturalismus im Salon«. Schon allein diese Überschrift macht jedoch deutlich, wie weit sich der Schriftsteller von den Positionen der impressionistischen Maler inzwischen entfernt hatte. Schwebte diesen eine von der persönlichen Empfindung geprägte Auffassung der Natur vor, so hatte sich die Literatur Zolas und seiner Epigonen einer möglichst genauen, eben naturalistischen Beschreibung der Umwelt gewidmet. So verwundert es nicht, wenn er in seinem Artikel vom 19. Juni etwas sucht, was er bei den Impressionisten nicht finden kann:

»Leider hat keiner von ihnen endgültig und überzeugend den Stil verwirklicht, den sie alle in ihren einzelnen Werken verstreut neu in die Kunst einbringen. Der Stil ist da, unendlich zersplittert; aber nirgendwo, bei keinem von ihnen, findet man ihn meisterhaft verwirklicht. Sie alle sind Vorläufer, das Genie ist noch nicht geboren. Man merkt wohl, was sie wollen, man gibt ihnen recht; indes sucht man vergebens das Meisterwerk, das den Stil durchsetzen und alle Häupter beugen soll.«

Immerhin erwähnt er Cézanne, wenn auch nur etwas zwiespältig im Vorübergehen: »Paul Cézanne, der die Veranlagung zu einem großen Meister hat und noch nach der richtigen Malweise sucht, steht Courbet und Delacroix näher.«[222]

74.
Paul Cézanne an Emile Zola

[Paris,] Samstag, 19. Juni 1880

Mein lieber Emile,

ich hatte dir noch für den vorletzten Brief zu danken, den du mir wegen dem, um was ich dich für Monet und Renoir bat, geschrieben hast. Ein wenig aus Nachlässigkeit, und weil der Juni immer weiter vorwärtsschritt, hatte ich dir nicht geantwortet. – Endlich und zuletzt ist dein letzter Brief erst heute bei

Emile Zola, Fotografie mit Selbstauslöser von sich und seiner Frau Alexandrine, um 1900.

mir angekommen. Das liegt daran, dass die Anschrift nicht korrekt war. Es hätte Rue de l'Ouest 32 geschrieben werden müssen und nicht 12. Ich danke dir herzlich. Ich konnte mir die Nummer, die das Datum des 19. trug, besorgen. Ich werde zum *Voltaire* gehen, um mir die Nummer vom 18. dieses Monats zu besorgen.

– Monet hat derzeit bei Monsieur Charpentier in der Vie moderne eine sehr schöne Ausstellung.

Ich weiß nicht genau, ob die echte Hitze noch kommt, aber sobald ich dir nicht lästig fallen werde, schreib mir, ich werde mit Vergnügen nach Médan kommen. Und falls du nicht entsetzt bist über die lange Zeit, die ich daran zu verwenden wage, erlaube ich mir, die kleine Leinwand mitzubringen und dort ein Motiv zu malen, doch nur dann, wenn du darin keine Belastung siehst.

Ich bedanke mich vielmals bei Madame Zola für den großen Haufen von Stoffresten, den sie mir gegeben hat und der mir

sehr nützlich ist. – Ich gehe jeden Tag aufs Land, um ein wenig zu malen.
Ich habe den höchst ausgezeichneten Solari getroffen. Morgen werde ich ihn besuchen, er ist dreimal zu meiner Wohnung gekommen und ich war jedes Mal unterwegs. Morgen, am Sonntag, gehe ich ihm die Hand drücken. Nichts geht glatt bei ihm. Er kriegt das Glück nicht dazu, auf seine Seite zu biegen. Wie viele Glückspilze schaffen dies mit weniger Anstrengung! Aber der Mensch ist nun einmal da, und ich danke meinerseits Gott, einen ewigen Vater zu haben
Ich bitte dich, Madame Zola von mir zu grüßen ebenso wie Madame Zola, deine Mutter.
Ich drücke dir die Hand

Paul Cézanne

75.
Paul Cézanne an Emile Zola

[Paris,] 4. Juli 1880

Mein lieber Emile,

ich habe am vergangenen 19. Juni auf den Brief, den du mir am 16. geschrieben hattest, geantwortet. Darin fragte ich dich, ob ich zu dir kommen könnte, um dort zu malen, das ist wahr. – Aber selbstverständlich will ich kein Grund für Unbehagen sein. Seitdem habe ich keine Nachricht mehr von dir erhalten, und da seither ungefähr vierzehn Tage vergangen sind, erlaube ich mir, einige Zeilen von dir zu erbitten, um über die Lage im Klaren zu sein. Wenn du willst, dass ich bei dir vorbeischaue, werde ich kommen, und wenn du mir das Gegenteil mitteilst, dann komme ich noch nicht. – Ich habe ab dem zweiten die Artikel

gelesen, die du im *Voltaire* hast erscheinen lassen. Und ich danke dir sowohl in meinem wie auch im Namen meiner anderen Mitstreiter. – Monet soll, so viel ich hörte, einige der bei Monsieur Charpentier ausgestellten Gemälde verkauft haben, und Renoir soll ein paar einträgliche Aufträge für Porträts haben.
Ich wünsche dir eine gute Gesundheit – und bitte dich, Madame Zola und deine Mutter meiner aufrichtigen Empfehlungen auszurichten.

Ich bin mit Dankbarkeit dein ergebener

Paul Cézanne

Meine Adresse ist: Rue de l'Ouest 32, und nicht 12, wie du irrtümlicherweise geschrieben hattest.

76.
Paul Cézanne an Emile Zola

Samstag [18]80

Mein lieber Emile,

ich habe soeben das Exemplar erhalten, das ihr mir geschickt habt.[223] Ich werde es mir in den ruhigen Abendstunden gleich zu Gemüte führen. Ich bitte dich, deinen Kollegen gegenüber der Vermittler jener Gefühle der künstlerischen Sympathie zu sein, der die Fühlenden vereint – trotz der unterschiedlichen zum Einsatz gebrachten Ausdrucksmittel –, und ihnen dafür zu danken, dass sie sich mit dir zusammengetan haben, um mir diesen Band darzubieten, in dem ich gehaltvolle und nahrhafte Ausdünstungen wittere.

Von Herzen der deine, der Provenzale, bei dem die Reife nicht dem Alter vorangegangen ist. – Dass ich nicht vergesse, Madame meine Empfehlungen auszurichten und sie zu bitten, sie möge mich als ihren ergebenen Diener betrachten

Paul Cézanne

77. Paul Cézanne an Emile Zola

[Paris,] 28. Oktober 1880

Mein lieber Emile,

heute Morgen hat mir Solari den Brief mitgebracht, den du mir geschickt hast.[224] Ich hatte durch das *Journal* erfahren, dass du deine Mutter verloren hattest, und auch, dass du dich nach Aix begeben würdest,[225] daher bin ich nicht nach Médan gefahren. Ich wollte dir schreiben, um dich zu fragen, ob du damit rechnest, nächsten Monat nach Paris zu kommen, doch da du mir mitteilst, deine Anreise würde sich noch einige Zeit hinziehen, werde ich bis dahin warten, es sei denn, du wünschst nichts anderes, als dass ich dich besuche, ich stehe zu deiner Verfügung, für was auch immer ich für dich tun kann.
Ich verstehe sehr gut das ganze Traurige deiner Lage, ich hoffe, dass deine Gesundheit gleichwohl so wenig wie möglich davon zu spüren bekommt, ebenso die deiner Frau.
Ich bitte euch, meine aufrichtigen Grüße entgegenzunehmen, und drücke euch herzlich die Hand

Paul Cézanne
Rue de l'Ouest 32

78.
Paul Cézanne an Emile Zola,

12. April 1881

Mein lieber Emile,

in einigen Tagen soll die Versteigerung zugunsten von Cabaner erfolgen.[226] Hier nun also, um was ich dich bitte: das wäre, ob du es übernehmen wolltest, eine kleine Notiz zu verfassen, so wie du es für die Versteigerung von Duranty getan hast.[227] – Denn man zweifelt nicht daran, dass allein schon die Schützenhilfe deines Namens eine große Verlockung für das Publikum sein wird, um Kunstliebhaber anzulocken und die Versteigerung zu empfehlen.
Hier eine Übersicht einiger Namen von Künstlern, die ihre Arbeiten zur Verfügung gestellt haben:
Manet – Degas – Frank Lamy – Pissarro – Bérand – Gervex – Guillemet – Pils – Cordey etc., und meine Wenigkeit.
Ich bin es nun, der als einer der ältesten Freunde damit beauftragt wurde, dir diese Bitte zu unterbreiten.
Ich drücke dir herzlich die Hand und bitte dich, Madame Zola meine Empfehlungen auszurichten.
Ganz der deine

Paul Cézanne

79.
Emile Zola an Paul Cézanne

Médan, 16. April 1881

[Antwort Zolas auf der Rückseite des voranstehenden Briefes von Cézanne]

Mein lieber Paul,

ich will gerne die kleine Notiz schreiben, um die du mich bittest, doch bräuchte ich dafür unbedingt einige Einzelheiten. Ich soll von Cabaner sprechen, doch in welchem Wortlaut? Soll ich sagen, dass er leidend ist, dass er in Südfrankreich ist, dass die Versteigerung abgehalten wird, um ihm zur Hilfe zu eilen? Mit einem Wort, soll ich von seiner Klemme berichten? Ich kenne ihn so gut wie gar nicht und möchte ihn nicht verletzen. Antworte mir schnell, was du darüber denkst und ob wir bei der Öffentlichkeit Mitleid für sein Schicksal erwecken können, wenn man zugleich von seinen künstlerischen Kämpfen und seinem Talent spricht? Das wäre, glaube ich, der richtige Ton. Doch ich möchte, dass mich die Organisatoren der Versteigerung ermächtigen, dies zu sagen.
Ich erwarte deinen Brief, um die Notiz zu verfassen.
Ganz der deine

Emile Zola

80.
Paul Cézanne an Emile Zola

Pontoise, 7. Mai 1881

Mein lieber Emile,

seit zwei Tagen bin ich in Pontoise. Seit du die Güte besessen hast, mir zu schreiben, um mir mitzuteilen, dass du einwilligst, den Text über Cabaner zu schreiben, habe ich Frank Lamy, einen der, wie ich glaube, Organisatoren der Versteigerung zugunsten des unglücklichen Musikers nicht mehr gesehen.

Daher würde ich mir wünschen, dass du mir mitteilst, ob du die Anmerkungen erhalten hast, mit denen du arbeiten solltest, und ob du die kleine Notiz angefertigt hast, die man mich beauftragt hat, von dir zu erbitten? Ich erhielt von Huysmans und von Céard wie auch von dir eure Bände gleich nachdem sie erschienen waren und war sehr angetan von ihnen.[228] – Ich denke, dass Céard sehr im Trend liegen wird, denn es scheint mir, dass es sehr amüsant ist, ganz zu schweigen von den großen Qualitäten der in seinem Buch niedergelegten Ansichten und Bemerkungen.
Ich danke dir vielmals, dass du mich mit diesen sehr bemerkenswerten Personen bekannt gemacht hast, und bitte dich, Madame Zola meine Empfehlungen auszurichten sowie auch dir selbst.
Ich grüße dich herzlich

Paul Cézanne

Im Augenblick wohne ich Quai du Pothuis 31
in Pontoise (Seine-et-Oise).

Im letzten Augenblick erfahre ich soeben, dass Madame Béliard sehr krank ist; es ist immer schwer zu hören, dass das Schicksal Menschen niederschmettert, die liebenswert sind.

81.
Paul Cézanne an Emile Zola

Pontoise, den 20. Mai 1881

Mein lieber Emile,

seit du die Güte hattest, mir zu antworten, hat die Versteigerung zugunsten Cabaners stattgefunden. Du sagst es, ich meinte tat-

sächlich, dass Frank Lamy sich mit dir in Verbindung setzen sollte, und ich danke dir sehr für das Vorwort, das du über den Metaphysiker verfasst hast, der eigentlich irgendeine wahrnehmbare Arbeit hätte schreiben sollen, hat er doch einige theoretische Einsichten, die wirklich merkwürdig und paradox sind und nicht eines gewissen Reizes entbehren.
Etwas ein wenig Nervtötendes zeichnet sich für mich ab. Meine Schwester und mein Schwager wollen nach Paris kommen, begleitet, glaube ich, von seiner Schwester Marie Conil.[229] Siehst du mich, wie ich sie durch den Louvre und andere Orte mit Bildern lotse?
Gewiss wird mich, wie du es sagst, mein Aufenthalt in Pontoise nicht hindern, dich zu besuchen, im Gegenteil, ich habe mir vorgenommen, auf dem Landweg und auf Kosten meiner Beine nach Médan zu kommen. Ich denke, dass ich dieser Aufgabe nicht unterlegen sein dürfte.
Ich sehe Pissarro ziemlich oft und ich habe ihm den Band von Huysmans geliehen, den er verschlingt.
Ich habe mehrere Studien bei grauem Wetter und sonnigem Wetter begonnen. – Ich wünsche dir, dass du bald zu deinem Normalzustand bei der Arbeit findest, die, wie ich denke, trotz aller Alternativen die einzige Zuflucht ist, in der man die wirkliche Zufriedenheit seiner selbst findet.
Ich bitte dich, Madame Zola meine Empfehlungen auszurichten, und drücke dir herzlich die Hand.
Ganz der deine

Paul Cézanne

Vergiss mir nicht meinen Landsmann Alexis, den ich lange nicht mehr sah und den du notwendigerweise eher sehen wirst, als ich ihn sehen werde.

82.
Paul Cézanne an Emile Zola

[Pontoise,] Dienstag, Juni 1881

Mein lieber Emile,

ich wollte dir für die Zusendung deines letzten Buches danken, aber indem ich das beständig hinausschob, hätte ich noch viel Zeit verstreichen lassen können, wenn ich nicht diesen Morgen schon vor vier Uhr aufgestanden wäre. – Ich habe bereits mit der Lektüre begonnen, habe sie aber noch nicht beendet, obwohl ich glaube, schon ein gutes Stück davon gelesen zu haben, da ich, aufgrund der Abschnitte, mal die eine, mal die andere Studie las. Mir scheint, die über Stendhal ist sehr fein.
Als ich nach Paris gefahren war, fand ich in meiner Wohnung das Buch vor, das Rod[230] so gut war, mir zu schicken, und das eine leichte Lektüre darstellt. Ich habe es schon zur Gänze durchflogen. Ich wusste seine Adresse nicht und konnte mich nicht für den Band, den er mir geschickt hat, bei ihm bedanken. – Solltest du gegebenenfalls die Güte besitzen, mir wieder ein Wörtchen zu schreiben, teile mir doch seine Adresse mit, damit ich ihm gegenüber meiner Verpflichtung nachkommen kann.
Meine Schwester und mein Schwager sind auf ein paar Tage nach Paris gekommen. Da meine Schwester krank wurde, bin ich gezwungen gewesen, sie Sonntagmorgen wieder nach Aix zu verfrachten. Am ersten Sonntag des Monats hatte ich sie nach Versailles begleitet, der Stadt des großen Königs, um die großen Wasserspiele zu sehen.

Ich wünsche dir eine gute Gesundheit, denn sie ist das kostbarste Gut, wenn man sich darüber hinaus in guten Existenzumständen befindet.

Ich gestatte mir, mich Madame Zola zu empfehlen, und drücke dir die Hand.

Paul Cézanne

Ich arbeite ein bisschen, aber nur mit großer Schlaffheit.

83.
Paul Cézanne an Emile Zola

[Pontoise,] Montag, [Juli] 1881

Mein lieber Emile,

als ich nach Auvers ging, vernahm ich, dass Alexis in einem Duell verwundet wurde, bei dem wie stets das Recht verletzt worden ist. Falls es dich nicht allzu sehr belastet, würdest du mir eine große Freude bereiten, wenn du mir Nachrichten über meinen tapferen Landsmann mitteiltest.
Ich kann erst in den ersten Augusttagen nach Paris fahren, wo ich mich nach seiner Gesundheit erkundigen werde.
Zuvor hatte ich per Zufall noch von der Debatte gehört, die Wolff anlässlich deines Artikels über Maupassant und Alexis auslöste.[231]
Ich bitte dich, Madame Zola meine Empfehlungen auszurichten, und wünsche dir, dass du inmitten all dieses Ärgers gesund bleibst; und sollte sich Alexis bei dir befinden, denn ich hoffe immer noch, dass seine Verwundung gar nicht schwer ist, so übermittle ihm meine kollegialen Grüße.
Ich bin dein alter Kamerad

Paul Cézanne

84.
Paul Cézanne an Emile Zola

[Pontoise,] 5. August 1881

Mein lieber Emile,

als ich dienstagmorgens bei Alexis war, ist dein Brief bei mir in Pontoise eingetroffen. Ich habe also gleich von zwei Seiten vernommen, dass die Affäre Alexis sich auf eine für ihn nicht allzu unangenehme Art geklärt hatte. Ich fand meinen Landsmann wieder völlig hergestellt, und er hat mir die Artikel gezeigt, die seinem Duell vorausgegangen und gefolgt waren.
In meiner Pariser Wohnung fand sich ein aus Caserta geschickter Brief, unterzeichnet von einem gewissen Etorre-Lacquanitin[232] oder so ungefähr, der mich bittet, ihm bei der Beschaffung einer Menge kritischer Artikel über deine Werke behilflich zu sein, sowohl deiner neuesten wie der vor den *Rougon-Macquart* veröffentlichten. Wahrscheinlich kennst du diesen Autor, der eine kritische Studie über dein Werk schreiben möchte.
Alexis, dem ich diesen Brief zeigte, sagte mir, er habe einen diesem entsprechenden erhalten und dass er für uns beide antworten werde.
Einige kleine Schwierigkeiten haben meinen Besuch in Médan nicht leichter gemacht, doch werde ich sicherlich gegen Ende Oktober kommen. Ich muss Pontoise um diese Zeit verlassen und vielleicht werde ich einige Zeit in Aix verbringen. Bevor ich diese Reise unternehme, werde ich, wenn du mir zu diesem Zeitpunkt schreibst, für ein paar Tage zu euch kommen.
Ich drücke dir liebevoll die Hand und empfehle mich Madame Zola – und schöne Bäder!
Ganz der deine

Paul Cézanne

85.
Paul Cézanne an Emile Zola

Pontoise, 15. Oktober 1881

Mein lieber Emile,

der Zeitpunkt naht, an dem ich nach Aix aufbrechen muss. Bevor ich abfahre, möchte ich dir noch Guten Tag sagen kommen. Da nun schlechtes Wetter herrscht, schreibe ich dir nach Médan, in der Annahme, dass du aus Grandcamp[233] zurück sein musst. Wenn also nichts dagegen spricht, werde ich dich so um den 24. oder 25. dieses Monats besuchen kommen. Wenn du mir diesbezüglich ein Wort schreiben kannst, würdest du mir eine Freude machen.
Ich bitte dich, Madame Zola meine Empfehlungen auszurichten, und hoffe, dass ihr gesund heimgekehrt seid, und ich drücke dir herzlich die Hand.
Dein ergebener

Paul Cézanne

86.
Paul Cézanne an Emile Zola

L'Estaque, 28. Februar 1882

Mein lieber Emile,

ich habe vorgestern den Band mit den literarischen Kritiken erhalten, den du so gut warst, mir zu schicken. Ich schreibe dir also, um mich bei dir zu bedanken, und gleichzeitig teile ich dir mit, dass ich, nachdem ich vier Monate im Süden zugebracht

habe, in acht Tagen nach Paris zurückkehren werde. Und da ich annehme, dass du in Médan bist, werde ich dir in deiner Bleibe Guten Tag sagen kommen. Doch im Vorfeld werde ich in der Rue de Boulogne vorbeigehen, damit ich weiß, ob du nicht dort bist.
Ich lasse Madame Zola grüßen und drücke dir herzlich die Hand.
Ich bin voller Dankbarkeit

Paul Cézanne

87.
Paul Cézanne an Emile Zola

[Paris,] 2. September 1882

Mein lieber Emile,

nach dem, was du mir im April gesagt hast, vermute ich, dass du auf deinem Landsitz bist. – Daher sende ich dir auch diesen kurzen Brief dorthin. Ich muss nur noch einen Monat in Paris zubringen; kann ich dich in Médan besuchen?[234] Wenn du, wie du es vor zwei Jahren tatest, um den 10. oder 12. nach Paris kommst, lass es mich bitte wissen, dann werde ich kommen, um dir die Hand bei dir zu drücken. Und ich werde erfahren, ob ich mich auf den Weg zu deiner Landresidenz aufmachen kann.
Nun, ich hoffe, das mein Brief dich bei guter Gesundheit erreichen wird.
Ich schließe, indem ich mich Madame empfehle, und dich bitte ich, meine aufrichtigen Grüße anzunehmen.

Paul Cézanne

88.
Paul Cézanne an Emile Zola

[Aix,] Jas de Bouffan, Dienstag, 14. November 1882

Mein lieber Emile,

gestern erhielt ich den Band, den du mir geschickt hast, und ich danke dir sogleich dafür. Seitdem ich eingetroffen bin, habe ich mich nicht vom Lande wegbewegt und bin nur Gibert begegnet, dem Museumsdirektor, den ich besuchen soll.
Ich bin auch dem dicken Dauphin begegnet, mit dem wir auf dem Collège waren, und dem kleinen Baille – alle beide jetzt Anwälte – Letzterer sieht so aus, als wäre er ein hübscher kleiner Gerichtslump. – Doch hier nichts Neues, nicht der winzigste Selbstmord.[235]
Wenn du etwas von hier brauchen solltest, schreib es mir. Ich wäre glücklich, wenn ich dir zur Verfügung stehen könnte. Ich arbeite immerzu ein wenig, wenn ich schon nichts anderes tue.
Ich bitte Madame Zola, meine Empfehlungen anzunehmen und ebenfalls einen Gruß von Mama, die eurer gedenkt. Ich grüße euch herzlich und einen ordentlichen Händedruck.
Ich bin ganz der eure

Paul Cézanne

Ich habe den guten Alexis gar nicht gesehen; da du in der Reichweite bist, ihn zu sehen, sei so gut, ihm zu sagen, dass ich ihn grüße.

89.
Paul Cézanne an Emile Zola

[Aix,] Jas de Bouffan, 27. November [1882]

Mein lieber Emile,

ich habe mich entschlossen, mein Testament zu machen, da es so scheint, dass ich es machen kann; die Rechtstitel der Renten, die mir zustehen, sind auf meinen Namen ausgestellt. Darum möchte ich dich sogleich um einen Ratschlag bitten. Könntest du mir sagen, auf welche Art ich dieses Schriftstück abfassen muss? Ich möchte gern, im Fall meines Todes, die Hälfte meiner Renten meiner Mutter hinterlassen und die andere dem Kleinen. – Wenn du etwas davon verstehst, sei so nett, mich einzuweihen. Denn wenn ich binnen kurzer Frist sterben sollte, würden meine Schwestern mich beerben, und ich glaube, dass meine Mutter benachteiligt würde, und der Kleine (der *anerkannt* worden ist, als ich ihn auf dem Rathaus angemeldet habe) hätte, nehme ich an, allemal Anspruch auf die Hälfte meines Erbes, aber womöglich nicht unangefochten.
Falls ich ein eigenhändig geschriebenes Testament zustande bringen könnte, möchte ich dich fragen, ob du irgendwelche Bedenken hättest, wenn ich dich bitte, eine Abschrift desselben in Verwahrung zu nehmen. – Falls dies keinerlei Scherereien für dich mit sich zieht, denn man könnte das besagte Schriftstück hier unterschlagen.
Das war es, was ich dir vortragen wollte. Ich grüße dich und wünsche dir einen guten Tag, wobei ich nicht vergesse, mich Madame Zola zu empfehlen.
Ganz der deine

Paul Cézanne

90.
Paul Cézanne an Emile Zola

[Aix,] Samstag, 10. März 1883

Mein lieber Emile,

ich bin reichlich in Verzug damit, dir für die Zusendung deines letzten Romans zu danken. Hier ist jedoch der Milderungsgrund für diesen Verzug. Ich komme aus L'Estaque, wo ich ein paar Tage verbracht habe. Renoir, kurz davor, eine Gemäldeausstellung als Nachfolgerin derjenigen von Monet zu veranstalten, die gegenwärtig stattfindet, hatte mich gebeten, ihm zwei Landschaftsbilder zu schicken, die er vergangenes Jahr bei mir gelassen hatte. Ich habe sie ihm am Mittwoch geschickt; ich bin also hier in Aix, wo es Freitag den ganzen Tag lang geschneit hat. Heute Morgen bot die Landschaft den Anblick eines sehr schönen Schnee-Effekts. Aber er schmilzt.
Wir sind nach wie vor auf dem Land. Meine Schwester Rose und ihr Gatte sind seit Oktober in Aix, wo sie von einem kleinen Mädchen entbunden wurde. Das alles ist nicht besonders lustig. Ich glaube, mein Gebrüll wird nur dazu führen, dass sie diesen Sommer nicht aufs Land zurückkommen. – Das bereitet meiner Mutter Vergnügen. – Ich werde längere Zeit nicht nach Paris zurückkehren können, ich glaube, dass ich hier noch fünf oder sechs Monate zubringen werde. Ich bringe mich also in deine Erinnerung und möchte dich bitten, Alexis von mir zu grüßen. Ich bitte dich, Madame Zola meine respektvollen Empfehlungen auszurichten wie auch die meiner Mutter.
Ich danke dir herzlich und nenne mich ganz den deinen

Paul Cézanne

91.
Paul Cézanne an Emile Zola

L'Estaque, 19. Mai 1883

Mein lieber Emile,

ich hatte dich, glaube ich, im Dezember 1882 gefragt, ob ich dir testamentum meum zuschicken könnte. Du hattest mir Ja geantwortet. Ich möchte dich also jetzt fragen, ob du in Médan bist, was wahrscheinlich ist, in welchem Fall ich es dir als Einschreiben schicken werde. Das sollte ich, glaube ich, tun. Hier nun, was sich nach allerhand Rumdrucksen zugetragen hat. Meine Mutter und ich sind zu einem Notar in Marseille gegangen, der zu einem eigenhändig geschriebenen Testament geraten hat und, wenn ich dies wollte, zu meiner Mutter als Universalerbin. Das habe ich getan. Wenn ich wieder zurück in Paris sein werde und du mich zu einem Notar begleiten kannst, werde ich mich erneut beraten lassen und mein Testament noch einmal aufsetzen, und ich werde dir mündlich auseinandersetzen, was mich dazu treibt.[236]
Und jetzt, wo ich alles, was ich dir Ernstes zu sagen hatte, dargelegt habe – schließe ich meinen Brief und bitte dich, Madame Zola meiner Empfehlungen zu versichern, und dir drücke ich die Hand, und falls Wünsche irgendetwas ausrichten können, sollt ihr euch wohl befinden, denn es geschehen Dinge, die sind gar nicht lustig.
Die letzten Worte hat mir das Unglück Manets[237] eingegeben, ansonsten geht es mir gut. Ich bin also ans Ende gelangt, und ich danke dir für diesen neuen Gefallen.

Paul Cézanne

Hier meine Adresse, die ich beinahe vergessen hätte:
Cézanne, Quartier du Château, über dem Bahnhof in L'Estaque (Marseille).

92.
Emile Zola an Paul Cézanne

Médan, 20. Mai 1883

Mein lieber Paul,

ich dachte gerade heute Morgen an dich und gelobte mir, dir zu schreiben, um dich nach deinen Neuigkeiten auszufragen, als ich deinen Brief erhielt.
Ja, ich bin seit einem Monat in Médan und du kannst mir dein Testament hierhin schicken: Es wird in sicheren Händen sein. Sofort nach deiner Rückkehr werden wir bei dem geschicktesten Notar die von dir gewünschte Auskunft einholen, und du sollst alles tun, was nötig ist, um dich zu beruhigen. Aber du musst da sein, um deinen Fall richtig darzulegen.
Du sprichst nicht von deiner Rückkehr. In deinem anderen Brief sagtest du mir, du bliebest noch den ganzen Sommer dort unten. Ich rechne damit, dich im September zu sehen, du wirst dann einige Tage hier zubringen können und wir werden in aller Ruhe miteinander plaudern.
Arbeitest du? Bist du zufrieden? Was mich angeht, so habe ich mich an einen neuen Roman begeben.[238] Das ist mein Leben. Ansonsten nichts Neues: Wir sind immer noch beim Einrichten und uns geht es ziemlich prächtig.

Teile in deinem nächsten Brief die voraussichtliche Zeit deiner Rückkehr mit.

Viel Glück, unsere herzlichen Grüße an deine Mutter und an die Deinen. Alles Liebe

Emile Zola

Die Idee, deine Mutter zur Universalerbin zu machen, erscheint mir dann gut zu sein, wenn du ihr vertraust.

93.
Paul Cézanne an Emile Zola

[L'Estaque,] 24. Mai 1883

Mein lieber Emile,

jetzt, da ich sicher bin, dass du in Médan bist, schicke ich dir das betreffende Papier, von dem meine Mutter eine Zweitschrift hat. Ich befürchte jedoch, dass dies alles nicht viel nützen wird, denn solche Testamente werden sehr leicht angefochten und für nichtig erklärt. Eine seriöse Besiegelung vor den Zivilbehörden wäre im Fall der Fälle besser.
Ich werde nächstes Jahr nach Paris zurückkehren; ich habe in L'Estaque ein kleines Haus mit Garten gemietet, genau über dem Bahnhof und am Fuß des Hügels, wo gleich hinter mir die Felsen mit den Kiefern anfangen.
Ich befasse mich immer noch mit der Malerei. – Ich habe hier schöne Aussichtspunkte, aber das bildet noch überhaupt keine Motive. – Gleichwohl, wenn man bei Sonnenuntergang die Anhöhen erklimmt, hat man das schöne Panorama der Bucht von Marseille und die Inseln, das Ganze ist gegen Abend von einer höchst dekorativen Wirkung.
In Anbetracht dessen, dass ich überhaupt nichts weiß, rede ich mit dir keinesfalls über dich, bloß dass ich, wenn ich den *Figaro*

kaufe, hin und wieder auf Sachen stoße, die Menschen betreffen, die ich kenne; so habe ich neulich einen schwerverdaulichen Artikel über den wackeren Desboutins[239] gelesen. – Allerdings habe ich erfahren, dass Gaut deinen letzten Roman sehr hoch einschätzt (doch das weißt du wahrscheinlich schon). Mir persönlich hat er sehr gefallen, aber mein Urteil ist kaum literarisch. – Ich danke dir sehr, wirklich sehr dafür, und vergiss mich Madame Zola gegenüber nicht, wie ich mich gleichfalls dem Angedenken von Alexis und aller Lebendigen empfehle. Ich drücke dir herzlich die Hand.
Ganz der deine

Paul Cézanne

Das Schriftstück ist vordatiert, in Anbetracht dessen, dass das vorfrankierte Kuvert im vergangenen Jahr gekauft worden ist.

94.
Paul Cézanne an Emile Zola

L'Estaque, 26. November 1883

Mein lieber Emile,

ich habe das Buch erhalten, dass du die Güte hattest, mir zu schicken. Doch der Grund für den neuen Verzug, der mich dir erst so viel später danken lässt, ist, dass ich seit Anfang November nach L'Estaque zurückgekehrt bin, wo ich bis Januar zu bleiben vorhabe. Vor ein paar Tagen ist Mama hierhergekommen; und vergangene Woche hat Rose, die mit Maxime Conil verheiratet ist, ein Kind verloren, das sie im September oder Oktober, glaube ich, bekommen hatte. Tatsache ist, dass die arme Kleine nicht lange gelebt hat. Anderweitig geht alles wie bisher.

– Falls der wackere Alexis sich nicht fern von dir befindet, bring mich bei ihm in Erinnerung. Ansonsten sende ich euch meine besten Wünsche sowie meine Grüße an Madame Zola.
Ich habe die Ehre, euch zu grüßen und dir meinen Dank für dein freundliches Angedenken an mich zu wiederholen.
Ganz der deine

Paul Cézanne

95.
Paul Cézanne an Emile Zola

Aix, 23. Februar 1884

Mein lieber Emile,

ich habe das Buch erhalten, dass du so gut warst, mit letzthin zu schicken; es ist die *Joie de vivre*, die im *Gil Blas* erschienen ist, denn ich hatte einige Auszüge daraus in der besagten Zeitschrift gesehen. Infolgedessen danke ich dir sehr für deine Sendung und dass du mich in der Ferne, in der ich mich befinde, nicht vergisst. Ich hätte dir nichts mitzuteilen, wenn ich nicht gerade in den vergangenen Tagen, als ich mich in L'Estaque befand, einen eigenhändigen Brief des wackeren Valabrègue, Antony, erhalten hätte, der mich von seiner Anwesenheit in Aix in Kenntnis setzte, wohin ich gestern sofort geeilt bin und wo ich heute Morgen – Samstag – das Vergnügen hatte, ihm die Hand zu drücken. Wir haben zusammen eine Runde durch die Stadt gemacht – gedachten einiger derjenigen, die wir gekannt haben – doch wie weit liegen unsere Gefühle auseinander! Ich hatte den Kopf voll von der Vorstellung dieses Landes, das mir außergewöhnlich vorkommt. – Andererseits habe ich Monet und

Renoir gesehen, die in die Sommerfrische nach Genua in Italien gefahren sind, so gegen Ende Dezember.
Vergiss nicht Alexis, meinen Landsmann, zu grüßen, auch wenn ich seit undenklicher Zeit nichts von ihm gehört habe.
Ich bringe dir all meinen Dank dar und Madame Zola meine Verehrung, in der Hoffnung, dass es mit eurer Gesundheit gut steht.
Ich grüße dich aufrichtig

Paul Cézanne

96.
Paul Cézanne an Emile Zola

[Aix,] 27. November 1884

Mein lieber Emile,

ich habe gerade zwei neue Bände erhalten, die du mir freundlicherweise zugeschickt hast. – Ich danke dir und muss dir sagen, dass ich dir nichts Besonderes über die gute Stadt mitteilen kann, in der ich das Licht der Welt erblickte. Nur (doch das wird dich zweifellos nicht sehr berühren) die Kunst als äußere Erscheinung verändert sich schrecklich und nimmt zu sehr eine kleine, sehr jämmerliche Gestalt an, während sich gleichzeitig die Leichtfertigkeit bei der Harmonie mehr und mehr durch den Missklang der Farbgebungen an sich zu erkennen gibt und, was noch schlimmer ist, durch die Tonlosigkeit der Farbtöne.

Nach dem Stöhnen wollen wir ausrufen: Es lebe die Sonne, die uns ein so schönes Licht schenkt!

Ich kann nur wiederholen, ich bin ganz der deine, ohne dabei zu vergessen, mich Madame Zola zu empfehlen

Paul Cézanne

97.
Paul Cézanne an Emile Zola

[L'Estaque,] 11. März 1885

Mein lieber Emile,

ich habe den Band, den du mir freundlicherweise geschickt hast, vor ungefähr zehn Tagen erhalten. Ziemlich starke Nervenschmerzen, die mir nur augenblicksweise Klarheit ließen, haben mich vergessen lassen, dir zu danken. Doch der Kopf hat sich beruhigt, und ich werde in den Hügeln spazieren gehen, wo ich schöne Panoramaansichten erblicke. Ich wünsche dir beste Gesundheit, in dem Glauben, dass es dir am Übrigen nicht mangelt.
Ich drücke dir herzlich die Hand

Paul Cézanne

98.
Paul Cézanne an Emile Zola

[Aix,] Jas de Bouffan, 14. Mai 1885

Mein lieber Emile,

ich schreibe dir, damit du mir den Gefallen tust, mir zu antworten. Ich hätte gerne, dass du mir einen Dienst erweist, der, wie ich glaube, geringfügig für dich und weitreichend für mich wäre. Es geht darum, einige Briefe für mich in Empfang zu nehmen und sie mir mit der Post an die Adresse, die ich dir zu einem späteren Zeitpunkt schicken werde, nachzusenden. Entweder bin ich verrückt, oder ich bin vernünftig. Trahit sua

Paul Cézanne, Garteneingang von Zolas Haus in Médan, *Zeichnung um 1885.*

quemque voluptas![240] Ich nehme Zuflucht [zu dir] und erflehe deine Absolution; glücklich sind die Weisen!
Versage mir diesen Dienst nicht, ich weiß nicht, wohin ich mich wenden soll.[241]
Mein lieber Freund, ich drücke dir ganz fest die Hand.
Ganz der deine

Paul Cézanne

Ich bin unbedeutend und kann dir keinen Dienst leisten; da ich vor dir scheiden werde, will ich mich beim Allerhöchsten um einen guten Platz bemühen.

99. Paul Cézanne an Emile Zola

La Roche[-Guyon], 15. Juni 1885

Mein lieber Emile,

ich bin heute Morgen in La Roche eingetroffen. Ich möchte dich daher bitten, wenn irgendein Brief für mich bei dir eintrifft, ihn mir zu schicken:

postlagernd nach La Roche-Guyon bei Bonnières (Seine-et-Oise).

Gestern Abend habe ich mich ein wenig zu sehr mit guten Sachen vollgestopft; ich bitte dich, meinen Dank und einen Gruß anzunehmen

Paul Cézanne

So auch an Madame Zola, und gute Besserung!

100.
Paul Cézanne an Emile Zola

La Roche-Guyon, 27. Juni 1885

Mein lieber Emile,

nun naht das Ende des Junis heran. Wenn die Stunde deiner Abreise nach Médan gekommen sein wird und du dich dort eingerichtet hast, würdest du mich davon in Kenntnis setzen? Das Bedürfnis nach Veränderung macht mich ein wenig unruhig.
Glücklich sind die treuen Herzen!
Ich empfehle mich Madame und danke dir im Voraus, auch für deine Güte bezüglich meiner Briefe aus Aix.
Ich verbleibe mit den üblichen Wendungen

Paul Cézanne

101.
Emile Zola an Paul Cézanne

Médan, den 2. Juli 1885

Mein alter Freund,

ich bin untröstlich. Die Mutter von Charpentier[242], die nicht kommen sollte, hat sich im letzten Moment doch noch dazu entschlossen und das beschert mir zwei Personen zusätzlich, sie und eine Dienstbotin. Ich werde neun Leute zum Übernachten da haben, alle meine Zimmer werden belegt sein; abgesehen davon drohen mir noch die Daudets und de Goncourt.

Ich weiß, wie gerne du sofort kommen würdest, und ich selber hatte mir die Freude gemacht, dich schriftlich zum Kommen aufzufordern. Doch wirst du dich gedulden müssen, bis diese kleine Gesellschaft, Herren und Diener, abgezogen ist. Mich tröstet, dass wir es danach gemütlicher haben werden, ungestörter, ganz unter uns. Ich hoffe, dass sie nicht länger als zehn Tage bleiben werden, und werde dir sofort schreiben, so dass du abends hier sein kannst, wenn sie morgens abfahren.
Sei mir nicht böse, ich habe gerade über alle vorstellbaren Kombinationen nachgedacht, ohne dass es mir gelungen wäre, dich anständig unterzubringen. Das ist eine Invasion, die alles übertrifft, was ich vorausgesehen hatte. Auf bald, nicht wahr? Und herzliche Grüße von mir und meiner Frau

Emile Zola

Seit einiger Zeit habe ich nichts mehr für dich erhalten.

102.
Paul Cézanne an Emile Zola

La Roche-Guyon, 3. Juli 1885

Mein lieber Emile,

das Leben gestaltet sich hier für mich aufgrund unvorhergesehener Umstände recht schwierig. Könntest du mir sagen, ob du mich bei dir aufnehmen kannst?
Für den Fall, dass du noch nicht in Médan eingerichtet sein solltest, sei so gut, es mich kurz wissen zu lassen.
Ich drücke dir herzlich die Hand und bedanke mich vielmals

Paul Cézanne

103.
Emile Zola an Paul Cézanne

Médan, den 4. Juli 1885

Mein lieber Paul,

dein Brief betrübt mich noch mehr. Was geht denn da vor? Kannst du dich nicht noch einige Tage gedulden? Halte mich auf alle Fälle auf dem Laufenden und benachrichtige mich, falls du gezwungen sein solltest, La Roche[-Guyon] zu verlassen, denn ich möchte wissen, wohin ich dir schreiben kann, sobald das Haus endlich frei sein wird. Fasse dich in Geduld, nichts läuft so, wie man es möchte, und ich selbst habe gerade jetzt viel Verdruss.
Auf bald, nicht wahr? Sobald ich kann, werde ich dir schreiben.
Alles Liebe

Emile Zola

104.
Paul Cézanne an Emile Zola

La Roche[-Guyon], 6. Juli 1885

Mein lieber Emile,

ich werde dich gleich um Verzeihung bitten. – Ich bin ein Riesendepp. Stell dir vor, ich habe vergessen, deine postlagernden Briefe abzuholen. Das erklärt mein zweites, derart dringendes Schreiben. Ich danke dir tausendmal.
Bitte empfiehl mich Madame Zola.

Schreib mir eine kurze Zeile, sobald du kannst. Grande Rue, Cézanne bei Renoir in La Roche.
Ganz der deine

Paul Cézanne

Wenn du inzwischen einen Brief aus Aix erhalten solltest, sei so gut, ihn postlagernd abzuschicken und mich mit einem kurzen Wort über den Aufenthaltsort zu benachrichtigen, indem du ein kleines Kreuz in eine der Ecken deines Briefes machst.

105.
Paul Cézanne an Emile Zola

11. Juli 1885

Mein lieber Emile,

ich fahre heute nach Villennes.[243] Ich werde in ein Gasthaus gehen. Ich werde dich sogleich nach meiner Ankunft aufsuchen; ich will dich fragen, ob du mir Nana zum Malen leihen kannst, ich werde es nach getaner Arbeit wieder zu Hause festmachen.[244]
Tue ich nichts, langweile ich mich noch mehr.
Ganz der deine

Paul Cézanne

Sieh nicht Schlimmes in meinem Entschluss. Ich bin lediglich zu einem Ortswechsel gezwungen. Und dann, wenn du frei sein wirst, muss ich bloß einen Schritt tun, um zu dir zu gelangen.

106.
Paul Cézanne an Emile Zola

[Vernon,] 13. Juli 1885

Mein lieber Freund,

unmöglich, in dieser Festwoche irgendwo in Villennes zu übernachten. Weder im Sophora noch im Berceau noch im Hôtel du Nord. Ich drücke deine Hand, ich bin in Vernon, Hôtel de Paris. Wenn dir meine Malleinwände zugesandt werden, so lass sie bitte annehmen und bei dir aufbewahren.
Ich danke dir im Voraus

Paul Cézanne
Hôtel de Paris
Vernon (Eure)

107.
Paul Cézanne an Emile Zola

Vernon, 15. Juli 1885

Mein lieber Emile,

wie ich dir bereits mit einer vom 13. d. M. datierten Mitteilung angekündigt habe, bin ich in Vernon. Ich komme hier nicht auf meine Rechnung, angesichts der Umstände, in denen ich mich befinde. Ich habe beschlossen, so bald wie möglich nach Aix zu gehen. Ich werde in Médan vorbeikommen, um dir die Hand zu drücken. Ich habe deiner zuvorkommenden Obhut einige Papiere anvertraut, die ich wiederhaben möchte; könntest du sie wohl, sollten sie sich noch in Paris befinden, mitbringen lassen, wenn sich dein Diener in die Rue de Boulogne begibt?[245] Auf Wiedersehen und Danke im Voraus. Du wirst einmal mehr entschuldigen, dass ich dich unter den derzeitigen Umständen aufsuchen muss, aber noch sieben bis acht Tage zu warten, erscheint mir sehr lang.

Gestatte mir, dir herzlich die Hand zu drücken

Paul Cézanne

108.
Paul Cézanne an Emile Zola

[Vernon,] 19. Juli 1885

Mein lieber Emile,

so, wie du es mir sagst, werde ich am Mittwoch nach Médan kommen. Ich werde versuchen, morgens aufzubrechen. Ich hätte mich gerne noch der Malerei gewidmet, war aber in der allergrößten Ratlosigkeit, denn wenn ich schon in den Süden hinunter muss, so kam ich zu dem Schluss, sei es vorzuziehen, dies so früh wie möglich zu tun. Andererseits ist es vielleicht besser, wenn ich noch ein bisschen warte. Ich bin noch unentschlossen. Kann sein, dass ich da herausfinde.

Ich grüße dich herzlich

Paul Cézanne

109.
Paul Cézanne an Emile Zola

[Aix,] Jas de Bouffan, 20. August 1885

Mein lieber Emile,

ich habe die Nachricht, die du mir bezüglich deiner Adresse gegeben hast, am vergangenen Samstag erhalten. Ich hätte dir sofort antworten sollen, doch die Klümpchen, die an meinen Sohlen kleben und mir wie Berge vorkommen, haben mich davon abgehalten.
Bitte entschuldige mich. Ich bin in Aix, und ich gehe jeden Tag nach Gardanne.[246]

Paul Cézanne, Das Landgut Jas de Bouffan, *um 1885, Nationalgalerie Prag.*

Ich bitte dich, mich Madame Zola zu empfehlen und mich in guter Erinnerung zu behalten.
Ganz der deine

Paul Cézanne

110.
Paul Cézanne an Emile Zola

[Aix,] Jas de Bouffan, 25. August 1885

Mein lieber Emile,

die Komödie nimmt ihren Lauf. Ich habe am selben Tag nach La Roche-Guyon geschrieben, als ich dir ein Wort des Dankes dafür schickte, dass du an mich gedacht hast. Seither habe ich keinerlei Nachricht erhalten; seither gibt es für mich nur die strengste Abgeschiedenheit. Das Bordell in der Stadt oder etwas anderes, aber nichts weiter. Ich bezahle, das Wort ist gemein, aber ich brauche Ruhe, und um diesen Preis sollte ich sie haben.
Ich möchte dich also bitten, mir nicht zu antworten, mein Brief muss rechtzeitig angekommen sein.
Ich danke dir und bitte dich, mich zu entschuldigen.
Ich beginne wieder[247] zu malen, aber nur, weil ich so gut wie frei vom Weltschmerz bin. Ich gehe jeden Tag nach Gardanne und komme am Abend aufs Land nach Aix zurück.
Hätte ich doch bloß eine gleichgültige Familie, dann hätte alles zum Besten gestanden.
Ich drücke dir herzlich die Hand

Paul Cézanne

In seinen Vorarbeiten für den 1885 erschienenen Roman *L'Œuvre* findet sich folgender Passus zur Charakterisierung der Hauptfigur Claude Lantier, aus der hervorgeht, inwiefern Zola seinen alten Freund Cézanne, andere Bekannte, aber durchaus auch sich selbst als Vorbild zur Darstellung eines scheiternden Künstlers nutzte:

»Mit Claude Lantier will ich das Ringen des Künstlers mit der Natur schildern, den Schöpfungsakt im Kunstwerk, einem Akt aus Blut und Tränen, um von seinem Fleisch zu geben,[248] Leben zu erschaffen; stets das Ringen mit dem Wahren und der Kampf mit dem Engel, bei dem man stets unterliegt. Mit einem Wort, ich werde von meinem Innenleben beim Entstehungsprozess erzählen, diesem immerwährenden, so schmerzhaften Gebären, doch ich werde das Thema durch Dramatik steigern, durch Claude, der niemals zufrieden ist, der daran verzweifelt, sein Genie nicht hervorbringen zu können, und der sich schließlich vor seinem nicht beendeten Werk umbringt. – Er wird kein Nichtskönner sein, eher ein Schöpfer mit einer übergroßen Ambition, der die gesamte Natur auf eine Leinwand bannen will und daran zugrunde gehen wird. Ich werde ihn einige prächtige, aber unvollendete und verkannte Arbeiten anfertigen lassen, über die man sich womöglich lustig macht. Darüber hinaus werde ich ihm den kühnen Traum einer gewaltigen, modernen Raumgestaltung geben, die das gesamte Zeitalter zusammenfasst; und das ist es, woran er zerbrechen wird. Das ganze künstlerische Drama wird mithin in diesem Ringen des Malers mit der Natur stecken. Doch dies gilt es als Drama zu fassen, Höhepunkte zu haben. Ich habe bloß das Ende, die Krise angesichts der Unmöglichkeit, sich selber gerecht zu werden, Leben zu erschaffen. Woher kommt Claude? Von einem Meister, der ihn nicht verstanden haben wird. Muss man ihn die Ecole des Beaux-Arts durchlaufen haben lassen? Ich glaube nicht (dieser Typus, der die Ecole des Beaux-Arts durchlaufen hat, der das anwendet, was Claude hasst – Gervex[249] –, und der es zu etwas bringt. Wenn ich ihn ausstellen lasse, wird es im Salon des Refusés sein. Das ist eine Szene, die ganze Bourgeoisie wird sich vor einem lebendigen Gemälde vor Lachen krümmen, und Claude mit einem Freund auf dem Rückweg; Cézanne und ich auf unseren Rückwegen. Daneben: der Erfolg von Gervex. Dies vor der Krise am Schluss. Claude niemals zufrieden. Dem fehlt es noch an überraschenden Wendepunkten. Nicht zu vergessen die Verzweiflungen Pauls, der stets glaubte, die Malerei zu entdecken. Einmal die absolute Verzagtheit, bereit, alles sein zu lassen, dann ein Meisterwerk, bloß eine schnell dahin geworfene Studie, die ihn aus seiner Niedergeschlagenheit rettet. – Die wissenswerte Frage ist, was ausgerechnet ihn daran hindert, sich selber gerecht zu werden: seine Physiologie, seine Herkunft, die Schädigung seines Auges; aber ich möchte auch, dass unsere moderne Kunst zu etwas nützlich war, unser Fiebern, alles zu wollen, unsere Ungeduld, die Traditionen zu erschüttern, mit einem Wort unsere *Unausgewogenheit*. Das, was G[ervex] zufrieden stellt, stellt ihn nicht zufrieden, er geht weiter voran und verdirbt alles. Es ist das *unvollständige Genie*, ohne vollkommene Verwirklichung; es fehlt nur wenig, er ist von seiner Physiologie her ein wenig zu diesseitig oder zu jenseitig; und ich füge hinzu, dass er einige absolut wunderbare Arbeiten hervorgebracht hat: ein Manet, ein dramatisierter Cézanne, näher an Cézanne.«[250]

Im Roman wird dann der voranstehende Entwurf zu folgendem Stück Literatur:

»Welch ein Ringen voll Blut und Tränen, in dem er [Claude Lantier] sich da aufrieb, um Fleisch zu bilden, ihm Leben einzuhauchen! Immer war er im Kampf mit der Wirklichkeit, immer war er der Besiegte. Es war das Ringen mit dem Engel. Er brachte sich mit dem unmöglichen Streben um, die volle

Natur auf die Leinwand zu bannen, erschöpfte mit der Zeit in diesen beständigen schmerzhaften Anspannungen seine Muskeln, ohne daß seine Wehen seinem Genius zum Durchbruch verhalfen. Das, was den anderen genügte, die ungefähre Wiedergabe, die unerläßlichen Notbehelfe, schuf ihm quälende Gewissensbisse, brachte ihn auf wie eine feige Schwäche. Und er begann von neuem, verwarf das Gute um des Besseren willen, fand, daß es noch nicht ›ansprechend‹ sei, war unzufrieden mit seinen lieben Weibern, wie es die Kameraden scherzend hießen, weil sie nicht mit ihm schlafen wollten. Woran fehlte es eigentlich, daß er sie nicht lebendig gestalten konnte? Ohne Zweifel ein Nichts. Vielleicht war es ein Zuwenig, vielleicht ein Zuviel. Eines Tages vernahm er hinter seinem Rücken den Ausdruck ›unvollkommenes Genie‹ und fühlte sich davon geschmeichelt und zugleich erschreckt.«[251]

111.
Paul Cézanne an Emile Zola

Gardanne, 4. April 1886

Mein lieber Emile,

ich habe soeben *L'Œuvre* erhalten, das du so freundlich warst, mir zu schicken. Ich danke dem Autor der *Rougon-Macquart* für diesen freundlichen Beweis des Gedenkens und bitte ihn, mir zu gestatten, ihm die Hand zu drücken, wobei ich an die alten Zeiten denke.
Ganz der deine unter dem Eindruck[252] verflossener Zeiten[253]

Paul Cézanne
in Gardanne, Arrondissement d'Aix

In *L'Œuvre* schildert Zola, wie der Maler Claude Lantier an seinen eigenen Ansprüchen scheitert und schließlich Selbstmord vor ebenjenem Aktbildnis begeht, dass sich seiner Vollendung so hartnäckig entzieht:

»Seinem unvollendeten Werk gegenüber hatte sich Claude an der großen Leiter erhängt. Er hatte einfach einen der Stricke genommen, mit denen der Rahmen an der Wand befestigt war, war bis zum obersten Leitertritt hinaufgestiegen, hatte dort den Strick an dem eichenen Querholz befestigt, das er eines Tages hier, um der Leiter besseren Halt zu geben, festgenagelt hatte. Dann hatte er von da oben den Sprung ins Nichts getan. Im Hemd, mit nackten Füßen, fürchterlich mit der schwarz heraushängenden Zunge und den blutunterlaufenen, aus den Höhlen hervorgequollenen Augen hing er da, der Leib in regungsloser Starrheit verlängert, dem Weib mit der wie eine mystische Rose blühenden Scham gegenüber, als hätte er ihr, die er noch immer mit seinen starren Augäpfeln ansah, noch mit seinem letzten Röcheln seine Seele einhauchen wollen.«[254]

112.
Paul Cézanne an Emile Zola

Paris, 28. November 1887

Mein lieber Emile,

zurück aus Aix erhalte ich soeben den Band *La Terre* [*Die Erde*], den du so freundlich warst, mir zukommen zu lassen. Ich danke dir für die Zusendung dieses neu ausgetriebenen Zweiges am Stammbaum der Rougon-Macquart.

Ich bitte dich, meinen Dank und meine aufrichtigsten Grüße anzunehmen

Paul Cézanne

Wenn du wieder zurückgekehrt sein wirst, werde ich dich besuchen kommen, um dir die Hand zu drücken.

Knapp neun Jahre nach diesem bislang letzten bekannten Brief, der zwischen den beiden alten Freunden gewechselt wurde, äußerte sich Zola ein letztes Mal öffentlich über die Impressionisten allgemein und Cézanne im Besonderen. Anlass war einmal mehr die Besprechung des Pariser Salons, der nun, im Mai 1896, geprägt wurde von der hellen Farbigkeit der impressionistischen Malweise, die zur Mode des Tages geworden war – nicht gerade zur Freude ihres einstigen Verteidigers der ersten Stunde. »Ganz plötzlich ist mir in den letzten Tagen«, schreibt Zola, »beim Besuch des derzeitigen Salons der Salon von vor dreißig Jahren in den Sinn gekommen.«[255] Seinerzeit sei hart darum gerungen worden, die schwarzen und dunkelbraunen Farben der akademischen Malerei von der Palette zu verbannen.

»Wenn man damals ein Bild von ihnen [den Impressionisten] in einen Saal hängte, riß es ein Lichtloch zwischen den anderen Bildern, die mit den abgestandenen akademischen Farben zubreitet waren. Es war das Fenster, das in die Natur hinausging, es war das berühmte Pleinair, das eindrang.«[256]

Sich für diese Neuerung einzusetzen, war nach Zolas Einschätzung keineswegs falsch, auch wenn alles Neue mit der Zeit nicht mehr ganz so sensationell wirke:

»Und wie wenig Wahrheit wir auch geschaffen haben mögen, heute ist sie errungen. Und wenn der freigelegte Weg banal geworden ist, so haben wir ihn doch erweitert, damit die Kunst eines Augenblicks ihn beschreiten konnte.«[257]

Doch Zolas Enthusiasmus war beinahe ein halbes Menschenleben danach verflogen, was ihn ohne erkennbaren Zusammenhang an Cézanne denken lässt:

»Ja, dreißig Jahre sind vergangen, und ich habe das Interesse an der Malerei verloren. Ich bin fast im selben Milieu groß geworden, wie mein Freund, mein Bruder Paul Cézanne, bei dem man erst heute darauf kommt, die genialen Züge eines gescheiterten großen Malers zu entdecken.«[258]

Emile Zola an Numa Coste [Auszug]

Paris, 7. November 1897

[...] Der arme Cézanne! Ein großes Kind, wie Sie so richtig gesagt haben. Aber er wird trotzdem seine innere Freude haben, denn er ist ein Glaubender gewesen.[259] [...]

Editorische Notiz

Als Vorlage für die eigene sowie für die Überarbeitung und Kontrolle der älteren Übersetzung wurden im Falle Emile Zolas die zehn Bände der unter Leitung von Bard H. Bakker zwischen 1978 und 1995 in Montreal herausgegebenen *Correspondance* herangezogen sowie der von Morgan Owen und Dorothy E. Speirs 2010 besorgte elfte Band derselben mit den zwischenzeitlich neu aufgefundenen Briefen. Bereits 1918 hatte der Kurt Wolf Verlag in Leipzig eine Übersetzung der Jugendbriefe Zolas an Jean-Baptistin Baille, Paul Cézanne und Marius Roux veröffentlicht, die auf einer älteren französischen Briefausgabe von 1907 fußte, die noch von der Frau des Schriftstellers initiiert worden war. Als Übersetzerin dieser insgesamt sehr zuverlässigen Übersetzung zeichnete damals Auguste Foerster verantwortlich. Ihre Arbeit wurde behutsam modernisiert und dort überarbeitet, wo es im Vergleich mit den Originalen notwendig erschien.
Auf dem Gebiet der Edition der Briefe Cézannes führt kein Weg vorbei an John Rewald. Dieser hatte die von ihm transkribierten Briefe Cézannes erstmals 1937 in Paris veröffentlicht, um 1978 ebendort eine erweiterte Fassung erscheinen zu lassen. Beide Ausgaben ließ er, der 1912 als Gustav Rewald in Berlin das Licht der Welt erblickt hatte, auch in einer eigenen deutschen Übersetzung erscheinen. Im Jahr 1938 sah er sich aufgrund seiner jüdischen Herkunft gezwungen, die erste deutschsprachige Übersetzung der Briefe unter dem Pseudonym Jakob Vontobel beim Eugen Rentsch Verlag in Zürich erscheinen zu lassen, 1962 und 1979 firmierte die Übersetzung dann bei Diogenes unter eigenem Namen. Eine weitere Übersetzung einer großen Auswahl der Briefe erschien 1983 im Ostberliner Henschelverlag; der Übersetzer war Fritz Erpel. Alle Übertragungen wurden für die vorliegende Neuübersetzung der Briefe Cézannes zurate gezogen.

Darüber hinaus bot es sich bei Cézanne an, die 2011 erschienene Ausgabe von 53 Briefen des Malers, die Jean-Claude Lebenzstejn anhand der ihm zugänglichen Quellen noch einmal kritisch gesichtet hatte, heranzuziehen. Im vorliegenden Fall betraf dies die Briefe vom 29. [...] 1858, 25. August 1885 und vom 4. April 1886. Auch wenn Rewalds Verdienste um den Impressionismus und besonders um Paul Cézanne unbestritten seien, so Lebenzstejn, entsprächen seine editorischen Leistungen nicht den heutigen wissenschaftlichen Standards. Da ist die Rede von Streichungen, Hinzufügungen, Satz- und Flüchtigkeitsfehlern Rewalds sowie von der Vereinheitlichung der Orthografie und Zeichensetzung Cézannes.[260] Und abschließend zitiert er Walter Benjamin, um seinen Eindruck von Rewalds Leistungen von höchster Warte aus beglaubigen zu lassen, hatte dieser doch Max Horkheimer am 23. März 1940 aus Paris geschrieben: »Er [Rewald] ist ein leidenschaftlicher Arbeiter, ein auf manchen Gebieten sehr beschlagener junger Mann, ein Junge, der seine Welt gut kennt – wobei er ein Geist ohne Spannweite bleibt.«[261] Generell schließen wir uns der von Lebenzstejn in seinem Vorwort geäußerten Hoffnung an, dass sein Büchlein eine kritische Gesamtausgabe aller noch vorhandenen Briefe Cézannes nach sich ziehen möge.

Der erst im November 2013 auf einer Auktion bei Sotheby's in Paris wiederaufgetauchte Brief Cézannes an Zola vom 28. November 1887 wurde nach dem digitalisierten und von der Société Paul Cézanne ins Internet gestellten Original übersetzt.[261]

Für die ergänzend eingefügten Texte gilt: Wenn in den Anmerkungen nicht anders ausgewiesen, handelt es sich um eigene Übersetzungen.

Nachwort

Die Freundschaftsbriefe Paul Cézannes und Emile Zolas

»Frenhofer ist ein für unsere Kunst begeisterter Mann, der höher und weiter sieht als die anderen Maler. Er hat sich ernsthaft Gedanken gemacht über die Farben, über die absolute Wahrheit der Linie; aber er hat so lange geforscht, bis er schließlich sogar an dem Gegenstand seiner Untersuchungen gezweifelt hat.«

Honoré de Balzac, Das unbekannte Meisterwerk, *1831*

»Frenhofer, c'est moi«

Paul Cézanne im Gespräch mit Joachim Gasquet

Der hier erstmals vollständig in deutscher Übersetzung vorgelegte Briefwechsel Paul Cézannes und Emile Zolas erzählt die Geschichte einer Freundschaft, die hoch gestimmt beginnt und mit der Zeit immer stärkere Abnutzungserscheinungen aufweist, bis sie schließlich einschläft.[263]

Zu dem Zeitpunkt, an dem die Briefe im April 1858 einsetzen, war eine quasi arkadische Jugendzeit in der Provence mit gemeinsamem Baden im Arc und stundenlangem Tagträumen an seinen sonnenbeschienenen Ufern soeben zu Ende gegangen. Die Freundschaft der drei »unzertrennlichen« Schulkameraden Jean-Baptistin Baille, Paul Cézanne und Emile Zola wurde einer ersten Probe unterworfen, als Zola mit seiner im Witwenstand verarmten Mutter wieder zurück in seine Geburtsstadt Paris ziehen musste. Hierhin folgten ihm die Schreiben der Freunde, die eifrig beantwortet wurden; diese Korrespondenz ersetzte fortan das nun Unmögliche: den mündlichen Gedankenaustausch.

Kennengelernt hatten sich die drei 1853 als Schüler im Collège de Bourbon in Aix, der einstigen Hauptsstadt der Provence. Der am 19. Januar 1839 geborene Cézanne war der Älteste, der am 2. April 1840 auf die Welt gekommene Zola der Jüngste, Baille, Jahrgang 1841, hielt die Mitte. In den Jugenderinnerungen Cézannes und Zolas ist die Rede davon, dass der Ältere den Jüngeren auf dem Schulhof beschützt habe, aber auch vom Schulorchester, in dem Paul die Klarinette, Emile das Horn und Jean-Baptistin die Posaune spielte, was zur aktiven Teilnahme an Festtagsprozessionen, aber auch zu misstönenden nächtlichen Ständchen unter den Balkonen der ein oder anderen Stadtschönheit geführt haben soll. Eine Gemeinsamkeit verband den späteren Maler mit dem späteren Schriftsteller: beider Väter waren aus Italien nach Frankreich eingewandert. Der 1798 auf die Welt gekommene Louis-Auguste Cézanne hatte es in der Hutmacherstadt Aix in ebendieser Profession zu einigem Wohlstand gebracht, was ihn erst zum Teilhaber, dann zum Inhaber einer prosperierenden Bank werden ließ. Doch waren seine Herkunft sowie die Tatsache, dass er mit Anne Elisabeth Honorine Aubert, der Schwester eines seiner Angestellten, noch bis Anfang 1844 in wilder Ehe lebte, kaum dazu angetan, die ortsansässige Stadtbevölkerung für ihn einzunehmen. Dies ließ seinen Sohn in gewissem Maß zum Außenseiter werden. Zolas Vater, der 1796 geborene Francesco Zolla, aus dem in Frankreich François Zola wurde, war aus Venedig nach Aix beziehungsweise Marseille gekommen. Als fähiger Ingenieur versuchte er zunächst, der Stadt am Mittelmeer zum dringend benötigten neuen Hafen für größere Schiffe zu verhelfen, kam jedoch mit seinen Plänen nicht zum Zuge, woraufhin er eine Aktiengesellschaft gründete, um nach seinen Vorstellungen einen Staudamm zur Wasserversorgung des notorisch trockenen Aix zu errichten. Bei einer seiner Geschäftsreisen nach Paris hatte sich François in die 23 Jahre jüngere Emilie Aubert verliebt und sie, obwohl sie keinen Pfennig Geld in die Ehe brachte, 1839 geheiratet. Diesem Bund war nicht allzu viel Zeit beschieden. Bereits am 27. März 1847 starb François Zola an einer Lungenentzündung, die er sich zugezogen hatte, als er bei strömendem Regen auf seiner Baustelle in der Nähe von Aix tätig gewesen war. Nach seinem Tod bootete ein anderer Aktionär die Witwe erfolgreich aus, so dass sie so gut wie mittellos dastand. In Paris, so hoffte sie, könnte sie ihre Interessen besser wahren, und so brachen Mutter und Sohn anno 1858 in die französische Hauptstadt auf.

Bis dahin hatten sich die drei Jungs in der provenzalischen Landschaft um Aix getummelt, wie es Zola 1881 so anschaulich in seinem Roman *L'Œuvre* schildert. Nacktbaden im Fluss, Übernachten am Ufer, Vögel jagen, Zeichnen und Gedichte rezitieren, das war die Art von Zeitvertreib, dem Baille, Cézanne und Zola als Heranwachsende mit Vorliebe frönten. Kein Wunder, dass sich Zola in Paris zunächst wie ein aus dem Paradies Vertriebener fühlte und den von Cézanne ausgelegten Faden aufgriff, das gemeinsame und nun ohne ihn gelebte Sommeridyll in einem Brief heraufzubeschwören. In einer übermütigen Mischung aus Prosa und Lyrik warfen sich Cézanne und Zola in ihren Schreiben die Bälle nur so zu. Das gemeinsam erlernte Latein kam dabei ebenso zum Zuge wie die Fertigkeit, Alexandriner zu dichten. Man tauschte sich über Literatur und Malerei aus, und Cézanne fügte eigene Zeichnungen ein oder schmiedete Verse, die im Lateinunterricht Erlerntes (und möglicherweise den Konflikt mit dem eigenen Vater) verarbeiteten. Gegenseitig gab man sich Wörter für sogenannte Bouts-rimés vor, Gedichte mit gereimten Endwörten, bei denen sich dann schon einmal Melone (melon) auf Nippel (mamelon) reimte, was ebenso wie Cézannes »unveröffentlichtes« Gedicht vom 9. April 1858 verdeutlicht, was den jungen Männern damals im Kopf herumschwirrte: das andere Geschlecht beziehungsweise das noch ausstehende »erste Mal«.

Für Zola bahnte sich in Paris allerdings bereits die nächste Katastrophe an. Mit der Unterstützung eines Freundes seines Vaters war er in das Pariser Lycée Saint-Louis aufgenommen worden, versagte aber zweimal im Baccalauréat, also in der Abiturprüfung, womit er die Schule ohne Abschluss verlassen musste. Dies war für einen jungen Mann ohne Vermögen oder Beziehungen ausgesprochen fatal, konnte er doch so noch nicht einmal ein Studium antreten, das ihn zu einem Beruf befähigt hätte, der ihn ernähren würde. So lebte er mehr schlecht als recht von dem, was die Mutter mühsam erwirtschaftete, oder von Gelegenheitsjobs wie einer Stelle als Zollschreiber in den Docks. Immerhin sammelte er seine ersten Erfahrungen mit einer Frau, auch wenn diese Beziehung eher vorübergehender Natur war, weil Berthe – mehr als ihr Name ist eigentlich nicht bekannt – den mittellosen jungen Mann bald wieder für jemand Wohlhabenderen verließ. War nun der Traum eines gemeinsamen Lebens mit einer Lebenspartnerin erst einmal ausgeträumt, so galt dies für eine Wohngemeinschaft mit den beiden alten Freunden aus Aix keineswegs. Wie die Engel würden sie zusammenleben, hatte er Baille bereits Ende Juni 1858 geschrieben, wie gefallene Engel wohlgemerkt. Und noch etwas stand schon damals für den jungen Mann fest: Er wolle, schrieb er am 6. Januar 1860, die Literatur keinesfalls aufgeben. Und so dichtete er munter weiter seine ausufernden Versepen und sandte, was fertig war, stolz an die Freunde. Damit in Zusammenhang steht auch ein Traum, den er am 25. März 1860 in einem Brief schilderte: den schönen Traum eines Gemeinschaftswerks mit Cézanne. »Ich hatte neulich einen Traum. Ich hatte ein schönes Buch geschrieben, ein herrliches Buch, das du mit schönen, herrlichen Zeichnungen versehen hattest. Unsere beiden Namen leuchteten auf dem Titelblatt in Goldbuchstaben vereint, und in dieser Brüderlichkeit der Genies gingen wir unzertrennlich in die Nachwelt ein. Unglücklicherweise ist das bis jetzt nur ein Traum.« Es sollte einer bleiben.

Schon damals wusste Zola um die Stimmungsschwankungen, fast möchte man sagen, um den Jähzorn Cézannes, der dessen Freunde zeitlebens dazu zwang, ihre Worte auf die Goldwaage zu legen. So begleitete Zola seine Ratschläge, die er dem Freund brieflich zu Lebensführung und in Kunstangelegenheiten erteilte, beziehungsweise sein Drängen, doch bald nach Paris zu ziehen und seine Ausbildung zum Maler zu vervollkommnen, nicht selten mit der Captatio Benevolentiae, die Freundschaft dadurch bitte nicht beeinträchtigen lassen zu wollen (so in den Briefen vom 16. und 26. April 1860). Dies hielt ihn freilich nicht davon ab, den Freund im Juli energisch zur Ordnung zu rufen, als dieser angesichts des Ärgers mit dem Vater versucht war, die Malerei aufzugeben.

Cézanne hatte seinerseits nach erfolgreich bestandenem Baccalauréat auf Drängen des Vaters in Aix ein Jurastudium begonnen. Das sagte ihm jedoch keineswegs zu. Noch erhaltene Mitschriften sprechen eine deutliche Sprache: Sie sind mit Zeichnungen übersät. Paul wollte Maler werden und besuchte zu diesem Zweck die Zeichenkurse des einheimischen Malers Joseph-Marie Gibert. Sein neureicher Vater dagegen träumte vom weiteren sozialen Aufstieg der Familie mit dem Sohn als einflussreichem Rechtsanwalt. Doch daraus wurde nichts. 1861 brach Cézanne sein Studium endgültig ab und ertrotzte im April den von ihm und Zola herbeigesehnten Parisaufenthalt zur Malerausbildung.

Es war das erste Wiedersehen der beiden Freunde seit einem Sommerurlaub Zolas in Aix 1859. Doch die Wiedersehensfreude trübte sich bald ein. Cézanne fühlte sich in Paris nicht wohl, nicht zuletzt deshalb, weil seine Aufnahme in die Ecole des Beaux-Arts abgelehnt wurde. Um dennoch seine Fähigkeiten als Maler zu schulen, trat er in das »freie« Atelier von Père Suisse ein, das ihm Zola in seinem Brief vom 3. März als »eines der billigeren« empfohlen hatte. Dort lernte er nach dem lebenden (Akt)Modell zu zeichnen und schloss mit anderen Malern Freundschaften, darunter Camille Pissarro, den er später als seinen eigentlichen Lehrmeister anerkennen sollte. Aber schließlich warf er das Handtuch. Selbst ein Porträt Zolas, das er in Angriff genommen hatte und das ihn, so plante es der Freund, noch einige Zeit in Paris festhalten sollte, erfüllte seinen Zweck nicht. Cézanne wollte unbedingt wieder in den geliebten Süden. Zurück in Aix versuchte er es dem Vater recht zu machen und trat als Kommis in dessen Bank ein. Auch das ging nicht lange gut. In die Freundschaft mit Zola hatte sich jedoch eine Verstimmung eingeschlichen, die dieser nur notdürftig kaschierte, wenn er in seinem Brief an Baille vom 18. Juli 1861 schrieb, es sei »mitnichten zu einem Bruch« mit Cézanne gekommen.

Bei Cézannes nächstem Parisaufenthalt ab dem Spätherbst 1862 ging man das Ganze etwas entspannter an. Notgedrungen, denn Zola war seit März Mitarbeiter im Pariser Verlagshaus Hachette, wo er bald vom Vertrieb zur Presseabteilung gewechselt war, und er hatte bereits erste Schritte als Journalist unternommen. Cézanne andererseits ging nach erneuter Ablehnung an der Ecole des Beaux-Arts weiter ins Atelier Suisse, wo er unter anderen in Edouard Manet und Auguste Renoir neue Freunde fand. Doch am Wochenende machte er häufig mit seinem alten Kumpel Zola Ausflüge ins Grüne, die der Schriftsteller später in seiner autobiografischen Erzählung *Aux Champs* (Aufs Land) schildern sollte.[264] Natürlich beobachteten die beiden auch mit wachen Augen, was sich in der Künstlerszene von Frankreichs Hauptstadt so alles tat, und da hatte gerade das Frühjahr 1863 Spannendes zu bieten: den Salon des Refusés. Frankreichs Herrscher Napoleon III. hatte angewiesen, eine Ausstellung parallel zum offiziellen Salon in einem anderen Teil des Palais des Industrie mit den von der Jury abgelehnten Bildern zu bestücken. Dort hingen nun aufgrund ihrer mangelhaften Qualität abgelehnte Bilder Seite an Seite mit Werken, die in ästhetischer und maltechnischer Hinsicht ihrer Zeit voraus waren. Besonders Edouard Manets Gemälde *Le Dejeuner sur l'herbe* (*Das Frühstück im Grünen*) erhitzte die Gemüter: Dort war eine realistisch dargestellte nackte Frau in Gesellschaft zweier bekleideter Männer zu sehen, was auf viele damals obszön wirkte. Nacktheit, sollte sie akzeptabel sein, hatte nach den Gepflogenheiten der akademischen Schule als mythologisch überhöht dargestellt zu werden, wie beispielsweise in Alexandre Cabanels in Himmelblau und Rosa schwelgendem Gemälde *Naissance de Venus* (*Geburt der Venus*), das in diesem Jahr im offiziellen Salon ausgestellt und vom Kaiser für seine Privatsammlung erworben wurde. Eine lebensecht gemalte junge Frau der Pariser Boheme der 1860er-Jahre nackt im Grünen war dagegen schockierend. Doch für Zola kamen die Gemälde Manets einer Offenbarung gleich und er sollte 1866 in seiner Eigenschaft als freier Kunstkritiker für die Zeitschrift *L'Événement* – seine Anstellung bei Hachette hatte er inzwischen aufgegeben – ein glühender Verteidiger dieses Malers werden, was nicht zuletzt auch seinem Ruf als einer der aufsehenerregenden Autoren seiner Zeit nutzte.

Cézanne hielt sich bis Mitte 1864 in Paris auf, bevor er wieder in den Süden zog, den er in den nächsten Jahren immer wieder in Richtung der Hauptstadt oder dessen nähere Umgebung verließ. Zola veröffentlichte in eben diesem Jahr seinen ersten Erzählband, *Contes à Ninon*, und zwei Jahre darauf seinen ersten Roman, *Confession de Claude*. Beide Bücher wurden von der Kritik wohlwollend zur Kenntnis genommen. 1865 hatte er seine Lebensgefährtin Alexandrine Meley kennengelernt, die nicht, wie es die Legende will, ein Malermodell war, das ihm Cézanne zugeführt hätte, sondern eine Weißnäherin mit Vergangenheit, hatte sie doch vor Zola bereits aus einer kurzen Affäre ein Kind gehabt, das sie nach der Geburt fortgab, woraufhin es bald verstarb.[265] Die Beziehung der beiden wurde erst im Mai

1870 durch eine Ehe legitimiert, Trauzeugen waren damals allesamt Freunde Zolas aus Aix: der Schriftsteller Paul Alexis, Paul Cézanne, der alte Freund Marius Roux und der Bildhauer Philippe Solari. Zu diesem Zeitpunkt hatte auch Cézanne endlich eine Frau gefunden. Hortense Fiquet arbeitete als Buchbindergehilfin in Paris und verdiente sich als Malermodell im Atelier Suisse etwas hinzu. Ob ihre Moral der von Zola im Brief vom 24. Oktober 1860 Pariser Malermodellen allgemein unterstellten glich, muss dahingestellt bleiben, jedenfalls war sie ab 1869 die Frau an Cézannes Seite, von der sein Vater in Aix aber nichts wissen durfte. Die Mutter war freilich eingeweiht.

Mit dem Ausbruch des Deutsch-Französischen-Kriegs waren die Freunde in dem unweit von Marseille gelegenen Fischerdorf L'Estaque, wo sich bereits Cézanne und seine Partnerin aufhielten, kurzzeitig wieder vereint. Zola hatte Paris mit Alexandrine und seiner Mutter im September verlassen und bemühte sich um eine Anstellung bei der provisorischen Regierung in Bordeaux, denn die Zeiten für einen freiberuflichen Autor und Journalisten waren keine guten. Apropos, Zola hatte mittlerweile mit den Romanen *Thérèse Raquin* (1867) und *Madeleine Férat* (1868) nachdrücklich auf sich aufmerksam gemacht und auch der erste Teil seines Romanzyklus über die Familie Rougon-Macquart ging seiner Vollendung entgegen.

Im einzigen erhaltenen Brief Zolas an Cézanne aus dem Sommer 1871 kommt die Sorge um den Freund zum Ausdruck beziehungsweise die Freude, diesen in Sicherheit zu wissen. Er selbst war als einziger Sohn einer Witwe vom Kriegsdienst freigestellt, doch Cézanne lief durchaus Gefahr, eingezogen zu werden, insbesondere nachdem er als angeblich Fahnenflüchtiger denunziert worden war. Dieser Gefahr entging er durch häufige Ortswechsel, so dass die Behörden nie recht wussten, wo sie seiner habhaft werden konnten. Der gemeinsame Freund Paul Alexis spekulierte am 19. Juni 1871 – im Mai war der Waffenstillstand vereinbart worden – in einem Brief an Zola über den Verbleib des Freundes: »Kein Cézanne! Ich hatte eine lange Unterredung mit Monsieur Giraud, genannt lou gus[266]. Die beiden Vögelchen sind seit – einem Monat – ausgeflogen! Das Nest war leer und abgeschlossen. ›Sie sind nach Lyon abgereist‹, hat mir Monsieur lou gus gesagt ›um abzuwarten, *dass Paris nicht mehr qualmt!*‹ Ich bin erstaunt, dass du sie seit 1 Monat nicht ihn Paris gesehen hast. Ich tröste mich mit dem Gedanken, dass du in dem Augenblick, wenn du diesen Brief öffnen wirst, bereits länger als ich Bescheid wissen wirst, ganz bestimmt. Vielleicht finde ich in Aix noch mehr heraus, in diesem Fall werde ich dir sofort schreiben.«[267] Cézanne hielt sich – ohne Hortense – in Aix im väterlichen Landsitz Jas de Bouffan auf, wohin ihm der glückliche Zola die Vollendung seines neuesten Romans *La Fortune des Rougon* meldete.

Zwischen 1871 und 1877 klafft wie zwischen 1862 und 1866 eine Lücke im Briefwechsel der beiden Freunde, von dem, so John Rewald,wohl eine ganze Reihe von Schreiben verloren gingen. Insgesamt prägten diese Zeit der immer größer werdende Ruhm des Schriftstellers Zola und die stets wiederkehrenden Enttäuschungen des Malers Cézanne. Während dem Autor spätestens 1876 mit seinem Roman *L'Assommoir* ein glänzender (Verkaufs-)Erfolg gelang, wurden die Gemälde seines Freundes Jahr um Jahr von der Jury des offiziellen Salons abgelehnt. Da half es nur wenig, dass er 1874 und 1877 an zwei Gruppenausstellungen der mittlerweile vom Journalisten Louis Leroy so benannten Impressionisten in Paris teilnahm. Auf beide Ausstellungen wies Zola unter ausdrücklicher Erwähnung seines Freundes Cézanne hin, doch auch das half nicht, dessen Bilder in größerem Maßstab zu verkaufen. Andere Bewunderer der Werke Cézannes, wie der Farbenhändler und Galerist Père Tanguy und der Sammler Victor Chocquet, wurden nicht müde, deren Qualitäten einem mehrheitlich desinteressierten Publikum anzupreisen. Letzterer war es übrigens, der in Aix eine Bombe zum Platzen brachte. Wie dem Brief Cézannes vom 23. März 1878 entnommen werden kann, hatte der zu Recht misstrauische Vater einen Brief Chocquets an seinen Sohn geöffnet, in dem von »Madame Cézanne und dem kleinen Paul« – Cézanne war seit 1872 Vater eines Sohnes – die Rede war. Prompt strich der ergrimmte Louis-Auguste die Hälfte des Monatswechsels. In seiner Verzweiflung suchte und fand Cézanne Hilfe bei seinem alten Freund Zola, der in der Folgezeit Hortense 60 Francs monatlich zukommen ließ. Ein Freundschaftsdienst, der offenbar ohne großes Wenn und Aber zuverlässig geleistet wurde, wie die Briefe Cézannes vom März bis November 1878 belegen.

Generell vermitteln die Briefe den Eindruck, dass die Freundschaft damals zwar etwas in die Jahre gekommen, aber sehr wohl noch intakt war. Zumindest in ihren Briefverkehr hatte sich eine gewisse Routine eingeschlichen. Zola schickte Jahr um Jahr Cézanne seine neuesten Bücher, die dieser mit Interesse las, sich für die Zusendung bedankte und manchmal auch einen kurzen Leseeindruck gab. Und wenn es einmal einen Sonderwunsch seitens des Malers gab, sorgte der Freund zuverlässig für dessen Erfüllung. So ließ sich Cézanne im Oktober 1879 Karten für eine Vorstellung der Bühnenfassung des *Assommoir* zurücklegen, 1881 erbat er von dem berühmten Schriftsteller einen Text für eine Benefizauktion zugunsten des sterbenden Musikers Cabaner, den er postwendend erhielt, 1883 gab er eine Zweitschrift seines letzten Willens vertrauensvoll in des Freundes Obhut, und 1885 war es Zola, der in Cézannes kurze außereheliche Affäre eingeweiht war und die Briefe der einen an den anderen sorgsam weiterleitete. Neben all diesen Freundschaftsbeweisen aus der Ferne sah man sich auch regelmäßig in der 1878 aus den Erlösen des *Assommoir* erworbenen Villa Zolas in Médan, wo Cézanne ein häufig und gern gesehener

Gast war, der sich ebenso informell ankündigte, wie er als Hausfreund empfangen wurde. Nur wenn das Haus einmal wirklich voll war, wie im Juli 1885, als der Verleger Charpentier mit Frau, Mutter und Dienern dort weilte, musste Cézanne Geduld beweisen.

Während also Zola Roman um Roman schrieb, hielt sich Cézanne zum Malen abwechselnd in Paris, Aix oder bei Freunden auf dem Land auf. Nichts hätte wohl diese über die Jahre bewährte Routine unterbrochen, hätten sich 1886 nicht Veränderungen in den Lebensverhältnissen Cézannes eingestellt, und hätte Zola nicht jenen Roman geschrieben, der damals wie heute die Lager spaltet: *L'Œuvre.*

Besonders eine Stelle im neunten Kapitel dieses Werkes rief Widerspruch in Zolas Freundeskreis hervor. An diesem Punkt des Romangeschehens ist dessen Protagonist, der Maler Claude Lantier, im unaufhaltsamen Abstieg begriffen, was bei einem Besuch auch dem mitleidigen Blick von dessen Schriftstellerfreund Pierre Sandoz nicht entgeht: »Vor allem war es aber seine brüderliche Neigung zu dem Künstler, die ihn [Sandoz] herzog, und die, seit er sah, wie es mit Claude abwärts ging und ihn sein heldenhaftes Künstlertum mehr und mehr in Schwermut versetzte, nur zugenommen hatte. Anfangs hatte er sich bestürzt gefühlt; hatte er doch an den Freund mehr als an sich selbst geglaubt und sich ihm schon, als sie noch die Schule besucht, immer untergeordnet und ihn so hoch gestellt, ihn zu jenen Meistern gesellt, die eine ganze Epoche revolutionierten. Als er dann aber die fürchterliche Pein sah, die sein Unvermögen ihm verursachte, hatte ihn der Untergang von Claudes Genie mit einer schmerzlichen Zärtlichkeit und einem tiefinnerlichen Mitleid erfüllt. Wußte man wirklich niemals, wo in der Kunst das Narrentum anfing? Alle verkannten Kunstgenies rührten ihn bis zu Tränen, und je mehr ein Bild oder ein Buch infolge einer beklagenswert grotesken Anstrengung auf Abwege geriet, um so tiefer griff es ihm ans Herz und fühlte er das Bedürfnis, solch ein vernichtetes Streben und seine ausschweifenden Träume von sich abzulenken.«[268] Was Johannes Schlaf an dieser Stelle mit »Alle verkannten Kunstgenies« übersetzt, lautet im französischen Original schlicht »Tous les ratés«[269], müsste also weniger beschönigend als »Alle Versager« übersetzt werden. Und das war es gerade, was die Freunde Cézannes empörte, nämlich dass Zola einen Maler als Versager bezeichnete, in dessen Darstellung sie ein Porträt desselben vermuteten. So schrieb beispielsweise Claude Monet an Camille Pissarro, er befürchte, ihnen, also den Impressionisten, geschähe mit dem Buch großes Unrecht.[270] Und ein anderer Maler aus dem gemeinsamen Freundeskreis, Antoine Guillemet, schrieb dem von ihm bewunderten Zola: »Unser braver Paul [Cézanne] setzt in der schönen Sonne des Südens Fett an, und Solari schabt an seinen guten Göttern herum, glücklicherweise denkt keiner der beiden daran, sich zu erhängen. Mein Gott, dass sich die kleine Bande, wie Madame Zola sagt, bloß nicht in Ihrem so uninteressanten Helden wiederkennen mag, denn zu allem Überfluss sind sie auch noch nachtragend.«[271]

Wie zur Bestätigung dieser Befürchtung soll Zolas von der eigenen Biografie inspirierter Künstlerroman bei seinem Freund Cézanne für großen Ärger gesorgt haben, wenn man den nach dem Tod des Malers erschienenen Erinnerungen Emile Bernards Glauben schenken will. Der französische Maler und Romancier Bernard hatte Cézanne 1904/05 in dessen letzten Lebensjahren in Aix besucht und befragt, unter anderem auch zu Zola. »Er war ein sehr mittelmäßiger Geist«, soll ihm der greise Maler geantwortet haben, »und ein verabscheuungswürdiger Freund. Er sah nur sich. So kam es, daß sein Roman *L'Œuvre*, in dem er mich zu schildern behauptet hat, nur eine unerhörte Entstellung und ganz und gar eine Lüge zu seinem Ruhm ist.«[272] Nachdem er ein wenig in die Erinnerungen an die

Jugendzeit in Paris abgeschweift war, kam er erneut auf den Schriftstellerfreund und den bewussten Roman zu sprechen: »Zola selbst wurde unerträglich, je berühmter er wurde, und es schien mir, er empfange mich nur noch aus gnädiger Höflichkeit. Das ging so weit, daß ich die Lust verlor, ihn zu sehen. Ich besuchte ihn lange Jahre nicht mehr. Eines schönen Tages erhielt ich *L'Œuvre*. Es war ein Schlag für mich, ich sah nun, wie er im Innersten über uns dachte. Kurz und gut: Es ist ein schlechtes und vollkommen falsches Buch.«[273] Was er daran falsch fand, führte er in einer Unterhaltung mit dem Pariser Kunsthändler Ambroise Vollard näher aus: »Man kann von einem Mann, der nichts davon versteht, nicht verlangen, dass er vernünftige Ansichten über die Kunst des Malens äußert, aber, Himmelherrgott noch mal, [...] wie kann er es zu behaupten wagen, dass ein Maler sich umbringt, weil er ein schlechtes Bild gemalt hat? Wenn ein Bild nicht gelungen ist, haut man es in den Ofen und beginnt ein anderes!«[274]

Möglicherweise sah Cézanne die Dinge aber auch gelassener, als man es den Erinnerungen Bernards und Vollards entnehmen kann. So entwirft der provenzalische Schriftsteller Joachim Gasquet ein durchaus differenziertes Bild von der Reaktion seines Freundes Cézanne: »Die ersten Kapitel des Bandes haben ihn [Cézanne] zutiefst gerührt, er bescheinigte ihnen eine kaum veränderte Wahrhaftigkeit, die ihn im Innersten berührte, weil er darin die schönsten Stunden seiner Jugend wiederfände. Wenn dann das Buch mit der vom Wahnsinn umstrickten Figur des Lantier eine andere Richtung einschlägt, merkte er sehr wohl, dass hier bloß ein Plan verfolgt wurde, der ihn völlig aus Zolas Denken verdrängte, dass Zola alles in allem nicht seine Memoiren, sondern einen Roman geschrieben hätte, der Teil eines großen und lange durchdachten Ganzen wäre. Philippe Solari, der der Darstellung des Bildhauers Mahoudeau Züge geliehen hatte, war aus Gründen der Handlung auch sehr entstellt, und Solari dachte ebenso wenig wie Cézanne daran, sich daran zu stoßen. Seine Verehrung für Zola nahm nicht ab. Und als ich Letzteren fünfzehn Jahre nach *L'Œuvre* in Paris sah, sprach er von seinen beiden Freunden voller Bewunderung und Zuneigung. Das war so um 1900. Er liebte Cézanne trotz seines Rückzugs immer noch mit der ganzen Freundschaft eines brüderlichen Herzens. ›Und ich fange sogar an‹, sagte er mir wortwörtlich, ›seine Malerei besser zu verstehen, die ich zwar immer geschätzt habe, die mir aber lange Zeit unzugänglich war, weil ich sie für überspannt hielt, wo sie doch von einer unglaublichen Aufrichtigkeit und Wahrhaftigkeit ist.‹«[275] Immerhin fand Cézanne, dass Zola insbesondere einen seiner Züge recht gut getroffen habe: »Aber Zola hat mich trotz allem sehr gut erfaßt in seinem Roman *L'Œuvre*, erinnern Sie sich vielleicht, wie er da herausschreit: ›Ach! Das Leben! Das Leben! Es fühlen und es wiedergeben in seiner Wirklichkeit, es um seiner selbst willen lieben, darin die einzig wahre Schönheit sehen, ewig und wechselvoll [...] Nicht den törichten Gedanken hegen, es zu verschönen, indem man es beschneidet; begreifen, daß die angeblichen Häßlichkeiten nur die Ausbrüche der Charaktere sind, Leben erzeugen, Menschen bilden, es ist die einzige Art, Gott zu sein.‹«[276]

Dennoch muss festgehalten werden, dass das Jahr 1886 eine Zäsur für die Freundschaft der beiden darstellte, doch nicht, weil Cézanne verletzt gewesen wäre, sich in dem Roman *L'Œuvre* in der Figur des Malers Claude Lantier als Versager dargestellt zu sehen, und deshalb die Freundschaft beendet hätte, sondern weil nach einer Versöhnung mit dem Vater und der endlich am 28. April mit dessen Segen vollzogenen Ehe mit Hortense sein Privatleben in deutlich ruhigere Bahnen gelenkt wurde. Hinzu kam, dass er nach dem Tod des Vaters am 23. Oktober ein wohlhabender Mann war, der sich, von allen Geldsorgen befreit, ganz der Malerei widmen konnte. Mit anderen Worten, er

Emile Zola, Fotografie mit ihm selbst, Jeanne Rozerot und den Kindern Denise und Jacques, um 1900.

brauchte sich nun nicht mehr auf die Unterstützung durch seinen Freund zu verlassen. Zola dagegen brachte zur selben Zeit ein gerüttelt Maß an Durcheinander in sein Familienleben, indem er 1888 eine Affäre mit der 27 Jahre jüngeren Jeanne Rozerot anfing, aus der 1889 und 1891 die Kinder Denise und Jacques hervorgingen, was wiederum die kinderlos gebliebene Ehe mit Alexandrine in den Grundfesten erschütterte, ohne sie jedoch zum Scheitern zu bringen.

Es gab mithin genug Gründe, warum diese einst so festen Freundschaftsbande ab 1886 lockerer wurden, ohne gleich von einem Bruch sprechen und im Dankbrief Cézannes vom April einen Abschiedsbrief sehen zu müssen.[277] Nicht zuletzt der erst kürzlich wiederaufgetauchte Brief Cézannes an Zola vom 28. November 1887, widerlegt dies. Darin dankt er für das neueste Buch Zolas, das dieser ihm wie üblich zugeschickt hatte, und stellt einen Besuch in Aussicht, sobald Zola wieder nach Paris zurückgekehrt ist.[278] Vielleicht haben die beiden alten Freunde sich da ja noch einmal gesehen und über Zolas Roman *La Terre* geplaudert ...

Von einem Bruch kann also eigentlich nicht die Rede sein, wohl aber von einer deutlichen Abkühlung der gegenseitigen Sympathie. Nach 1887, so will es scheinen, funktionierte ihre Freundschaft besser auf Distanz als im direkten Austausch, sei er nun mündlich oder per Brief, zumindest sind bislang keine Schreiben nach diesem Zeitpunkt bekannt. Und als Zola 1896 auf Einladung Numa Costes noch einmal in Aix weilte, machte er keine Anstalten, Cézanne zu sehen, während es dieser seinerseits vermied, Zola zwei Jahre später im Verlauf eines Parisaufenthaltes zu besuchen. An diesem gegenseitigen Bemühen, einer Begegnung aus dem Weg zu gehen, lässt sich einmal mehr festmachen, mit welch unterschiedlichen Maßen in der Cézanne-Forschung gemessen wird, wenn es sich um Zola handelt. So unterstellt John Rewald dem Schriftsteller, Cézanne bewusst gemieden zu haben, während er andererseits für Auguste Renoir größtes Verständnis hat. Die Freunde Cézannes, so schreibt er, hätten die selbstgewählte Isolation des Malers zu respektieren gewusst und darüber hinaus Angst vor einer seiner unvorhersehbaren Reaktionen gehabt. Daher habe es Renoir, der Cézanne seit mehreren Jahren aus dem Blick verloren hatte, um 1899, als er sich wegen seiner Gicht im Süden aufzuhalten begann, vorgezogen, dessen Ruhe nicht zu stören und unverrichteter Dinge weiterzureisen.[279] Offenbar wird eine solche Rücksichtnahme im Falle Zolas ausgeschlossen, heißt es doch bei Rewald abwertend, er habe sich bei seinem Aufenthalt in Aix nicht verpflichtet gefühlt, bei Cézanne vorbeizuschauen.[280] Da blieb es Dritten, wie zum Beispiel Paul Alexis oder Numa Coste, vorbehalten, die alten Freunde auf dem Laufenden zu halten. So schrieb beispielsweise Alexis Zola am 13. Februar 1891 von seinem Treffen mit Cézanne in Aix: »Diese Stadt ist bedrückend, traurig und lähmend. Coste, der einzige, mit dem ich ein wenig verkehre, ist auch nicht immer lustig. Ah, aber nicht doch! Glücklicherweise bringt Cézanne, den ich vor einiger Zeit wiederentdeckt habe, ein wenig Warmherzigkeit und Leben in meinen Umgang. Wenigstens er sprüht vor Lebendigkeit und ist gesprächig. Er ist wütend auf die Boule [›Kugel‹ war der Spitzname Hortenses], die ihn im Anschluss an einen einjährigen Aufenthalt in Paris im vergangenen Sommer fünf Monate Table d'hôte in der Schweiz auferlegt hat ... wo er bloß bei einem Preußen auf ein wenig Mitleid stieß. Nach der Schweiz ist die Boule in Begleitung ihres Spießbürgers von einem Sohn nach Paris gesaust. Doch indem man ihr die Bezüge um die Hälfte gekürzt hat, hat man sie dazu gebracht, nach Aix zurückzukehren. Gestern Abend, donnerstags um 7 Uhr, verließ uns Paul, um sie am Bahnhof abzuholen, sie und ihre Unke von einem Sohn; und das für vierhundert Francs zurücktransportierte Pariser Mobiliar wird auch noch kommen. Paul plant, das Ganze in angemieteten Räumlichkeiten in der Rue de la Monnaie unterzubringen, die ihnen als Unterkunft dienen werden. (Er hat sogar seinem Sprössling gesagt: ›Egal, was für einen Unfug du auch immer anrichten wirst, ich werde nie vergessen, dass ich dein Vater bin! ...‹) Dessen ungeachtet hat er nicht vor, seine Mutter und seine ältere Schwester zu verlassen, bei denen er sich in der Vorstadt niedergelassen hat, wo er sich sehr wohl fühlt und was er entschieden seiner Frau vorzieht. Wenn nun, wie er hofft, die Boule und das Balg hier heimisch werden, wird ihn nichts mehr daran hindern, von Zeit zu Zeit für sechs Monate nach Paris zu gehen. ›Hoch lebe die schöne Sonne und die Freiheit!‹, ruft er aus. – Tagsüber malt er im Jas de Bouffan, wo ihm ein Arbeiter als Modell dient und wohin ich dieser Tage gehen werde, um zu sehen, was er macht. – Schließlich, um seine Psychologie zu vervollständigen: Als Bekehrter glaubt er und geht in die Kirche. ›Aus Angst! ... Ich merke, dass ich nur noch ein paar Tage auf Erden weile. Und dann, was kommt danach? Ich glaube an ein Leben nach dem Tod und will nicht Gefahr laufen, in aeternum in der Hölle zu schmoren.‹ – Im Übrigen keinerlei Geldverlegenheiten. Dank seines Vaters, den er heute verehrt – und der ihm sagte: ›Jedes Mal, wenn du dich auf den Weg machst, solltest du wissen, wohin du gehst!‹ und auch ›Lass dich nicht hinreißen ... nimm dir Zeit und schone dich!‹ –, hat er genug zum Leben. Als Erstes hat er sein Einkommen in zwölf Monatsraten eingeteilt, dann eine jede durch drei geteilt: für die Boule, für den Boulet [›die kleine Kugel‹ – sein Sohn] und für ihn selbst. Nur scheint die wenig feinfühlige Boule beständig dazu zu neigen, ihren persönlichen Anteil zu überschreiten. Gegenwärtig, mit Unterstützung seiner Mutter und seiner Schwester – die sie absolut nicht ausstehen können –, fühlt er sich Manns genug, Widerstand zu leisten.«[281]

Im Frühjahr desselben Jahrs schrieb Coste, das Bild vom großen Kind aufbringend, das Zola in seinem Brief vom November 1897 aufgreifen sollte: »Wie ist es zu erklären, daß ein habgieriger und harter Bankier ein Wesen wie unsern armen Freund Cézanne erzeugen konnte, den ich letzthin gesehen habe? [...] Und es gehört zum Rührendsten, was ich kenne, zu sehen, wie dieser wackere Junge seine kindliche Naivität bewahrt, seine Enttäuschungen aus dem Lebenskampf vergißt und – resigniert und leidend – hartnäckig das Werk verfolgt, das ihm zu vollbringen nicht gelingen will.«[282]

Als Zola sich ab 1897 für den zu Unrecht wegen Landesverrats verurteilten Leutnant Alfred Dreyfus einzusetzen begann, verziehen ihm manche der Freunde, Monet und Pissarro zum Beispiel, den Roman *L'Œuvre*. Cézanne aber war aufgrund seiner konservativ-katholischen Haltung der Anti-Dreyfus-Liga zuzurechnen. Der kauzige Einzelgänger in Aix – Frau und Sohn waren jetzt häufig in Paris oder anderswo – war in geistiger Hinsicht von seinem ehemaligen Freund, den sein Engagement

1898 ins englische Exil nach London zwang, weiter denn je entfernt. Erst als er 1902 von dessen Tod erfuhr – Zola war an Kohlengasen erstickt, die aufgrund eines womöglich absichtlich verstopften Kamins nicht aus seinem Schlafzimmer abziehen konnten –, löste sich die Verhärtung und er weinte bitterlich um den verlorenen Freund. Andererseits wurde die Versteigerung der Besitztümer Zolas, unter denen sich zahlreiche Gemälde Cézannes befanden, noch einmal zu einer Abrechnung auch mit dem Maler genutzt. Und obwohl seine Bilder nach und nach bessere Preise erzielten, er sogar 1895 von Ambroise Vollard in Paris mit einer ersten Einzelausstellung geehrt worden war, blieb Cézanne bis zu seinem Tod am 22. Oktober 1906 ein rastlos Suchender, der Menschen immer nur eine gewisse Zeit lang um sich ertragen konnte.

Posthum heizten die Bewunderer, die sich um Cézanne respektive Zola geschart hatten, die Gerüchteküche um einen Bruch zwischen den beiden weiter an, indem sie veröffentlichten, was der eine über den anderen so alles gesagt haben sollte. So verbreiteten unter anderem Emile Bernard, Gustave Coquiot, Joachim Gasquet, Frank Harris und Ambroise Vollard mehr oder minder glaubwürdige Aussagen über eine zum Erliegen gekommene Freundschaft. Dabei wurde immer wieder auf die Jugendbriefe zurückgegriffen, die schon Paul Alexis 1882 für seine Zola-Biografie genutzt hatte und die Alexandrine Zola 1907 in einer ersten Buchveröffentlichung einer größeren Öffentlichkeit zugänglich machte. All das schuf einen Mythos, der sich als ausgesprochen fruchtbar erwies, den Mythos von einer Freundschaft, die an einem Buch zerbrach. Es liegt bei einem selbst, ob man dem Glauben schenken will, oder ob man es vorzieht, anhand der Briefe und anderen Textzeugnisse aus den Federn der beiden Freunde deren große Verbundenheit nachzuvollziehen.

Dino Heicker, Berlin im Dezember 2014

Paul Cezanne auf dem Weg zur Pleinair-Malerei, zeitgenössische Fotografie.

Anmerkungen

1 Ein in der Nähe von Aix in einer Schlucht befindlicher Wildbach. Da Aix erst 1932 in Aix-en-Provence umbenannt wurde, wird im Folgenden in aller Regel die ältere Schreibweise beibehalten.

2 Die (Gelegenheits-)Gedichte von Cézanne und Zola wurden in Prosa übertragen. Auf eine mehr oder minder geglückte Versifizierung wie in früheren Übersetzungen wurde verzichtet, da der Ton jugendlichen Überschwangs, der den Charme dieser Dichtungen im Original ausmacht, im Deutschen so gut wie nicht wiedergegeben werden kann. Bereits der Impressionismus-Spezialist und Cézanne-Forscher John Rewald gestand in der Einführung zu seiner (Teil-)Übersetzung der Briefe des Malers, »der meist lustige, zuweilen sogar übermütig-alberne Ton dieser niemals ernstgemeinten Verse« habe sich als »teilweise unübertragbar« erwiesen. John Rewald, Vorwort, in: Paul Cézanne, *Briefe*. Aus dem Französischen übersetzt und hrsg. von J. Rewald. Zürich 1979, S. 5–12, hier S. 9. Der Vollständigkeit halber wird in der vorliegenden Ausgabe dennoch der Versuch einer zumindest inhaltlichen Übersetzung gewagt.

3 Jean-Baptistin Baille (1841–1918), der Sohn eines Hoteliers, war ein Schulfreund von Cézanne und Zola und der Dritte im Bunde der »Unzertrennlichen«. Er absolvierte nach dem Abitur ein naturwissenschaftliches Studium und wurde später Professor für Akustik und Optik in Paris. Seit 1870 mit der Tochter eines Fabrikbesitzers für optische Geräte verheiratet, lockerte sich die Beziehung zu seinem Jugendfreund Zola um diese Zeit, obwohl die beiden zwischen 1861 und 1867, als beide in Paris lebten, engen Kontakt pflegten. Baille war wenig begeistert, sich 1885/86 in Zolas Roman *L'Œuvre* (Das Werk) in der Gestalt des Louis Dubuche porträtiert zu sehen.

4 Andersen führt aus, dass »Mirliton« im Französischen eben nicht nur den (schlechten) Knittelvers beziehungsweise das Liedchen, sondern ebenso die Rohrpfeife bezeichnet, aber auch eine umgangssprachliche Umschreibung für ein junges Mädchen – insbesondere Auszubildende in Bäckereien – und das weibliche Geschlechtsteil an sich darstellen kann. Vgl. Wayne Andersen, *The Youth of Cézanne and Zola. Notoriety at its Source, Art and Literature in Paris,*

o. O. [Genf und Boston] 2003, S. 40. In der früheren Übersetzung von Fritz Erpel wurde Mirliton entweder als »Tralalala« übertragen. Vgl. Paul Cézanne, *Ein Traum von Kunst. Der Maler in seinen Briefen.* In Auswahl neu übertragen und hrsg. von Fritz Erpel, Berlin 1984, S. 155ff. John Rewald hat in seiner Übersetzung das Gedicht gleich ganz weggelassen.

5 Gustave Boyer (1840–1889), Jugendfreund Cézannes und Zola, der sich später als Notar im provenzalischen Eyguière niederließ. Cézanne hat ihn um 1870 in mehreren Gemälden verewigt.

6 Die Auflösung des Rebus lautete: Man muss die Frauen lieben. Zur näheren Erläuterung vgl. Andersen, *The Youth of Cézanne and Zola*, S. 45ff.

7 Louis Marguery (1841–1881), Schulfreund Cézannes und Zolas, später als Anwalt in Aix tätig, trat aber auch als Journalist für die Zeitschrift *La Provence* – Pseudonyme Ludovico Cyprien und Edouard de B. – sowie Schriftsteller hervor. Im August 1881 beging er Selbstmord, indem er sich im Gericht von Aix zu Tode stürzte.

8 Denn sie trug Handschuhe [Anm. von Paul Cézanne].

9 Cézanne sollte tatsächlich erst im zweiten Anlauf ein paar Monate später sein Abitur bestehen, ganz im Gegensatz zu Baille. Zola dagegen versuchte zweimal vergeblich – in Paris und in Marseille – durchs Abitur zu kommen.

10 Die Worte »de plus« ersetzen das gestrichene »au contraire« (im Gegenteil). Vgl. Paul Cézanne, *Cinquante-trois lettres.* Transkribiert und mit Anmerkungen versehen von Jean-Claude Lebensztejn, Paris 2011, S. 13.

11 Ein kleiner Ort südöstlich von Aix am Ufer des Arc gelegen, häufiges Ziel der Badeausflüge der drei Unzertrennlichen.

12 Das Possessivpronomen »mon« (mein) ersetzt eine unleserliche Streichung. Vgl. Cézanne, *Cinquante-trois lettres*, S. 13

13 Hier verarbeitet der Gymnasiast Cézanne in Wort und Bild seine Schulbildung in Sachen Marcus Tullius Cicero, der sich in seiner Ersten Rede, die im November 63 v. Chr. im römischen Senat gehalten wurde, gegen die Umsturzpläne des Patriziers Lucius Sergius Catilina aussprach, was vom Geschichtsschreiber Sallust für die Nachwelt festgehalten wurde.

14 An dieser Stelle folgen wir der Lesart Lebensztejns. Vgl. Cézanne, *Cinquante-trois lettres*, S. 16, Anm. 8.

15 Dieser Vers fehlt in der Briefausgabe John Rewalds. Vgl. Paul Cézanne, *Correspondance*. Zusammengestellt, mit Anmerkungen und einem Vorwort versehen von John Rewald. Durchgesehene und verbesserte Neuauflage, Paris 1978, S. 27. Erst Lebensztejn hat den Vers in dieser Form transkribiert. Vgl. Cézanne, *Cinquante-trois lettres*, S. 15.

16 Die Einfügung »avec« ersetzt das gestrichene »de concert avec« (gemeinsam mit). Vgl. ebd., S. 16.

17 Emile Zola, *Das Werk*. Aus dem Französischen von Johannes Schlaf, München o. J. [1924], S. 41–45.

18 Am Collège spielten Baille, Cézanne und Zola in der Blaskapelle der Schule Posaune, Klarinette respektive Horn.

19 Mit den beiden B…s könnten Gustave Boyer und Isodore Baille, der jüngere Bruder Jean-Baptistins gemeint sein.

20 Von dieser Komödie existiert keine Spur mehr.

21 Hier ist das ausufernde Versepos *La Pucelle d'Orléans* (*Die Jungfrau von Orleans*, 1656) von Jean Chapelain (1598–1674) gemeint.

22 Lieber Zola, sei gegrüßt. Ich habe deinen Brief erhalten, worin du tausend Mal sagst, du wünschst die Übersendung von Reimen zur Anfertigung von Boutrimés; freu dich! Hier sind nämlich allerliebste Reime. Lies also, lies und staune!

23 Victor Leydet (1845–1908), Jugendfreund Cézannes und Zolas, späterer Abgeordneter der Nationalversammlung für das Departement Bouches-du-Rhône.

24 Hier macht Zola aus dem von Cézanne vorgegebenen Wort »voilà« (da) das Wort »voila« (verhüllte).

25 Cézannes erster Prüfungstermin war für den 4. August festgesetzt, er sollte jedoch erst im zweiten Anlauf im November bestehen.

26 Wer nicht arbeitet, isst nicht.

27 Mein Freund, lieber Cézanne, nur in lateinischer, nicht in gallischer Sprache höre errötend einige unzüchtige Dinge. Ich gestehe, ich bin entflammt und liebe eine sehr schöne Jungfrau, die das männliche Glied noch nicht genossen hat. Diese Frau ist blond, ihre Hautfarbe weiß und ihre Augen blau. Du siehst also, dass sie eine Gottheit ist, der Ceres vergleichbar, die über die Ernten wacht. Freu dich, freu dich, Cézanne, du siehst nämlich einen Gelehrten, der die lateinische Sprache verwendet und Plattitüden hervorbringt.

28 Im Original deutsch.

29 Anspielung darauf, dass die Nummern für die Abiturprüfung im Losverfahren gezogen wurden.

30 In der französischen Ausgabe der Briefe Paul Cézannes führt John Rewald 1978 den 23. November 1858 als Datum für diesen Brief, der ein Jahr später in der deutschen, ebenfalls von Rewald besorgten Ausgabe zum 17. November wird. Vgl. Cézanne, *Correspondance*, S. 36.

31 denn beständige Arbeit führt zum Sieg.

32 Cézanne hatte am 12. November sein Abitur mit der Auszeichnung »recht gut« bestanden.

33 Baille hatte inzwischen sein naturwissenschaftliches Studium in Marseille angetreten.

34 Dieses Gedicht ist wiederholt als Beleg für einen in der Cézanne-Forschung hartnäckig beschworenen ödipalen Konflikt von Vater und Sohn herangezogen worden. Vgl. u. a. Theodore Reff, »Cézanne's Dream of Hannibal«, *Art Bulletin* 45 (Juni 1963), S. 148–152. Laut Shapiro spiegeln diese Fantasien etwas von der Furcht des jungen Cézanne vor dem strengen Regime seines Vaters wieder. Vgl. Meyer Shapiro, *Cézanne*, New York 1952, S. 23.

35 Zola war in Paris an einem thyphoiden Fieber erkrankt, das ihn längere Zeit ans Bett fesselte.

36 Cézanne hatte sich seinem Vater zuliebe für ein Jurastudium an der Universität von Aix eingeschrieben, das er jedoch Anfang 1861 wieder abbrechen sollte.

37 Spielt auf den Studenten der Naturwissenschaften Baille an.

38 Der in Aix gebliebene Großvater Emile Zolas.

39 Auch diese Fantasie war ein gefundenes Fressen für die Verfechter der These eines ödipalen Konflikts im Hause Cézanne, wobei sogar so weit gegangen wurde, Louis-Auguste Cézanne, den frühzeitig kahlköpfigen Vater des angehenden Malers, mit dem bezopften Schädel auf der Zeichnung gleichzusetzen. Vgl. Meyer Shapiro, »The Apples of Cézanne. An Essay of the Meaning of Still-Life«, *Art News Annual* 34 (1968), S. 35ff.

40 was du machst, was du trinkst, was du singst, wie es dir geht.

41 Wie lange wohl noch, Cézanne, wirst du unsere Geduld missbrauchen? – Freie Aneignung des bekannten Cicero-Zitates: Quo usque tandem abutere,

Catilina, patientia nostra? Dasselbe Zitat war bereits im Vorjahr in einer von Cézanne seinem Brief beigefügten Zeichnung angeführt worden.

42 Grüße alle deine Verwandten, Gruß auch dir, leb wohl, leb wohl.

43 was diese Frau angeht.

44 Paul Seymard, einer der besser gestellten Mitschüler Cézannes und Zolas, der in dem Ruf stand, ein Frauenheld zu sein.

45 Zola hatte gemeinsam mit einem Mitschüler ein Huldigungsgedicht auf Kaiserin Eugénie verfasst. Siehe auch Anm. 103.

46 Aurelien Houchard (geb. 1840), Sohn eines Weinhändlers, besuchte in Aix ebenfalls das Collège Bourbon, hielt sich 1859 und 1860 in Paris auf. Auf Houchards Börse, so Zola am 25. Juli 1860 in einem Brief an Baille, sei stets Verlass.

47 Auch hier nahm Rewald in der deutschen Ausgabe eine Modifikation bei der Datierung vor; in der französischen Ausgabe war an dieser Stelle noch von Ende Juli die Rede. Vgl. Cézanne, *Correspondance*, S. 53.

48 Unleserliches Wort.

49 Spielt wohl auf Zolas erste Abiturprüfung in Paris an, bei der er jedoch im Mündlichen in den Fächern Deutsch, Geschichte und Literatur versagte. Auch der erneute Versuch im November in Marseille schlug fehl, womit Zola die Möglichkeit zu einem Studium verwehrt blieb.

50 Eine Juraprüfung.

51 Im November 1859 war Marguery einer der Redakteure der Zeitung *La Provence* geworden.

52 Jean-Baptiste Gaut (1819–1891), provenzalischer Dichter und Journalist, Chefredakteur der Wochenzeitschrift *Memorial d'Aix*, setzte sich insbesondere für die provenzalische Sprache ein, sein literarisches Talent wurde dagegen unterschiedlich beurteilt.

53 Marguerys Roman erschien unter einem Pseudonym.

54 Im Französischen ergeben sich als die drei Silben des Lösungswortes: chat (Katze) – riz (Reis) – thé (Tee), was zusammengesetzt als chat-riz-thé genauso ausgesprochen wird wie charité (Mildtätigkeit).

55 Das spielt natürlich auf Henri Murgers berühmten Roman *Scènes de la vie de bohème* (*Boheme. Szenen aus dem Pariser Leben*) von 1847/49 an.

56 Das Buch wurde in dieser Form nie geschrieben.

57 Anspielung auf den italienischen Unabhängigkeitskampf und insbesondere auf den Sieg der französischen Truppen bei Magenta vom 4. Juni 1859, infolgedessen Kaiser Napoleon III. den Kirchenstaat teilweise auflöste.

58 Eine der wenigen oppositionellen Zeitungen Frankreichs unter Napoleon III., zeichnete sich durch eine radikal antiklerikale Haltung aus.

59 In der zweiten Ekloge Vergils wird die Liebe des Hirten Corydon für den jungen Alexis beschrieben, der jedoch der Geliebte des Gutsherrn ist und Corydon abweist.

60 Joseph-François Villevieille (1821 oder 1829–1916), akademischer Historien- und Porträtmaler, Zeichenlehrer in Aix.

61 Es ist nicht bekannt, wer hier gemeint ist.

62 Vom 29. Dezember 1859 bis zum 26. Januar 1860 wurde in der Zeitung *La Provence* Zolas Erzählung *La Fée Amoureuse* (Die verliebte Fee) in zwei Folgen abgedruckt.

63 Ein am 4. August 1859 in *La Provence* abgedrucktes Gedicht Zolas.

64 Zitat aus der am 25. Dezember 1859 in *La Provence* abgedruckten Erzählung *La Bûche de Noël* (Der Weihnachtskuchen) von Jean-Baptiste Gaut.

65 Victor Hugo, *Œuvres complètes.* Poèsie, Bd. 5: *Chants du Crépuscule*, Paris 1835, S. 208.

66 Jean-Baptiste Greuze (1725–1805), beliebter Maler in der Epoche der Empfindsamkeit.

67 Pierre de Ronsard: *Ode an Cassandra.* Aus dem Französischen von Martha Ellen Becker, in: Eva-Maria Schulz-Jander (Hrsg.), *Poesie der Welt: Frankreich.* Berlin und Wien 1985, S. 83.

68 Vgl. Alfred de Mussets Gedicht *Sur la paresse* (November 1842).

69 Jean-Baptiste Chaillan (geb. 1831) stammte aus einer Bauernfamilie und erlernte in Aix das Zeichnen, bevor er 1860 nach Paris ging, wo er seine Ausbildung im Atelier Suisse fortsetzte.

70 Gottheit der Gallier.

71 Amoureuse und Odette sind Gestalten aus Zolas Erzählung *La Fée Amoureuse.*

72 Der Bildhauer Jean Goujon (1510 – um 1572) verzierte den ab 1547 errichteten Brunnen auf dem Friedhof der Pariser Kirche Saints Innocents mit Nymphenreliefs im Stil der Renaissance. Zwischen 1780 und 1788 wurde die Kirche abgerissen und der Friedhof beräumt, um einen Marktplatz zu schaffen, dabei wurde der Brunnen auf die Mitte des Platzes verlegt. 1858 wurde der Markt geschlossen und der sogenannte Square des Innocents neu angelegt, wofür der Brunnen einmal mehr umgesetzt wurde. Zola verwechselt hier den Square des Innocents mit dem Cour des Miracles, der damals in der Nähe der Rue de Caire lag.

73 Hierbei handelt es sich wohl um die Radierungen *Ledikant* (1646) sowie *Der Mönch im Kornfeld* (um 1646), die auch von anderen Radierern kopiert worden waren.

74 Der insbesondere für seine Historiengemälde und Porträts berühmt gewordene Künstler Ary Scheffer (1795–1858) schuf 1822 ein Gemälde zum Francesca-da-Rimini-Stoff und 1846 ein imaginäres Doppelporträt von Dante und Beatrice.

75 mit Krallen und Schnabel.

76 Das Manuskript zu diesem Werk Zolas existiert nicht mehr.

77 Hierbei handelt es sich um das einaktige Drama *La Perrette*. Vgl. Émile Zola, *Œuvres complètes*. Hrsg. von Henri Mitterand, 21 Bde, Paris 2002–2010, Bd. 1, Paris 2002, S. 107–139.

78 Eine am 25. Februar 1860 in Aix aufgeführte einaktige Komödie von B. Muscadel.

79 Es muss ungeklärt bleiben, ob der Gebrauch des X*** auf Zola zurückzuführen ist oder auf die ersten Herausgeber seiner Briefe, da das Originalmanuskript verschollen ist. Womöglich wird hier und im Folgenden auf den akademischen Maler Joseph-Marie Gibert (1808–1884), der von 1846 bis 1870 eine Zeichenschule in Aix leitete, zu deren Schülern auch Cézanne zählte, Bezug genommen.

80 Charles »Père« Suisse, ein ehemaliges Künstlermodell, hatte in Paris 1815 eine öffentliche Akademie für Aktzeichnen am Quai des Orfèvres eröffnet, in der neben Cézanne Edouard Manet, Camille Pissaro und Claude Monet Unterricht erhielten und Kontakte miteinander knüpften. Vgl. Sue Roe, *Das private Leben der Impressionisten*, Berlin 2011, S. 17 u. ö.

81 mit flinker Feder.

82 In einem verloren gegangenen Schreiben an Zola.

83 Sprich anlässlich seines Urlaubs in Aix. Baille war unzufrieden mit dem schlechten Empfang, den ihm Cézanne im Jas de Bouffan, dem Landsitz der Familie, bereitet hatte.

84 *Die Hölle*, Fünfter Gesang, Verse 121–123.

85 Ein in Aix ansässiger Auguste Leclère (oder Leclerc) hatte Zolas Mutter Geld geliehen, das er später vom Sohn einfordern sollte.

86 Edgard de Julienne, ein Schulfreund von Cézanne und Zola, war zusammen mit Paul Seymard in Zolas Wohnung in Aix eingedrungen, wo die beiden sich mit drei leichtlebigen jungen Frauen vergnügt hatten.

87 Kalauer Marguerys auf ein Etablissement, dessen Name womöglich Café La Bellot o. ä. gelautet haben bzw. auf den Inhaber des Aixer Hôtel de Paris angespielt haben könnte.

88 Victor-François Combes (1837–1876), aus Aix stammender Maler aus bescheidenen Verhältnissen, bekannt für seine Landschafts- und Militärgemälde.

89 Der Genremaler Auguste-Joseph Truphème (1836–1898) war wohl ebenso wie Combes ein Jugendfreund Zolas aus Aix.

90 Wohl ein weiterer Jugendfreund Cézannes und Zolas, über den jedoch nichts weiter bekannt ist.

91 Gemeint ist der kleinwüchsige und gleichfalls aus Aix stammende Maler Achille Emperaire (1829–1898), der sich in Paris im Atelier Suisse und später im Atelier des Malers Thomas Couture (1815–1879) sein künstlerisches Rüstzeug zu vervollkommnen suchte.

92 Zola hatte in der Rue Saint-Victor 35 ein Mansardenzimmer gemietet; seine Mutter wohnte im ersten Stock desselben Hauses. Die Beschreibung der Einrichtung ist pure Ironie, da die materiellen Mittel Zolas damals einmal mehr äußerst beschränkt waren.

93 Hier ist wohl noch von der gemeinsam mit der Mutter im ersten Stockwerk bewohnten Unterkunft die Rede.

94 Ein Mathematiklehrer am Collège Bourbon in Aix zu Zeiten Cézannes und Zolas.

95 Gemeint ist das unvollständig überlieferte (unvollendet gebliebene?) Gedicht *Paolo*. Vgl. Zola, *Œuvres complètes*, Bd. 1, S. 69–89.

96 L'Aérienne (Die Luftgeborene) nannte Zola ein von ihm angeschwärmtes

Mädchen in Aix dem er ein Gedicht mit diesem Titel widmete. Vgl. Zola, *Œuvres complètes*, Bd. 1, S. 61–69.

97 Gemeint ist einmal mehr sein Poem *Paolo*.

98 So bekam Zola zum Beispiel aufgrund der italienischen Herkunft seines Vaters herabsetzende Verballhornungen seines Familiennamens wie Gorgonzola zu hören.

99 Gemeint ist die Kirche Sainte-Marie-Madeleine in Aix.

100 Dieser Brief an Cézanne ist eine Art von Vorwort zu dem gleichfalls übersandten Gedicht *Paolo*.

101 Da Zola im Folgenden erwähnt, seine Anstellung in den Docks aufgegeben zu haben, lässt sich dieses undatierte Schreiben dem Juli 1860 zuordnen.

102 In der griechischen Mythologie ist Amphion der Sohn des Zeus und der Antiope. Von Hermes bekam er als Dank für die Errichtung eines Altars eine Lyra geschenkt, seither wurde er im Altertum als Erfinder der Musik gefeiert. Chaillans nicht erhaltenes Gemälde war mithin der Tradition akademischer Malerei verhaftet, die bevorzugt auf mythologische Themen zurückgriff.

103 Georges Pajot (1822–1904) war Sohn eines Pariser Apothekers und Mitschüler Zolas am Lycée Saint-Louis. 1867 schlug er eine erfolgreiche Laufbahn als Polizist ein, nebenher verfasste er Gedichte und Zeitungsartikel. 1859 hatte er zusammen mit Zola das Huldigungsgedicht *A l'Impératrice Eugénie, Régente de France* verfasst, das bereits Thema in Cézannes Brief von Anfang Juli 1859 war. Vgl. Zola, *Œuvres complètes*, Bd. 1, S. 34f. Neben Zola war er auch mit Baille, Cézanne und Camille Pissarro befreundet.

104 Nicht erhalten.

105 Der 25 Kilometer von Aix entfernt gelegene Geburtsort Chaillans.

106 Es handelt sich wohl um das in Cézannes Brief vom 7. Dezember 1858 mitgeteilte Gedicht.

107 Hégésippe Moreau (eigentlich Pierre-Jacques Rouillot, 1810–1838), ein zu Lebzeiten eher erfolgloser französischer Dichter und Journalist. Wie sein Vater wurde er in jungen Jahren Opfer der Tuberkulose, nachdem er tatsächlich kurze Zeit in einem Armenspital Zuflucht gefunden hatte. Nach seinem Tod begannen sich Legenden um den Frühvollendeten zu ranken, die ihn zu einem romantischen Künstler par excellence stilisierten.

108 Nicolas Joseph Laurent Gilbert (1750–1780) stammte aus einer lothringischen Bauernfamilie. Schon früh fiel sein dichterisches Talent auf, das ihm in Paris einflussreiche Gönner aus dem Hochadel bescherte, wohingegen die berühmten Philosophen der Aufklärung ihn eher gering schätzten. Nach einem Sturz vom Pferd starb er infolge einer Trepanation. Entgegen der Legende war er zu diesem Zeitpunkt keineswegs ein verarmter Poet.

109 Pierre Alexis, Vicomte Ponson du Terrail (1829–1871) schrieb ab 1850 in schneller Folge eine ganze Reihe von Feuilletonromanen, die sich insbesondere dank der Gestalt des gesetzlosen Rächers Rocambole großer Beliebtheit erfreuten.

110 Hier geht es einmal mehr um Cézannes geplante Reise nach Paris.

111 Diese Reise fand nicht statt.

112 Bei diesen Bildern handelt es sich um die Jahreszeiten darstellende Wandgemälde, die Cézanne zwischen 1859 und 1870 im Salon des väterlichen Landsitzes Le Jas de Bouffan entweder direkt auf die Wand oder auf Leinwände malte. Zum Scherz wurden diese Gemälde mit dem Namen »Ingres« unterzeichnet.

113 Die Hauptstraße von Aix, an der Baille wohnte; seine Eltern führten ebenda das Hôtel des Thermes.

114 *Die Hölle*, Fünfter Gesang, Verse 121–123.

115 Bei Illy handelte es sich um eine Konfiserie, bei Leydet um einen Spirituosenhändler in Aix.

116 Der von Zolas Vater geplante und nach ihm benannte Barrage Zola, der das unter Trockenheit leidende Aix zuverlässig das ganze Jahr über mit Wasser versorgen sollte.

117 In Tholonet, in der Nähe des Staudamms, befand sich die von Jesuiten geleitete Domaine Saint-Joseph.

118 Wohl eine von Marguery geprägte Bezeichnung für das *Journal du Dimanche*, in dem am 17. Oktober 1861 Zolas Gedicht *Le Nuage* (Die Wolke) in der Vertonung von Marguery veröffentlicht wurde.

119 Es handelt sich um das Stück *La Perrette*, das unaufgeführt blieb.

120 Die beiden Freunde hatten in Aix das Familienbildnis der Zolas sowie persönliche Papiere vor den Gläubigern der verschuldeten Witwe aus deren dortiger Wohnung gerettet.

121 Es handelt sich um das mit dem 2. Oktober 1860 datierte Gedicht *Le Diable ermite.* Vgl. Zola, Œuvres complètes, Bd. 1, S. 89–97.

122 *Le Diable ermite.*

123 Joseph Méry (1798–1865), ein französischer Autor, dessen Novellen sich unter Louis-Philippe und Napoleon III. großer Beliebtheit erfreuten.

124 Ein 1860 vom Architekten Théophile de Tournadre errichteter Springbrunnen in der Stadtmitte von Aix. Dieses Projekt musste bei dem Sohn des Ingenieurs, der die Wasserversorgung der Stadt gesichert hatte, natürlich besonderes Interesse erregen.

125 Zola war 1858 und 1859 nach Aix gereist; deshalb ist hier von französischen Meilen (lieues) die Rede.

126 Anspielung auf Jean de La Fontaines Fabel *Der Fischer und der kleine Fisch.* Jean de La Fontaine, *Sämtliche Fabeln.* Aus dem Französischen von Ernst Dohm und Gustav Fabricius, München 1978, S. 331.

127 Bei Pagès du Tarn handelt es sich um einen heute weitgehend unbekannten Autor zweier Oden und einer Tragödie. Nähere Angaben zu seinem Leben fehlen.

128 In Jean de La Fontaines Fabel *Der Fuchs und die Trauben* werden die unerreichbaren Früchte folgendermaßen verunglimpft: »Sie sind zu grün, nur gut für Lumpenpack!« La Fontaine, *Sämtliche Fabeln*, S. 201.

129 Casimir Delavigne (1793–1843), französischer Dichter und Schauspielautor, seine 1819 entstandene Tragödie *Les Vêpres siciliennes* diente später als Vorlage zu Giuseppe Verdis gleichnamiger Grand Opera.

130 Die Familie Cézanne wohnte damals in Aix in der Rue Matheron 14.

131 Dieser nur fragmentarisch erhaltene Brief wurde in älteren Ausgaben der Korrespondenz Zolas sowie auch in deren deutschsprachiger Übersetzung stets an den Brief an Cézanne vom 5. Mai 1860 angehängt, obwohl inhaltliche Gründe für eine spätere Datierung sprechen, weshalb der Brief in der von Bard H. Bakker herausgegebenen *Correspondance* nun an dieser Stelle eingeordnet wurde.

132 Das Wortspiel nutzt den im Französischen gegebenen Gleichklang von »vers« (Verse) und »verres« (Gläser) lässt sich nicht ins Deutsche übertragen.

133 Adolphe Thiers (1797–1877), der spätere französische Staatspräsident, hatte als Jurastudent in Aix in dem Haus an der Traverse Sylvacane 6 gewohnt, in das später die Familie Zola zog.

134 Zolas erste Pariser Wohnung befand sich in der Rue Monsieur-le-Prince 63, wo der Sohn des Naturwissenschaftlers und Sozialisten François-Vincent Raspail (1794–1878) lebte; es war wohl eher Letzterer, den Zola hier meint.

135 In der Rue Neuve-Saint-Etienne-du-Mont 24 bewohnte Zola ein zugiges Dachzimmer. Ob der Autor des Romans *Paul et Verginie*, Jacques-Henri Bernardin de Saint-Pierre (1737–1814), wirklich dort gelebt und gearbeitet hat, ist fraglich.

136 Wanderer.

137 Dabei handelt es sich um Zolas Romanerstling *La Confession de Claude*, mit dessen Niederschrift er 1862 beginnen sollte.

138 Der angehende Autor hatte gerade eine erste Affäre mit einem Mädchen namens Berthe hinter sich, das ihn nach kurzem Zusammensein für einen wohlhabenderen Liebhaber verlassen hatte. Vgl. Henri Mitterand, *Zola*, 3. Bde, o. O. [Paris] 1999–2002, Bd. 1, S. 294ff.

139 Die am 30. Juni 1854 geborene Rose; seine ältere Schwester Marie war am 4. Juli 1841 auf die Welt gekommen.

140 Damit ist natürlich Cézanne gemeint.

141 Der 21. April 1861 fiel auf einen Sonntag. Wie aus dem Inhalt des Briefes hervorgeht, hat Zola wie üblich mehrere Tage für die Niederschrift gebraucht; am 22. April hat er den Brief dann abgeschickt.

142 Gemeint ist die Ausstellung zeitgenössischer Kunst, der sogenannte Salon. Am 4. Juni 1861 versammelte Cézanne in einem Brief an den aus Aix stammenden Architekten und Publizisten Joseph Huot (1839 oder 1840–1898) in einem kurzen Gedicht mit ironischer Stoßrichtung eine ganze Reihe von Namen der dort ausgestellten Maler: Yvon, Pils, Gérôme, Hamon, Glaize, Cabanel, Müller, Courbet, Gubin. »Es gibt dort«, schreibt er im Anschluss, »auch wundervolle Bilder von Messonnier. Ich habe beinahe alles gesehen und beabsichtige, noch dorthin zurückzukehren. [...] Der große G. Doré hat im Salon ein wundervolles Bild.« Cézanne, *Briefe*, S. 88f.

143 Eine in der Île-de-France gelegene Kleinstadt, die Mitte des 19. Jahrhunderts gerne von Maler zum Malen aufgesucht wurde.

144 Dieser Satz wird Zola von Ambroise Vollard beinahe wortwörtlich in den Mund gelegt, als er von seinem Gespräch mit dem Schriftsteller berichtet, das anno 1900 oder 1901 stattgefunden haben soll: »Paul hat das Genie eines großen Malers! [...] Aber wenn er das Genie eines Malers hatte, so hatte nicht den Willen, einer zu werden.« Ambroise Vollard, *Paul Cézanne*, Paris und Zürich 1919, S. 167. Wahrscheinlich hat Vollard hier mehr auf den Briefwechsel als auf eine tatsächliche mündliche Mitteilung Zolas zurückgegriffen. Wenn nicht anders angegeben, handelt es sich um neue, für dieses Buch angefertigte Übersetzungen, D. H.

145 Am 1. März 1862 trat Zola eine Anstellung als Kommis in der Auslieferung im Verlagshaus Hachette an, wo er sich bald in die Werbeabteilung hocharbeitete, ein Job, den er bis Ende Januar 1866 innehatte. Er hatte diese Anstellung alten Verbindungen seines verstorbenen Vaters zu verdanken.

146 Ein junger Maler aus Aix, von dem beispielsweise in einem Brief Cézannes an Numa Coste vom 5. Januar 1863 die Rede ist. Vgl. Cézanne, *Briefe*, S. 100.

147 Es handelte sich um die Zeitschrift *Le Travail.*

148 Baille war im Sommer 1862 in Paris in die Ecole polytechnique eingetreten.

149 Cézanne sollte sich vom November 1862 bis zum Sommer 1864 in Paris aufhalten.

150 Es ist nicht bekannt, von welchem Gedicht Zola hier eigentlich spricht.

151 Baille und Cézanne hielten sich im Sommer 1862 wieder gemeinsam in Aix auf.

152 In der Werbeabteilung von Hachette.

153 Von diesem Werk hat sich keine Spur erhalten.

154 *Le Sang* (Das Blut), *Le Carnet de danse* (Die Tanzkarte) sowie *Les Voleurs et l'âne* (Die Diebe und der Esel), alle drei Novellen erschienen 1864 in Zolas erstem Buch *Contes à Ninon.*

155 Gemeint ist ein Wettbewerb an der Ecole des Beaux-Arts, womöglich der berühmte Prix de Rome, der es dem Prämierten ermöglichte, vier Jahre lang als Stipendiat in der Villa Medici in Rom zu leben.

156 Genauer gesagt in das Hospiz von Charenton, eine 1645 in Saint-Maurice unweit von Paris gegründete Anstalt, die auch zur Unterbringung von Wahnsinnigen diente.

157 Ein erster Band mit kunstkritischen Texten Zolas erschien 1866 unter dem Titel *Mes Haines* (Meine Hasstiraden); somit fällt an dieser Stelle des Vorworts das Schlüsselwort für die ganze Essaysammlung.

158 Paul Jacques Aimé Baudry (1828–1886) war ein akademisch ausgebildeter Maler, der 1850 den Prix de Rome gewonnen hatte. Im Jahr 1866 begann er mit der Ausmalung der Deckengewölbe des von Charles Garnier entworfenen Opernhauses in Paris.

159 Eine Zeitschrift, in der Zola zwischen 1863 und 1866 Literatur- und Kunstkritiken, aber auch erste belletristische Werke veröffentlichte.

160 Der aus bescheidenen Verhältnissen in Aix stammende Numa Coste (1843–1907) hatte Cézanne in Abendkursen an der dortigen Ecole des Beaux-Arts kennengelernt, 1862 kam er nach Paris, wo er über Cézanne auch Zola kennenlernte. Von 1864 bis 1870 war er im Kriegsministerium tätig; nachdem er 1875 eine reiche Erbschaft gemacht hatte, zog er sich ins Privatleben zurück und widmete seine Aufmerksamkeit fortan der Archäologie und der Kunst, Themen, über die er regelmäßig schrieb.

161 In einem Brief vom 11. Juni hatte sich Coste darüber beschwert, nichts von seinen Freunden zu hören.

162 Der Bildhauer Philippe Solari (1840–1906) hatte wie Zola einen italienischen Familienhintergrund, kam aber in Aix auf die Welt. Er schuf 1866 eine erste, überlebensgroße Porträtbüste von Zola, die ihm zum Durchbruch als Künstler verhalf. Später schuf er noch zwei weitere Zola-Büsten.

163 »Père« Dumont und seiner Frau gehörte in Bennecourt ein Gemischtwarenladen mit angeschlossenem Gasthaus. Vgl. Philippe Cézanne, »Cézanne à Bennecourt, 1866«, Société Paul Cézanne (26. November 2013), http://www.societe-cezanne.fr/cezanne-a-bennencourt-1866/ (abgerufen am 6.11.2014).

164 Kleiner Weiler am rechten Seineufer unweit von Bennecourt. Der Maler Charles-François Daubigny hielt den Flecken 1857 in einem Gemälde fest. Dessen Schüler Antoine Guillemet (1841–1918) war es wohl, der Cézanne, seinen Mitschüler in der Akademie Suisse, auf diesen Ort hinwies. Über Cézanne lernten sich auch Guillemet und Zola kennen. Letzterer besprach sich ausführlich mit dem später höchst erfolgreichen Maler, als er seinen Roman *L'Œuvre* in Angriff nahm.

165 Delphin Levasseur, der damals 14-jährige Sohn des Dorfschmieds, stand Cézanne täglich für zwei Stunden Modell, musste aber ansonsten seinem Vater bei der Arbeit behilflich sein.

166 Leinwand zu 40 = 100 x 81 cm; Leinwand zu 25 = 81 x 65 cm.

167 Die Rede ist von Flusskrebsen, die nachts, wenn sie im Fluss ihre Unterschlüpfe verlassen, mit Licht geblendet und dann mit den Händen gepackt werden.

168 Zolas Lebenspartnerin Alexandrine Meley (1839–1925), die 1870 seine Gattin werden sollte, ein ehemaliges Künstlermodell, das er 1863/64 womöglich über Cézanne kennengelernt hatte. Sie nannte sich Gabrielle nach ihrer unehelichen Tochter selben Namens, die sie nach der Geburt fortgegeben hatte, woraufhin diese bald verstarb.

169 Cézanne schreibt »trychinante« und nicht etwa grammatikalisch korrekt »trichneux« (trichinös), mithin spielt er an dieser Stelle einmal mehr mit der französischen Sprache.

170 Der Kunstschriftsteller Antony Valabrègue (1844–1900) stammte ebenfalls aus Aix, siedelte jedoch 1866 endgültig nach Paris über. Er schrieb für verschiedene Zeitschriften; 1894 wurde er vom Ministerium für Kultur beauftragt, den Bestand an französischer Kunst in Deutschland zu protokollieren.

171 Jean-Baptistin Baille, *L'Electricité*, Paris 1868.

172 Wo es nicht angenommen wurde.

173 Auch Antoine-Fortuné Marion (1846–1900) hatte in Aix das Licht der Welt erblickt. Der Schulkamerad Cézannes und Zolas wurde Professor der Naturwissenschaften und 1880 Direktor des Naturkundemuseums von Marseille.

174 Am 2. Oktober 1866 beklagt sich Valabrègue in einem Brief an Zola über die mit dem Modellstehen für Cézanne verbundenen Strapazen: »Paul hat Ihnen kürzlich geschrieben. Er hat soeben zwei exzellente Gemälde fertiggestellt – eine Szene, in der man Musik spielt, und seine Schwester, die ihre Puppe ansieht. Im Augenblick stehe ich ihm zusammen mit Marion Modell. Wir haben beide unsere Arme untergehakt und sehen scheußlich aus. Paul ist ein grauenhafter Maler was die Stabilität, die er den Menschen in seinen Farbstudien gibt, angeht. Jedes Mal wenn er einen seiner Freunde malt, wirkt es so, als ob er sich für irgendeine insgeheime Beleidigung rächt.« John Rewald, *Cézanne, sa vie, son oeuvre, son amitié pour Zola*, Paris 1939, S. 167f.

175 Es handelt sich um das 1765 gegründete und in der Priorei des Malteserordens von Aix-en-Provence untergebrachte Kunstmuseum, das seit 1949 Musée Granet heißt.

176 Hippolyte de Villemessant (1810–1879), Direktor der Zeitschrift *L'Événement*, hatte nach heftigen Leserprotesten eine Artikelserie Zolas über den Salon von 1866 zu einem vorzeitigen Ende kommen lassen.

177 Gemeint ist die Zeitung *Le Figaro*, für die Zola ab 1867 tätig wurde.

178 Der aus den Niederlanden stammende Jurist Arnold Mortje (1843–1885) machte sich in Frankreich als Arnold Mortier einen Namen als Journalist, Dramatiker und Romancier. Für Jacques Offenbach verfasste er 1877 das Libretto zu dessen Operette *Le Docteur Ox*.

179 1863 hatte Kaiser Napoleon III. zugelassen, dass die nicht in den offiziellen Salon aufgenommenen Bilder gesondert gezeigt werden durften. Dieser »Salon der Zurückgewiesenen« traf beim scharenweise hereinströmenden Publikum auf großes Unverständnis, was sich nicht zuletzt in Beschimpfungen und Gelächter äußerte.

180 Dass dies keineswegs der »einzige Fall einer dezidierten Stellungnahme Zolas für die Kunst seines Freundes« war, wie Adriani 2006 behauptete, widerlegen die im Folgenden noch auszugsweise angeführten Zeitungsartikel des Schriftstellers, in denen er auch über Cézanne spricht. Götz Adriani, *Paul Cézanne. Leben und Werk*, München 2006, S. 15.

181 Alfred-Emilien de Nieuwerkerke (1811–1892), seit 1849 Generaldirektor der staatlichen Museen, später Minister für die Schönen Künste und Präsident der Jury, der die Auswahl für die Pariser Salons oblag.

182 Der Belgier Frantz Jourdain (1847–1935) tat sich nicht allein als Schriftsteller und Kunstkritiker hervor, sondern auch als Art-Nouveau-Architekt.

183 Vollard, *Paul Cézanne*, S. 37–40.

184 Ein an der Bucht von Marseille gelegenes Fischerdorf unweit von Aix-en-Provence, in dem Cézanne mit seiner Geliebten, der Buchbindergehilfin Marie-Hortense Fiquet (1850–1922) lebte. Er hatte sie 1869 als Modell im Atelier Suisse kennengelernt, 1872 sollte der gemeinsame Sohn Paul auf die Welt kommen. Erst im April 1886 sollte der Maler diese Beziehung durch eine Ehe legitimieren. Während des Deutsch-Französischen-Krieges lebte auch Zola mit

Alexandrine und seiner Mutter zeitweise dort, um den gefährlichen Verhältnissen in Paris zu entgehen.

185 Eine etwa 30 Kilometer nordwestlich von Paris an der Seine gelegene Ortschaft.

186 Seit 1860 das 60., im 17. Arrondissement gelegene Quartier der Stadt Paris.

187 Emile Zola, *Der Bauch von Paris*. Aus dem Französischen von Felix Loesch und Hans Balzer, Berlin 1981, S. 18.

188 Ebd., S. 75.

189 Ebd., S. 162.

190 Dieser Romanfigur verlieh ein anderer Freund Zolas gewisse Züge. In den Entwürfen für den Roman kann man lesen: »Ihn zum Typen des glühenden Republikaner machen, zum demokratischen Idealisten, eine großartige Figur für die Gestaltung. Er hat mehr Bildung als sein Bruder erhalten; er ist der Ältere, er behandelt seinen kleinen Bruder ein wenig als Kindskopf. Baille und sein Bruder, der eine Gelehrter, der andere Koch.« Émile Zola, *Œuvres. Manuscrits et dossiers préparatoires. Les Rougon-Macquart. Le Ventre de Paris*, 1872, Folio 56, http.//gallica.bnf.fr/ark:/12148/btv1b8562477h/f121 (abgerufen am 6. 11. 2013).

191 Zola, *Der Bauch von Paris*, S. 183.

192 Zola, *Œuvres. Manuscrits et dossiers préparatoires*, Folio 112, http.//gallica.bnf.fr/ark:/12148/btv1b8562477h/f233 (abgerufen am 6. 11. 2013).

193 Zola, *Oeuvres complètes*, Bd. 6, Paris 2003, S. 572.

194 Ebd., S. 629f.

195 Dabei handelt es sich um eine 1876 gegründete Vereinigung südfranzösischer Maler und Schriftsteller, die einmal im Jahr einen Festschmaus veranstalteten.

196 Der in Aix geborene Paul Alexis (1847–1901) betätigte sich als Autor und wurde 1882 der erste Biograf Zolas. Am 8. September 1879 wurde seine einaktige Prosakomödie *Celle qu'on n'épouse pas* (Die, die man nicht heiratet) am Théatre du Gymnase in Paris uraufgeführt.

197 Der Farbenhändler und Galerist Jules François Tanguy (1825–1894), genannt »Père« Tanguy, ein großer Unterstützer der impressionistischen Maler.

198 Den Kunstsammler Victor Choquet (1821–1899) hatte Cézanne über Auguste Renoir kennengelernt, bald verband die beiden Männer eine Freundschaft, in deren Verlauf der Maler mehrere Porträts seines ersten Mäzens anfertigte.

199 Gemeint sind seine Lebenspartnerin Marie-Hortense Fiquet und der gemeinsame Sohn Paul.

200 Die Ausstellung fand nicht statt. Bei dem Bild handelt es sich wohl um *La Pendule noire* (Die schwarze Uhr) von 1867. Bei der dargestellten Uhr handelt es sich um ein Stück aus Zolas Besitz, das heute noch im Maison Zola / Musée Dreyfus in Médan zu sehen ist.

201 »Si quid inexpertum scenae committis, et audes / Personam formare novam, servetur ad imim, / Qualis ab incepto proceserit, et sibi constet.« Horaz, *Epistola III*, Verse 125–127. »Wählst du zum Stück einen Stoff, an dem sich noch keiner versucht hat, / Schaffst einen neuen Charakter, so lass ihn das Wesen bewahren, / Das er am Anfang zeigte; sich selber muss jeder getreu sein.« Horaz, *Episteln*. Zweites Buch. Lateinisch und Deutsch mit Erläuterungen von Ludwig Döderlein, Leipzig 1858, S. 37.

202 Gemeint ist die Ecole normale superièure in Paris, eine Eliteuniversität, die seit ihrer Gründung 1794 höchsten Ansprüchen genügt.

203 Der seinerzeit recht erfolgreiche Autor Jean Richepin (1849–1926) hatte bis 1870 Literaturwissenschaften an der Ecole normale superièure studiert.

204 Einmal mehr hatte die Jury des Pariser Salons ein Bild Cézannes nicht angenommen.

205 Hier spricht der Maler, der seinen Bildern Lichter in Form von Weißhöhungen aufsetzt.

206 Eigentümer des von Cézanne in L'Estaque bewohnten Hauses an der Place d'Eglise.

207 Im Jahr 1878 war die Rede davon, dass Zola zum Ritter der Ehrenlegion ernannt werden sollte, was jedoch schließlich erst 1888 der Fall war.

208 Die Weltausstellung von 1878 auf dem Champ de Mars.

209 Der Dramatiker Louis François Clairville (1811–1879) hatte sich als Verfasser von Lustspielen und Operettenlibretti einen Namen gemacht.

210 Die Erlöse aus seinen Romanen hatten es Zola nach dem Erfolg von *L'Assommoir* ermöglicht, sich ein Landhaus in der damals knapp 200 Seelen umfassenden Gemeinde Médan zuzulegen, das seinen Freunden stets offen stand. Heute beherbergt das ungefähr 25 Kilometer von Paris unweit der Seine gelegene Haus ein Zola und Alfred Dreyfus gewidmetes Museum.

211 Émile Zola, *Théâtre*, Paris 1878.

212 Zitat aus Jean de La Fontaines Fabel *Die Eiche und das Schilfrohr*. La Fontaine, *Sämtliche Fabeln*, S. 83.

213 Von Auguste Lantier, dem Vater Claudes, heißt es in Zolas Roman *L'Assommoir*, »sein Lieblingsgericht war eine gewisse Suppe, in Wasser gekochte sehr dicke Fadennudeln, in die er eine halbe Flasche Öl hineingoß. Er allein aß welche und Gervaise, denn die anderen, die Pariser, hatten, als sie eines Tages davon zu kosten gewagt hatten, beinahe Lunge und Leber ausgebrochen.« Emile Zola, *Der Totschläger*. Aus dem Französischen von Gerhard Krüger, Berlin 1982, S. 187.

214 So lautet im Okzitanischen die Bezeichnung für den Raubwürger, eine Sperlingsart. Ebenso wie im Deutschen der Begriff »Gimpel« sowohl einen Vogel als auch einen Dummkopf bezeichnet, kann »Darnagas« sinnbildlich einen ungehobelten Menschen meinen. Wer oder was hier gemeint ist, bleibt jedoch im Dunkeln.

215 Gemeint ist hier die Theaterversion des gleichnamigen Romans von 1876.

216 Antoine Guillemet setzte sich seinerzeit in seiner Eigenschaft als Jurymitglied für die Aufnahme eines der Bilder Cézannes in den Pariser Salon ein, was ihm letztlich jedoch nicht gelang.

217 Ernest Cabaner (eigentlich Jean de Cabanes, 1833–1881), französischer Musiker und Dichter.

218 Die Bahnlinie führte unmittelbar an Zolas Landsitz in Médan vorbei.

219 Der Journalist und Schriftsteller Jules Vallès (1832–1885) hatte 1879 *L'Enfant* (Das Kind), den ersten Band einer autobiografisch gefärbten Trilogie herausgegeben, deren Protagonist von ihm Jacques Vingtgras getauft worden war; unter diesem Namen war 1878 eine Erstfassung in der Zeitschrift *Le Siècle* erschienen.

220 Die Frauenrechtlerin Maria Desraismes (1828–1894) hatte 1880 einen Vortrag über Zola und die Wissenschaften gehalten, den sie acht Jahre später in ihr Buch Épidémie naturaliste aufnahm; der Titel macht die polemische Stoßrichtung desselben hinreichend deutlich.

221 Am 1. April öffnete die fünfte Gruppenausstellung der Impressionisten in Paris ihre Pforten, an der jedoch weder Cézanne noch Renoir oder Monet teilnahmen, um nicht erneut durch das zu erwartende allgemeine Gespött um die

Chance einer Aufnahme in den offiziellen Salon im Mai gebracht zu werden, eine Hoffnung, die sich für Cézanne ein weiteres Mal als illusorisch herausstellen sollte.

222 Emile Zola, *Schriften zur Kunst. Die Salons von 1866 bis 1896*. Aus dem Französischen von Uli Aumüller, Frankfurt am Main 1988, S. 247.

223 Zola hatte 1880 gemeinsam mit Paul Alexis, Henry Céard, Léon Hennique, Joris-Karl Huysmans und Guy de Maupassant den Novellenband *Les Soirées de Médan* (*Abende in Médan*) herausgegeben.

224 Am 26. Oktober 1880 hatte Zola Solari einen Brief aus Médan geschickt, in dem er ihn bat: »Tue mir den Gefallen, und gib den hier beigefügten Brief beim Pförtner von Cézanne ab, oder drücke ihn ihm selber in die Hand, was noch besser wäre. Ich habe seine Adresse völlig vergessen.«

225 Emilie Zola war auf dem Friedhof von Aix neben ihrem Gatten François beigesetzt worden.

226 Der mittellose Komponist Cabaner war zur Behandlung seiner Tuberkulose in ein Sanatorium eingeliefert worden. Um die Kosten dieses Krankenhausaufenthaltes zu decken, veranstalteten seine Freunde am 15. Mai 1881 eine Auktion im Hôtel Drouot in Paris. Am 3. August desselben Jahres erlag Cabaner seiner Krankheit.

227 1880 hatte Zola dem Katalog einer Verkaufsausstellung zugunsten der Witwe des Schriftstellers und Kunstkritikers Edmond Duranty (1833–1880) ein Vorwort beigesteuert.

228 Es handelt sich wohl um die 1881 erschienenen Romane *En ménage* (*Trugbilder*) des Schriftstellers Joris-Karl Huysmans (1848–1907) und *Une belle journée* (*Ein schöner Tag*) von Henry Céard (1851–1924) sowie um Zolas Eassyband *Les Romanciers Naturalistes: Balzac, Stendhal, Gustave Flaubert*.

229 Rose hatte am 26. Februar dieses Jahres Maxime Conil aus Aix geheiratet.

230 Edouard Rod (1857–1910), ein schweizerischer, dem Naturalismus verpflichteter Schriftsteller.

231 Der deutschfranzösische Autor Albert Wolff (1835–1891) war seit 1868 der führende Kunstkrit*iker der Zeitung Le Figaro*, für die auch Zola schrieb. Wolffs konservative Einstellung ließ ihn dem Naturalismus eher kritisch gegenüberstehen.

232 Gemeint ist wohl der italienisch-chilenische Autor Ettorre Lacquaniti.

233 Kleine Hafenstadt am Ärmelkanal, wo sich Zola und seine Frau zum Badeurlaub aufgehalten hatten.

234 Dank der Unterstützung Antoine Guillemets war es Cézanne vergönnt, im Salon von 1882 ein Bild auszustellen. Mitglieder der Akademie hatten damals noch das Recht, ein von einem ihrer Schüler eingereichtes Bild ohne weitere Prüfung durch die Jury in der Ausstellung unterzubringen, wovon Guillemet Gebrauch machte. Im Katalog firmierte Cézanne daher als »Schüler von Guillemet«.

235 Anspielung auf die im August 1881 erfolgte Selbsttötung des Schulfreundes Louis Marguery.

236 Cézanne verstand sich mit seiner Lebensgefährtin Hortense Fiquet weniger denn je, weshalb er ein Testament zugunsten seines Sohnes und seiner Mutter aufsetzte – es sollte nicht sein letztes sein.

237 Der an der Syphilis erkrankte Edouard Manet war nach der Amputation des linken Beines am 30. April in Paris gestorben.

238 Gemeint ist *La Joie de vivre* (*Die Freude am Leben*).

239 Marcellin Desboutin (1823–1902), französischer Maler, Radierer und Schriftsteller, Freund Edouard Manets.

240 Es reißt jeden seine Leidenschaft hin. Vergil, *Eklogen*.

241 Cézanne hatte damals eine Affäre mit einer nicht näher bekannt gewordenen Frau, bei der es sich einer nicht verifizierbaren Überlieferung zufolge um eine Hausangestellte im Jas de Bouffan namens Fanny handelte; der alte Kumpel Zola durfte den diskreten Liebesboten für die beiden spielen. Vgl. Henri Perruchot, *Cézanne. Eine Biographie*, Esslingen o. J. [1957], S. 329.

242 Aspasie Charpentier, die Mutter von Zolas Verleger Georges Charpentier (1846–1905).

243 In der Nähe von Médan gelegener Ort.

244 Zola hatte sein Boot nach seinem berühmt-berüchtigten Roman benannt.

245 Hierbei handelt es sich womöglich um das Duplikat des Testaments von Cézanne, das sich in Zolas Händen befand.

246 Eine 14 Kilometer von Aix-en-Provence entfernt gelegene Kleinstadt, deren damaliges, ländliches Aussehen Cézanne in diversen Gemälden festhielt.

247 Rewald las statt »recommence« lediglich »commence«. Vgl. Cézanne, *Cinquante-trois lettres*, S. 31.

248 Diese Ansicht hatte Zola bereits 1867 in seiner Verteidigung Edouard Manets vertreten, wo es angesichts des Bildes *Olympia* heißt: »Ich behaupte, daß dieses Gemälde wahrlich das Fleisch und Blut des Malers ist und daß er nie wieder etwas Vergleichbares erschaffen wird.« Zola, *Schriften zur Kunst*, S. 67.

249 Henri Gervex (1852–1929), ein französischer Maler der akademisch-realistischen Schule.

250 Colette Becker (Hrsg.), *La Fabrique des Rougon-Macquart. Éditions des dossiers préparatoires*, Bd. 6, Paris 2013, S. 316–318. Hervorhebungen von Zola.

251 Zola, *Das Werk*, S. 350. Die Übersetzung wurde geringfügig überarbeitet.

252 Auch hier korrigierte Lebenzstejn einen Lesefehler Rewalds, der an dieser Stelle »impulsion« statt »impression« entziffert und als »Impuls« übersetzt hatte. Vgl. Cézanne, *Cinquante-trois lettres*, S. 32.

253 Das Substantiv »temps« ersetzte das gestrichene »jours« (Tage). Vgl. Ebd., S. 32.

254 Zola, *Das Werk*, S. 511f.

255 Zola, *Schriften zur Kunst*, S. 277.

256 Ebd., S. 278f.

257 Ebd., S. 283.

258 Ebd., S. 278.

259 Dies ist die letzte schriftliche Äußerung Zolas über seinen Jugendfreund, die auf einem Brief von Coste reagiert, der ihm den Tod von Cézannes Mutter mitteilte. Bereits 30 Jahre zuvor hatte ein anderer gemeinsamer Freund, Antony Valabrègue, in einem Brief an Zola geschrieben, Cézanne sei ein Kind, dass vom Leben nichts verstünde, aber das Glück habe, Zola zum Beschützer und Lenker zu haben. Vgl. Rewald, *Cézanne, sa vie, son oeuvre, son amitié pour Zola*, S. 137.

260 Vgl. das Vorwort Lebenzstejns in: Cézanne, *Cinquante-trois lettres*, S. 7f.

261 Walter Benjamin, *Gesammelte Briefe*. Hrsg. von Christoph Gödde und Henri Lonitz, Bd. 6, Frankfurt am Main 2000, S. 419. Dort nur der auf Französisch verfasste Brief: »C'est un travailleur acharné, un jeune homme très câlé sur certains sujets, un garçon qui possède son monde – au demeurant un esprit sans envergure.« In ganz ähnlicher Weise hatte kurze Zeit zuvor Rewald selbst den Kunstkritiker Zola vorgeworfen, lediglich die technische Machart eines Kunstwerks beurteilen zu können, nicht jedoch über das nötige Einfühlungsvermögen für dessen Schönheit und innere Logik zu verfügen. Vgl. Rewald, *Cézanne, sa vie, son œuvre, son amitié pour Zola*, S. 353.

262 Vgl. www.societe-cezanne.fr/tag/lettre-de-cezanne-a-zola/ (abgerufen am 6.11.2013).

263 Diese Version wird von Zola-Forschern favorisiert. Vgl. Henri Mitterand, *Zola tel qu'en lui-même*, Paris 2009, S. 198ff.; Alain Pagès, »Les sanglots de Cézanne«, in: *Impressionnisme et littérature*. Hrsg. von Gérard Gengembre und Florence Naugrette, Rouen und Le Havre 2012, S. 63–72. Dagegen vertritt die Cézanne-Forschung bis in die Gegenwart die Ansicht eines durch den Roman *L'Œuvre* hervorgerufenen Bruchs. Vgl. Adriani, *Paul Cézanne*, S. 31ff.; Marcelin Pleynet, *Cézanne*, Paris 2010, S. 50ff.

264 Die Erzählung ist enthalten in: Émile Zola, *Capitaine Burle*, Paris 1883, S. 289–330.

265 Mitterand schreibt, es gäbe nicht den Hauch eines Beweises für diese Legende. Vgl. Mitterand, *Zola*, Bd. 1, S. 377.

266 Provenzalisch für »der Bauch«.

267 Bard H. Bakker (Hrsg.), *»Naturalisme pas mort«. Lettres inédites de Paul Alexis à Emile Zola*, Toronto und Buffalo 1971, S. 43.

268 Zola, *Das Werk*, S. 368.

269 Zola, *Œuvres complètes*, Bd. 13, Paris 2005, S. 187. Armin Schwarz übersetzt diese Stelle mit »Alle Schiffbrüchigen«. Emile Zola, *Das Kunstwerk*, Berlin und Wien 1924, S. 362. Hans Balzer übersetzt sie als »Alle verkannten Genies«. Emile Zola, *Das Werk*, Berlin 1983, S. 241.

270 Vgl. Rewald, *Cézanne, sa vie, son œuvre, son amitié pour Zola*, S. 318.

271 ebd., S. 318. Bereits Paul Alexis hatte 1882 in seiner Zola-Biografie über den projektionierten Roman berichtet und spaßhaft gewarnt: »Wenn ich mich selbst darin wiederentdecke, vor allem, wenn ich es nicht schmeichelhaft finde, werde ich nicht verfehlen, ihn zu verklagen.« Paul Alexis, *Émile Zola. Notes d'un ami*, Paris 1882, S. 122.

272 Michael Doran (Hrsg.), *Gespräche mit Cézanne*. Deutsch von Jürg Bischoff, Zürich 1982, S. 77.

273 Ebd., S. 77f. Schon Zolas Tochter Denise Le Blond-Zola hat darauf hingewiesen, dass Bernard ihrem Vater feindlich gesonnen war, somit tendenziös sei. Vgl. Pagès, »Les sanglots de Cézanne«, S. 67, Anm 20.

274 Vollard, *Paul Cézanne*, S. 176f.

275 Joachim Gasquet, *Cézanne*. Zweite Auflage, Paris 1926, S. 79.

276 Doran (Hrsg.), *Gespräche mit Cézanne*, S. 144f. In der Übersetzung von Schlaf lautet diese Stelle: »Ah, das Leben, das Leben! Es empfinden, wiedergeben in seiner Wirklichkeit! Es seiner selbst willen lieben; in ihm die einzig wahre Schönheit sehen, die ewig wechselnde! Von dem stumpfsinnigen Wahn ablassen, man veredle es, indem man es kastriert! Verstehen, daß die sogenannte Häßlichkeit nichts ist als Merkmal von Charakter! Und daß leben machen, Menschen gestalten die einzige Weise ist, uns göttlich zu steigern!« Zola, *Das Werk*, S. 109.

277 Wie es Rewald tat. Vgl. Rewald, *Cézanne, sa vie, son œuvre, son amitié pour Zola*, S. 328. Schon wenige Zeilen weiter (S. 329) wundert er sich, dass die von ihm postulierte Trennung, weder bei dem einen noch bei dem anderen zu jenem Groll und zu jener Feindseligkeit geführt habe, die so oft einer in die Brüche gegangenen Freundschaft folge. Nun, das liegt vielleicht daran, dass die Freundschaft gar nicht zerbrochen war.

278 Der Brief wurde am 26. November 2013 bei Sotheby's in Paris für 27.500 € versteigert. Über seine Provenienz ist nichts bekannt, ebenso wenig darüber, warum er sich nicht bei den übrigen, von Zola sorgsam aufbewahrten Briefen Cézannes befand.

279 Vgl. Rewald, *Cézanne, sa vie, son œuvre, son amitié pour Zola*, S. 342.

280 Vgl. ebd., S. 332.

281 Bakker (Hrsg.), »Naturalisme pas mort«, S. 400.

282 Cézanne, *Briefe*, S. 219.

Auswahlbibliografie

Quellen

Bard H. Bakker (Hrsg.), »Naturalisme pas mort«. Lettres inédites de Paul Alexis à Emile Zola, Toronto und Buffalo 1971 (= University of Toronto Romance Series, 18)

Colette Becker (Hrsg.), La Fabrique des Rougon-Macquart. Éditions des dossiers préparatoires, Bd. 6, Paris 2013

Paul Cézanne, Briefe. Aus dem Französischen von Jakob Vontobel [i. e. John Rewald], Erlenbach-Zürich und Leipzig, o. J. [1939]

– Correspondance. Zusammengestellt, mit Anmerkungen und einem Vorwort versehen von John Rewald. Durchgesehene und verbesserte Neuauflage, Paris 1978

– Briefe. Aus dem Französischen übersetzt und hrsg. von John Rewald. Neue ergänzte und verbesserte Ausgabe, Zürich 1979

– Ein Traum von Kunst. Der Maler in seinen Briefen. In Auswahl neu übertragen und hrsg. von Fritz Erpel, Berlin 1984

– Cinquante-trois lettres. Transkribiert und mit Anmerkungen versehen von Jean-Claude Lebensztejn, Paris 2011

Michael Doran (Hrsg.), Gespräche mit Cézanne. Deutsch von Jürg Bischoff, Zürich 1982

www.societe-cezanne.fr/tag/lettre-de-cezanne-a-zola/ (abgerufen am 6.11.2013)

Émile Zola, Œuvres. Manuscrits et dossiers préparatoires. Les Rougon-Macquart. Le Ventre de Paris, 1872, Folio 56, http.//gallica. bnf.fr/ark:/12148/btv1b8562477h (abgerufen am 6. 11. 2013)

– Correspondance. Lettres de jeunesse, Paris 1907

– Briefe an Freunde. Aus dem Französischen von Auguste Foerster, Leipzig 1918

– Das Werk. Aus dem Französischen von Johannes Schlaf, München o. J. [1924]

– Das Kunstwerk. Aus dem Französischen von Armin Schwarz, Berlin und Wien 1924
– Correspondance. Hrsg. von Bard H. Bakker, 10 Bde., Montreal 1978–1995
– Der Bauch von Paris. Aus dem Französischen von Felix Loesch und Hans Balzer, Berlin 1981
– Der Totschläger. Aus dem Französischen von Gerhard Krüger, Berlin 1982
– Das Werk. Aus dem Französischen von Hans Balzer, Berlin 1983
– Schriften zur Kunst. Die Salons von 1866 bis 1896. Aus dem Französischen von Uli Aumüller, Frankfurt am Main 1988
– Œuvres complètes. Hrsg. von Henri Mitterand, 21 Bde, Paris 2002–2010
– Correspondance 1858–1902. Lettres retrouvées. Zusammengestellt und mit Anmerkungen versehen von Owen Morgan und Dorothy E. Speirs, Montreal 2010

Sekundärliteratur

Götz Adriani, Paul Cézanne. Leben und Werk, München 2006
Paul Alexis, Émile Zola. Notes d'un ami, Paris 1882
Wayne Andersen, The Youth of Cézanne and Zola. Notoriety at its Source, Art and Literature in Paris, o. O. [Genf und Boston] 2003
Philippe Cézanne, »Cézanne à Bennecourt, 1866«, Société Paul Cézanne (26. November 2013), http://www.societe-cezanne.fr/cezanne-a-bennencourt-1866/ (abgerufen am 6.11.2014)
Joachim Gasquet, Cézanne. Zweite Auflage, Paris 1926
F. W. J. Hemmings, Emile Zola. Chronist und Ankläger seiner Zeit. Aus dem Englischen von Dieter Flamm, München 1979
Sven Kellner, Emile Zola et Paul Cézanne. Deux artistes – deux temperaments, Paris 2002
Henri Mitterand, Zola, 3 Bde., o. O. [Paris] 1999–2002
– Zola tel qu'en lui-même, Paris 2009

Sophie Monneret, Cézanne et Zola. La fraternité du génie, Paris 1978
Alain Pagès, »Les sanglots de Cézanne«, in: Impressionnisme et littérature. Hrsg. von Gérard Gengembre und Florence Naugrette, Rouen und Le Havre 2012, S. 63–72
Henri Perruchot, Cézanne. Eine Biographie, Esslingen o. J. [1957]
Marcelin Pleynet, Cézanne, Paris 2010
Theodore Reff, »Cézanne's Dream of Hannibal«, Art Bulletin, 45 (Juni 1963), S. 148–152
John Rewald, Cézanne, sa vie, son oeuvre, son amité pour Zola, Paris 1939
Sue Roe, Das private Leben der Impressionisten, Berlin 2011
Meyer Shapiro, Cézanne, New York 1952
– »The Apples of Cézanne. An Essay of the Meaning of Still-Life«, Art News Annual 34 (1968), S. 35–53
Ambroise Vollard, Paul Cézanne, Paris und Zürich 1919

Der Vollständigkeit halber sei hier außerdem erwähnt, dass sich auch mindestens zwei belletristische Werke mit der Freundschaft Cézannes und Zolas beschäftigt haben, wobei bis in die jüngste Vergangenheit die Legende vom durch den Roman *L'Œuvre* verursachten Bruch fortgesponnen wird:

Raymond Jean, Cézanne et Zola se rencontrent, Arles 1993
Gérard Vergez, Cézanne et Zola. Aimer, c'est dire la vérité?, Paris 2013

Personenregister

Alexis, Paul 225, 234, 237, 245ff., 254f., 259f., 270, 272f., 276, 278, 282ff., 311ff.

Baudry, Jacques Aimé 199
Béliard, Edouard 221
Bernard, Emile 315, 322
Boudin, Eugène 221
Boyer, Gustave 12, 15, 29
Bracquemond, Félix 221

Cabaner, Ernest 252, 267ff., 313
Céard, Henry 269
Chaillan. Jean-Baptiste 80f., 90, 95, 100, 106, 114f., 125, 132ff., 157, 164ff., 204
Choquet, Victor 226, 312f.
Clairville, Louis François 241
Colin, Paul Alfred 221
Combes, Victor-François 114
Coquiot, Gustave 322
Cordey, Frédéric Samuel 267
Coste, Numa 201, 319f.
Courbet, Gustave 229

Dante Alighieri 47, 79, 105, 146
Daudet, Alphonse 224, 288
Degas, Edgard 221, 267
Desboutin, Marcellin 282
Desraismes, Maria 259
Duranty, Edmond 267

Emperaire, Achille 114, 225, 242f.

Flaubert, Gustave 261

Gachet, Paul 260
Gasquet, Joachim 316, 322
Gaut, Jean-Baptiste 62ff., 75, 224, 282
Gervex, Henri 267, 296f.
Gibert, Joseph-Marie 172, 207, 234, 276, 308
de Goncourt, Edmond 288
Guillemet, Antoine 205, 207, 210, 251, 260, 267, 315

Harris, Frank 322
Houchard, Aurelien 58, 73, 117, 134, 142, 168, 224
Hugo, Victor, 23, 25, 35, 79, 133, 160
Huot, Joseph 244
Huysmans, Joris-Karl 269f.

de Julienne, Edgard 107

Lamy, Frank 267f., 270
Leroy, Louis 312
Leydet, Victor 29
Levasseur, Delphin 202f.

Manet, Edouard 267, 279, 297, 309f.
Marguery, Louis 13, 26, 61, 65, 107, 118, 122, 126, 134, 148, 168, 171, 195, 224, 246
Marion, Antoine-Fortuné 207, 210, 246
de Maupassant, Guy 272
Michelet, Jules 71, 76, 78
Monet, Claude 221, 223, 260, 262f., 265, 278, 283, 315, 321
Morisot, Berthe 221
Mortier, Arnold 211ff.
de Musset, Alfred 23, 80, 127, 133, 160

de Nieuwerkerke, Alfred-Emilien 213

Pagès du Tarn 160ff.
Pajot, Georges 132f., 142, 165f.
Pils, Isidore 267
Pissarro, Camille 208, 221, 267, 309, 315, 321

Renoir, Auguste 221, 260, 262, 265, 278, 284, 291, 309
Rod, Edouard 271
Roux, Marius 311

Seymard, Paul 52
Sisley, Alfred 221
Solari, Philippe 201, 208, 264, 266, 311, 315f.
Suisse, Charles 100, 174, 183, 308f.

Tanguy, Julien François 312
Truphème, Auguste-Joseph 114

Valabrègue, Antony 204f., 210, 259, 283
Vallès, Jules 253
de Villemessant, Hippolyte 208
Villevieille, Joseph-François 73, 85, 89, 100, 114, 183, 188, 235
Vollard, Ambroise 214ff., 316, 322

Wolff, Albert 272